Cotta's kulinarischer **ALMANACH** № 10

herausgegeben von Erwin Seitz

Cotta's *kulinarischer* ALMANACH

№ 10

mit Cartoons von
Monika Aichele

Klett-Cotta

Inhalt

Inhalt

LIEBHABEREI

Der Duft der Elefantenbohnen

Begegnungen mit bestem Kaffee

Von Katja Mutschelknaus

Madame Pompadour gibt eine Gesellschaft: Sie ist als Haremsdame gekleidet, ihr Boudoir glänzt in orientalischem Dekor. Der Hofstaat parliert aufs angeregteste, jeder scharwenzelt um jeden herum, Seide raschelt, Spitzen kitzeln, der kleine, exotische Mohrenjunge, den sich Madame wie ein Äffchen hält, wird geherzt und umkost. Man hat bereits diniert, nun tritt Monsieur Le Café als imposanter, dunkler Verführer auf. Soliman Aga, Gesandter des Türkenherrschers Mahomet IV., hatte den flüssigen Exoten 1669 auf seinen Empfängen in Paris eingeführt: Tout le monde war entzückt, ja, nachgerade hingerissen. Der Kaffee avancierte fortan zum Plauderthema der allerbesten Kreise, galt als erotische Delikatesse mit fulminanter Wirkung. Die Damen benetzen ihre Lippen dennoch nur zögerlich mit dem dampfenden Aufguß; sie schrecken vor seiner Hitze zurück: Noch sind sie nicht an heiße Getränke gewöhnt; Schokolade, Tee, Kaffee sind Neulinge im kulinarischen Repertoire Europas. Die höfische Welt kostet sie aus henkellosen Schälchen – das europäische Porzellan ist erst seit kurzem erfunden, man experimentiert: welches Accessoire zum Kaffee, welches Gewürz? Kaffee war damals etwas betörend Archaisches, Geheimnisvolles, Kostbares: ein Fremdling aus der Neuen Welt, ein Exot wie der Mohr, gleichwohl ein zu vergötternder Verführer. Man würdigte ihn literarisch – und dichtete Oden, man würdigte ihn musikalisch – und komponierte Kantaten. Allein: seinen Geschmack recht zu beschreiben war schon damals ein Problem. Liselotte von der Pfalz meinte, er schmecke wie Ruß.

Ein paar Jahrhunderte später reizt Kaffee immer noch – nur nicht zum Staunen. Man braucht ihn als morgendliche Droge, kippt ihn literweise, auch aus der Büchse, bevorzugt ihn light, vorgemahlen, gefriergetrocknet. Kaffeebecher und Service aus Porzellan stapeln sich ungenutzt in den Schränken. Man folgt der Devise: Günstiger Kaffee ist guter Kaffee, man benützt Kaffeemaschinen – Gipfel der Kulturtechnik. Ein Paradiesvogel jedoch ist er nicht mehr. Eher eine Selbstverständlichkeit, nicht weiter beachtenswert. Wenn die Kaffeepreise steigen, schaut man höchstens den Händler empört an. Verzücken, gar betören, läßt man sich vom Kaffee nicht mehr. Man hört ihm auch nicht mehr zu. Dabei hätte er so viel zu erzählen.

Ihn zum Sprechen zu bringen ist eine heikle Mission. Leicht wird es albern, artet in akrobatische Wortknebeleien aus: seines Abgangs, seiner Substanz, seiner Komplexität verbal habhaft werden zu wollen, kulminiert dann in Anhäufungen affigster Adjektive. Zudem reicht die Gültigkeit dieser Klassifizierung nur bis zur Grenze der jeweiligen Subjektivität. Hinzu gesellt sich das Problem der Koppelung von Geruch und Geschmack. Gute Semmeln riechen besser als sie schmecken. Und sie schmecken uns, weil sie so gemütlich riechen. Das ist das Phänomen des Aromas: Es entsteht aus dem erlebten Zusammenspiel von Geruch und Geschmack. Guter Kaffee schmeckt nie genauso, wie er riecht. Aber er riecht göttlich und schmeckt hinreißend, und damit hat er den Semmeln eindeutig etwas voraus.

Wie ein ganzer Raum dermaßen nach Kaffee riechen kann, daß man meint, sich im Inneren einer Kaffeebohne aufzuhalten, erlebte ich, als ich eine kleine Kaffeerösterei unweit des Münchner Viktualienmarkts betrat. In diesem Moment war unmißverständlich klar, was es mit den rund 2000 verschiedenen Aromastoffen auf sich hat, die in einer Kaffeebohne enthalten sind. Selbst der raffinierten Aroma-Imitate-Industrie ist es bisher nicht gelungen, ein akzeptables künstliches Kaffeearoma für den ihrer Meinung nach auf künstliche Kaffeearomen superscharfen Markt zu produzieren. Die Luft in dem Geschäft war nachgerade geschwängert von Myriaden von Aromastoffen. Daß der Duft des Kaffees umwerfender ist als sein Geschmack, ist nicht schlimm. Schlimm ist nur, daß das Aroma der meisten handelsüblichen Kaffees nicht annähernd so gut ist, wie es sein könnte. Besonders schlimm jedoch ist, daß dieses Manko fast niemanden stört. Und ganz besonders schade ist, daß viele so tun, als müßten sie ohne ihren Kaffee auf der Stelle tot umfallen, sich dann irgendein Pulver brühen, es in sich reinschütten und keinen Gedanken darauf verschwenden, was sie eigentlich trinken. Na, Kaffee halt. Doch woher kommen die Bohnen? Wieso kauft man die meist bloß als Pulver? Und warum sind sie so billig? Fragen, die nur scheinbar blöd sind. Wir denken: Strom kommt aus der Steckdose und Kaffee aus dem Supermarkt.

Doch hat dieser braune Bursche, der als knubbelige Bohne in großen Gruppen zu uns reist, eine Menge exotischer Erfahrungen im Gepäck: Seine Wurzeln liegen jenseits unseres Horizonts. Seine Blüten treibt er in den Tropen, seine Kirschen entfalten ihr Aroma unter den Schattenbäumen äquatorialer Plantagen in Sulawesi oder Panama, Malawi oder Surinam, umfächelt von seidig trockenem oder regenschwerem Wind auf vulkanischer Erde in Huehuetenango oder Yirgacheffe. Und wenn wir uns die Mühe machen, ihn wirklich kennenzulernen, wird er sich uns mit seinem richtigen Namen vorstellen: »Gestatten – Indian Valley Nuggets, Mysore Plantation Peaberry, Kalosi-Toraja, Mount Kenya Top Massai.«

Ich hatte diesen Kaffeeladen angesteuert, um Typen wie ihn zu beschnuppern. Ein Freund erzählte, es gebe dort Kaffeesorten aus hauseigener Röstung, von seltener Herkunft. Umnebelt von dem süßen und holzigen, gleichermaßen anregenden wie entspannenden Duft, las ich auf der Verkaufsliste Sortennamen, die ich nicht auszusprechen verstand, und Ländernamen, die mir als Kaffeeproduzenten bisher nicht bekannt waren: Papua-Neuguinea, Indonesien, Indien. Ich betrat im wahrsten Sinne des Wortes Neuland. Der unbeschreiblich reichhaltige, prickelnde Duft entströmte den frisch gerösteten, glänzenden Arabica-Bohnen unterschiedlichster Plantagen. In der Regel bieten Kaffeespezialitäten-Läden Kaffees der Sorte Arabica an. Die meisten der weltweit produzierten Kaffees gehören entweder zur

Sorte Robusta *(coffea canephora)* oder zur Sorte Arabica *(coffea arabica)*. Die rundlichen Robusta-Bohnen sind preiswert. Sie reifen schnell, sind unempfindlicher gegen allerlei Krankheiten, Parasitenbefall und Temperaturen über 25 Grad, sie werden in flachen, sonnigen Lagen angebaut und maschinell geerntet – sind also meist, in des Wortes wahrster Bedeutung, nicht handverlesen. Sie sind koffeinhaltiger als jene des Typs Arabica, weisen mehr Säure auf; ihr Geschmack tendiert ins Adstringierende, Scharfe. Handelsübliche Mischungen bestehen in der Regel aus Robusta-Kaffee. Arabica dagegen ist ein empfindliches Pflänzchen: Er mag keinen Frost, keine Hitze, keine dauerhafte, direkte Sonneneinwirkung. Deshalb pflanzt man ihn unter dem schützenden Dach sogenannter Schattenbäume, das können Bananen- oder Papayabäume sein, die ihn vor den stechenden Sonnenstrahlen und – in Hochlagen – vor frostigen Nächten bewahren. Auch in bezug auf den Boden ist er wählerisch: Ihm behagt vulkanische Erde, und wenn die zwischen 1200 und 2500 Metern Höhe liegt, entfaltet der Arabica-Kaffee seine aromatische Pracht: eine elegante, nicht aufdringliche Säure und ein ganz individuelles, umwerfendes, tiefgründiges Parfüm. Dieses Aromas wegen wird viel kultivierender Aufwand betrieben: Anbau in schwer zugänglicher Hanglage, aufwendige Pflege und Aufzucht, die Ernte der reifen Kirschen erfolgt von Hand. So ein Kaffee kann nicht billig sein. Doch muß er das? Gegen Durst ist Wasser günstiger. Für dieses Aroma aber, diesen fulminanten Duft sortenreiner, klassifizierter Kaffees ausgewählter Plantagen, gibt es keinen Ersatz. Wer nur vakuumverpackten, vorgemahlenen Industriekaffee kennt, weiß vielleicht nicht, wie unterschiedlich Kaffeebohnen aussehen können: rund, oval, mit geradem, mit gewundenem Schlitz, blauschwarz, schokoladebraun, graugrün oder bronzefarben, mattglänzend oder feucht schimmernd, schlank oder gedrungen.

In jenem Kaffeeladen lagen Teller mit verschiedenen Bohnen parat, zum Betasten, Befühlen, Beschnuppern. Meine Neugier war entfacht: Worin bestand wohl der Unterschied zwischen einer mexikanischen Riesenelefantenbohne und einer aus Panama? Gibt es Erfahrungswerte für ein zu entwickelndes Qualitätsbewußtsein, jenseits dieses geschmäcklerischen Geplappers über lukullische Themen, das

Gustave Flaubert in seinem *Wörterbuch der Gemeinplätze* mokant bloßstellte, dabei unter dem Stichwort »Kaffee« sinngemäß vermerkend, man werde sich als Parvenü entlarven, falls man so abgedroschene Floskeln zwitschere wie »Kaffee ist nur gut, wenn er aus Le Havre kommt« oder »Am besten ist die Mischung aus Martinique und Bourbon«? Würde es jenseits solch uninspirierten Halbwissens möglich sein, den Kaffee so schätzen zu lernen, daß man für den gedankenlosen Umgang mit industriell verhunzten kaffeeähnlichen Getränken ein für allemal verdorben sein würde?

Ich beschloß, mich in dieser Hinsicht vollkommen verderben zu lassen. Das Leben ist zu schade für Instantkaffees. Es muß weiß Gott nicht immer Champagner sein, aber wenn ein Bäcker schlechtes Brot backt, begeht er in meinen Augen Frevel, und wenn Kaffeeröster aus so viel gutem Kaffee so viel schlechten machen, versündigen sie sich.

Mit der vagen Befürchtung, das Röstfachgeschäft könne sich so rasant mit den Duft-Heerscharen von Abermillionen winziger Kaffeebohnen anfüllen, daß man seine baldige Raumluft-Explosion erwarten müsse, verließ ich es mit einem reizenden Exoten im Schlepptau. Ein rassiger Latino, dessen hübscher Name mir gefiel: »Guatemala Huehuetenango«. In der U-Bahn transpirierte mein Begleiter so, daß mir fast schwindlig wurde. Hätte ich Schweizer Käse mit nämlicher Duft-Intensität transportiert, wäre ich verhaftet worden. Kaffeearoma aber wird einem immer verziehen; ich sprang vogelfrei in ein Haushaltswarengeschäft und erstand eine Kaffeemühle. Kein Krachmacher-Monster, das die Kaffeebohnen mit elektrischem Getöse häckselnd zermalmt und ihre feinen Aromasubstanzen massakriert, wenn es heißläuft, sondern eine mechanische Mühle. Sie zertrümmert die Kaffeebohnen nicht, sondern mahlt sie gleichmäßig. Und je gleichmäßiger ein Kaffee gemahlen wird, desto prächtiger erblüht er beim Brühen. Die Zertrümmer-Methode hinterläßt unterschiedlich feine und grobe Kaffeepartikel, die beim Aufgießen entsprechend unterschiedlich reagieren und ein unausgewogenes Aroma ergeben. Deshalb: von Hand! Das Rädchen an der Kurbel ein wenig nach rechts schrauben, dann wird der Mahlgrad feiner. Heraus kommt ideales

Kaffeemehl für die Preßstempelkanne. Diese Methode bedarf eines weniger pudrigen Kaffeepulvers wie zum Beispiel der Espresso. Ein Hauch von Bitterschokolade breitete sich in der Küche aus, und Huehuetenango, eine Bezirkshauptstadt Guatemalas, war plötzlich nicht mehr 16 Flugstunden, sondern nur noch ein paar Kurbelumdrehungen der Kaffeemühle von mir entfernt. Rund um Huehuetenango wächst zwischen 1890 und 2000 Höhenmetern einer der besten Kaffees der Welt. Wie in allen tropischen Kaffeeparadiesen, die zwischen dem Wendekreis des Krebses und dem des Steinbocks liegen, sind die Temperaturen tagsüber gleichbleibend sommerlich warm, die Luft ist feucht, regelmäßig fällt Regen. Vierzehn Tage nach einem größeren Schauer treiben Kaffeepflanzen Blüten. Die Grand-Cru-Plantagen Guatemalas wurzeln in vulkanischer Erde. Schattenbäume schützen die Sträucher vor Sonne, Wind und frostigen Nächten. Dieser Kaffee mit dem dezenten Aroma herben Kakaos kann nach dem Essen wie eine Praline genossen werden. Milch hineinzugeben wäre fast schade.

Welche Persönlichkeit hat ein Arabica-Kaffee aus Costa Rica, Kenia, Mexico? Wieder drehe ich die Kurbel, diesmal für einen Costa Rica Tarrazu, im zentralen Hochland der Kordilleren gewachsen. Mein Zigarre rauchender Großvater taucht in Gedanken auf, tatsächlich verströmen die Bohnen einen Hauch feinsten Tabakgeruchs. In der Tasse vereinigen sich Duft und Geschmack zu einer Sinfonie mit feinsäuerlichem Unterton. Diese zarte Säure kippt nicht ins Saure, wenn man das frisch gemahlene Kaffeepulver in eine vorgewärmte Kanne gibt und mit fast kochendem, nicht aber mit sprudelnd heißem Wasser übergießt. Es ist keine Sodbrennen-Säure, sie malträtiert nicht die Speiseröhre. Ihr Auftreten hat etwas von einer Gute-Luise-Birne oder einem herbsüßen Apfel; sie zaubert einen dünnen Pelz auf die Zunge. Kaffeebohnen enthalten mehr als achtzig verschiedene Säuren, Apfelsäure ist eine davon.

Im Nachbarland Panama herrscht das gleiche tropische Klima: viel Sonne und Regen, feuchte, warme Luft. Wieder ist es diese Erde auf vulkanischem Gestein, die Arabica-Bohnen erster Güte hervorbringt. Rund um die Stadt Boquete gibt es Kaffeeplantagen, in deren Schattenbäumen Zugvögel rasten. Die Bohnen des »Boquete Especial« sind eigentümlich fest – wie kleine Holzkugeln. Je fester Kaffeebohnen sind, in desto höherer Lage sind sie gewachsen. Die Luft in den Bergen hat weniger Sauerstoff, dadurch gedeihen die Bohnen langsamer, werden härter, entwickeln ein reicheres Aroma. Beim Mahlen sind sie widerspenstig, man muß sie zähmen und dazu bringen, ihren Charakter preiszugeben. Dann aber duften sie so hinreißend markant nach Kaffee, daß man am liebsten zu ihnen in das kleine Mühlenschubladchen kriechen möchte. Ihr Aufguß beschert uns einen ausgewogenen, sanften und trotzdem kräftigen Kaffee, der an die zurückhaltend herbe Eleganz einer erstklassigen Bitterorangenmarmelade erinnert.

Angestachelt von so viel Wohlgeruch und geschmacklicher Nuancierung, reizten mich weitere Erkundungen. Welch prickelnde Aromen die Kaffeekirschen dieses Planeten auch immer verbergen: wenigstens ein paar von ihnen will ich gekostet haben. Allein wegen ihrer Riesenelefantenbohnen sollte man einmal den Kaffee der Mexikaner probieren. Der Fachmann spricht vom Typ »Maragogype« und meint die größten Kaffeebohnen der Welt: längliche, fingernagelgroße Bohnen von imposanter Statur, doch trotz ihres Formats sind die Bohnen luftig leicht. Irgend jemand hat sie 1870 in Brasilien entdeckt. Heute werden sie in geringen Mengen auch in Guatemala und eben in Mexiko kultiviert. Beim Kurbeln der Mühle zieht ein charismatischer Duft durch den Raum. Kaffeeparfüm. Man möchte in diesem Aroma baden und atmet betört den Duft nach Holz und Waldboden und regenfeuchter Erde ein, nach in der Sonne trocknenden Blättern, die im Wind rascheln. Die Blüten des Kaffeestrauchs schicken ihren Jasminduft in die tropische Nachmittagsluft, es ist schwül, ich pflücke weiße Kaffeebaumblumen, erkenne mit jedem Schluck Maragogype seinen floralen Charakter, die Sonne scheint in die Küche, im Radio tschilpt einer ein herrlich blödes Lied, und für ein paar Minuten könnte ich tatsächlich behaupten, dem Glück Hallo! gesagt zu haben.

Das ist der Auftakt einer Weltreise per Kaffeetasse, eine Handvoll Bohnen genügt als Billett. Zwischenlandung in Indien. Genauer: Karnataka, eine gebirgige Gegend im Süden des Landes. Auf 1300 Metern Höhe gibt es dort einige kleinere Plantagen für Arabica-Kaffee; ansonsten ist Indien als neuntgrößter Kaffeeproduzent der Welt eher für seinen Robusta bekannt. Meiner aber ist ein Arabica, von erlesener Güte, erstklassig kategorisiert von der staatlichen Kaffeebehörde Indiens. Um 1600 brachte der Derwisch Baba Budan Arabica-Bohnen aus dem Jemen nach Indien. Dort produzieren sie heute herrliche Bohnen, »Indian Valley Nuggets«, die, zu Pulver gemahlen, farblich an Milchschokolade erinnern. Der Kaffee schmeckt schwarz ganz ausgezeichnet: nach Hölzern und bitteren Kräutern, leicht süß, wie ein italienischer Amaro. Ich gebe Zucker dazu, und er schmeckt nach Schokolade, füge ein wenig Milch bei, und er schmeckt nach Karamel. Ähnlich riechen die Bohnen eines kenianischen Kaffees: nach Karamel, nach Honig, auch nach Nougat. Rund 32 afrikanische Staaten produzieren Kaffee, ihr Anteil an der Weltproduktion ist gering, die Qualität ausgezeichnet. Kenianischer Arabica ist berühmt für seine hochwertige Auslese; manch Kenner versteigt sich zu dem Urteil, er sei unübertroffen, der Rotwein unter den Kaffees. Wenn der Aufguß des »Mount Kenya« hält, was sein Duft verspricht, dann kann der Geschmack in der Tat nur unverwechselbar sein. In der Tasse spielt Monsieur Le Café all seine Reize aus, macht mich auf hellwache Art betrunken. Dieser pechschwarze Typ riecht schon beim Mahlen so unverschämt verlockend, wie es verlockender nicht sein könnte. Wer jemals auf die Idee kam, ein Märchen zu erfinden, in dem ein Frosch ein verzauberter Prinz sein soll, muß bescheuert gewesen sein. Wenn überhaupt jemals ein Prinz sich in irgendwas verwandeln ließ, dann in eine kenianische Arabica-Bohne der Marke »Top Massai«, deren erdige Aura nicht unerotische Assoziationen zu wecken versteht. Sollte ein Mann also zu einer Frau sagen: »Wie wär's noch mit 'nem Kaffee?« und ihr *so* einen Kaffee brühen, darf er sich dessen bewußt sein, daß er bald das Aufgebot bestellen kann. So viel zu Kenia-Kaffee … Im Nachbarstaat Äthiopien lebt ein Viertel der Bevölkerung vom Kaffeeanbau. Es ist das höchstgelegene Land Afrikas – ideale Bedingungen für Arabica-Bohnen aus Hochplantagen. Aus Yirgacheffe, einer Region im Süden, stammt ein Kaffee, dessen fruchtiger Duft an Pfirsiche erinnert. Er ist hochkonzentriert, auf beeindruckende Weise stark. Wesentlich kräftiger, herausfordernder als der »Blue Mountain Style« aus Papua-Neuguinea, der in Hochlagen bis zu 1800 Metern kultiviert wird. Bis vor kurzem wußte ich über Papua-Neuguinea nicht viel zu sagen. Schon gar nicht darüber, daß in diesem Land ein Kaffee wächst, den Kenner für den würdigen Nachfolger des legendären »Jamaica Blue Mountain« halten. Diese Sorte galt lange Zeit als die Blaue Mauritius unter den Kaffees: einzigartig, irrsinnig teuer. Heute wird er überschätzt; sein Preis orientiert sich am Mythos, der ihn umweht. 1927 begann in Papua-Neuguinea die Kultivierung edlen Kaffees aus den Samen des Jamaika Blue Mountain, und dort wachsen sie zu einem Kaffee von schillernder Persönlichkeit heran: ein wenig nussig und sahnig, mit dem Duft exotischer Früchte.

Wegen dieser überdrehten Heiterkeit, diesem glasklar beschwipsten Drang, den Genuß in Worte zu fassen, ist es wunderbar, Sie kennenzulernen, Monsieur Le Café …

Wenn es zwickt, hilft nur ein Zwack

Ungarn und sein Nationalgetränk

Von Simone Richter

Ein erwachsener Mann wird von einem klassisch englischen Ledersessel verschluckt. Er klammert sich an sein Mobiltelefon, gibt seiner Sekretärin noch einige banale Anweisungen, streicht sich über den dunklen Vollbart und beachtet seine Gäste nicht. Gedankenlos hat er sich fallen lassen in den rustikalen Ohrenbackensessel, hat sich ungeniert zurückgelehnt und seine Schulter an der Kedernheftung gerieben. Das nostalgische häßliche wulstige Möbelstück hat ihn sich gänzlich einverleibt, der Mann ist irgendwo zwischen Rückenteil und Armlehnen verschwunden. Nur wenn der Mann spricht, wissen die beiden Zuschauer, daß er noch da sein muß, lebendig im Leder vergraben, daß es ihm gutgeht.

Der Ledersessel steht im Besprechungsraum der Firma *Zwack* in Budapest. Der Mann ist Péter Kerényi, Kommunikationsdirektor jenes Unternehmens, das seit nunmehr zweihundertzwölf Jahren Ungarns Leib- und Magenschnaps herstellt: *Unicum*, einen bitteren und angeblich wundersamen Kräuterlikör, der gleichzeitig im In- und Ausland als Nationalgetränk angesehen wird. Allerdings: Offeriert wird hier nichts, weder dem Dolmetscher noch der westlichen Journalistin – kein Glas Wasser, keine Erfrischung und auch kein Tropfen von dem, was den Ungarn offensichtlich so temperamentvoll, so heiter und so heilig macht. Unicum gibt es hier nur in den beleuchteten Glasvitrinen, ausgeschenkt wird nichts davon. Die osteuropäische Gastfreundschaft hat tatsächlich ihre Grenzen, sonst hätte uns sicherlich der Chef Péter Zwack freundlich empfangen, und wir würden das Glas heben – auf die Öffnung geographischer wie mentaler Grenzen. Aber der Zwack ist angeblich auf Geschäftsreise, während sich der Firmensprecher in unserer Gesellschaft sichtlich gelangweilt fühlt.

Wenn der Schnaps in der Firmenzentrale schon nicht getrunken wird – zumindest gesprochen wird darüber. Also sprechen wir darüber; der Dolmetscher bekommt seine Anweisung. Und der übersetzt brav für Herrn Kerényi (der zu Anfang beteuert, er würde weder ein Wort Deutsch sprechen noch verstehen, um dem Übersetzter später doch einmal deutlich ins Wort zu fallen, ihn mit aller Schärfe zu korrigieren und zu erklären, er habe die Bedeutung der Marketingstrategien falsch ins Deutsche übertragen). »Erzählen Sie uns von der Hausmarke, deren Geschichte, Zusammensetzung, Herstellung und Wirkung!« Doch bevor Kerényi seine Sitzposition im Ledersessel wechseln kann, macht sich der Dolmetscher plötzlich wichtig: Der pummelige haarlose Kerl namens Tamás will unbedingt seine Krankheitsgeschichte loswerden. Berichtet über »ein Männerleiden, Sie wissen schon«, über diese unheilbare Darmkrankheit und die Wirkungslosigkeit von chemischen Präparaten. »Aber Unicum hat mir geholfen«, lobt er. »Dank Unicum bin ich wieder kerngesund.« Es klingt wie eine bestellte und bezahlte Werbebotschaft. Tamás strahlt, erwartet ein Lächeln auf dem Gesicht des Herrn Kerényi, der aber zupft an seinem grauen Jackett und streicht sich die blaue Krawatte über den Bauch, schaut dabei nachdenklich, hat während des medizinischen Vortrags mehrmals die Augen gerollt, atmet tief ein, um eindrucksvoll alles noch zu sagen Notwendige entsprechend zu deklarieren. »Unicum is not a Digestif, is not an Aperitif. Unicum is an every-time-drink«, gurgelt er die englischen Worte. Wer jemals einen Ungarn hat Englisch sprechen hören, kennt die durch die Kehle rotierenden Buchstaben, das betonte rollende R, weiß um den zähen, nicht zu ignorierenden Akzent jener Aussprache, die den Ungarn in aller Welt beim Englischsprechen sofort entlarvt. Es ist das Holpern und Stolpern über die fremdländischen Vokabeln, angereichert mit einem verbalen Kopfschütteln über die Unwissenheit der Ausländer. Die Firma Zwack wolle nicht, daß das aromatische Getränk als ein Mittel aus der Apotheke verstanden werde. »Wir sprechen niemals, aber auch niemals von Medizin!«

Dabei ist Unicum genau als eine solche entstanden. Und keiner in der Firma Zwack wird dies bestreiten können, wenn auch der Begriff

Medizin immer etwas stiefmütterlich behandelt und wenn möglich in den Gesprächen höflich umschifft wird. Wie jedes Getränk hat der Kräuterschnaps eine Legende, und diese beginnt in Österreich, am Wiener Hof. Maria Theresia, die 1741 Ungarn unter Habsburger-Herrschaft stellte, hat die Regierung längst Kronprinz Joseph II. überlassen. Es ist ein Politikum und es steckt eine komplexe Geschichte dahinter, warum er in Ungarn der *Kalapos Király*, der König mit dem Hut, genannt wird: Ganz bewußt läßt sich Joseph II. nicht zum König krönen, um von der Ständeversammlung nicht in der Durchsetzung seiner zahllosen Verordnungen behindert zu werden. Also regiert er als Kaiser das Gesamtreich. Auf Gemälden und Porträts wirkt Joseph II. verknöchert und verbittert, seine Mundwinkel zeigen stets nach unten. In den Geschichtsbüchern wird er beschrieben als ein gefühlsarmer, mißlauniger und starrköpfiger Mensch.

Kein Wunder, daß dieser Monarch an Magenverstimmungen leidet. Aber – und um es mit Wilhelm Busch zu sagen (der den Kaiser sicherlich nicht, dafür aber das Leben kannte): »Es ist ein Brauch von alters her: Wer Sorgen hat, hat auch Likör!« Glücklicherweise hält sich Joseph II. als Hofarzt einen jüdischen Meisterheiler: Doktor Zwack. Von ihm fordert der Herrscher eine delikate Spirituose mit der Gabe der Genesung. Einen *Gyomorerösitö-Likör*, wie es später auf den Flaschen steht, ein Likör zur Festigung des Magens. Doktor Zwack destilliert und mixt und mischt einen Schnaps, der dem Kaiser munden und ihn stärken soll. Zwar hat das Getränk weder verhindern können, daß Joseph II. kinderlos bleibt, noch daß er 1790 lungenkrank stirbt. Doch seinen Namen hat der Kräutergeist dank eines lapidaren Ausspruchs vom österreichischen Monarchen erhalten, als dieser nämlich erklärt: »Doktor Zwack, das ist ein Unicum!«

Wer dem flüssigen Unikum auf die Schliche kommen will, muß sich ihn einverleiben. Der Geist versteckt sich in einer Kugelflasche, dickbäuchig und robust wie eine bleierne Kugel am Fuß eines Strafgefangenen. Woher diese Form stammt, weiß keiner – vermutlich ein Überbleibsel aus dem Labor des Doktors. 1883 bekam Unicum sein Flaschengesicht, besaß als Emblem vierzig Jahre lang ein rotes Kreuz auf weißem Hintergrund. Dann wurde das Logo in ein goldenes Kreuz umgewandelt. Die Flasche ähnelt seither einem Reichsapfel. Der Flaschenhals trägt die grün-weiß-rote Kokarde. Schwarz und unheimlich erscheint das Gesöff hinter dem grünen Glas, in dem sich der Betrachter selbst betrachtet, sein Antlitz verzerrt im Spiegel des Alkohols sucht. Wer den Schraubverschluß zu öffnen wagt, wird von einer betörenden, ätherischen Duftigkeit überrascht: zuerst wie eine Süßigkeit, schnell verdrängt vom beißenden Alkohol, angereichert mit einem Schwall von Aromen, die allesamt aus einem Feengarten zu stammen scheinen – brave Kamille geht Hand in Hand mit betörendem Rosmarin, klebrige Akazien blühen neben wildem Enzian, beruhigender Ginseng und belebender Sellerie, ein Nebel aus Nelken und ein Hauch Zitronengras. Aus mehr als vierzig Heilkräutern und Gewürzen besteht der Trunk, der sich in goldbraunem Farbton ins Glas ergießt und an Kaffeelikör erinnert, auch dem Weinbrand nicht unähnlich ist. Ein bestimmtes Trinkritual gibt es nicht: Bei Raumtemperatur wird Unicum aus Kognakschwenkern getrunken, bürgerlich aus Schnapsstamperln, avantgardistisch aus eiskalten Gläsern oder heiß kredenzt, um die Lebensgeister zu wecken. Immer aber rutscht ein brennender Schluck die Kehle hinunter, die langsame Glut erwärmt den Körper, die Wangen erröten. Das ist kein Frauenlikör, denn er ist bitter (»Wir sagen niemals bitter, wir sagen herb!« betont Kerényi), und es bedarf einiger Überwindung vor dem Herunterschlucken – ein übersättigter, sodbrennender, übelgelaunter und rumorender Magen sind beste Voraussetzungen, um das gesunde Elixier auszuhalten. Auf die medizinische Wirkungen des Tropfens schwört so mancher und erinnert an den Bibelspruch: »Der Herr läßt die Arznei aus der Erde wachsen, und ein Vernünftiger verachtet sie nicht.« Unicum hilft gegen Erkältung und Durchfall, wird als Magentherapeutikum eingesetzt, wirkt positiv auf Appetit und Verdauung, lockt Müdigkeit an und wehrt Erschöpfung ab, kurz: Wenn es zwickt, hilft nur ein Zwack!

Die Herstellung ist ein aufwendiger und langwieriger Prozeß von Destillieren und Keltern: Die getrockneten Zutaten werden gemischt und je zur Hälfte mit Wasser und Alkohol angesetzt. Zwei Wochen lang wird die Maische gerührt, bis Essenzen und Aromen ausgelöst sind. Aus der dunkelbraunen klebrigen Masse wird ein Extrakt abgeschöpft, der Rest teilweise zwei Wochen lang destilliert oder auch nur achtundvierzig Stunden mit Alkohol versetzt. Beide Flüssigkeiten werden zusammengegossen, bevor dieser »Mix« sechs Monate in Eichenfässern reift. Zuletzt kommen Zuckersirup und Karamel hinzu, mit Wasser wird der Alkoholanteil auf 40 bis 43 Prozent angepaßt. Hauptsächlich wird für den ungarischen Bedarf gefertigt: drei Millionen Liter jährlich. Im Ausland werden pro Jahr eine halbe Million Liter Unicum konsumiert.

Hergestellt wird die dunkle Spirituose in der Soroksári Straße 26 im IX. Bezirk von Budapest. Ferencváros (Franzstadt) ist eine Gegend unweit der Donaupromenade, wo sich der schwarzblaue Fluß stolz durch die Metropole bewegt. Jugendstilfassaden modern vor sich hin, sind fleckig, der Putz bröckelt. Die entstellten Gebäude bekommen nur langsam wieder ein Gesicht. Die Hauptstraße kann man auch dort kaum überqueren, wo am Boden Überreste eines Zebrastreifens zu sehen sind, hupende Wagen donnern über glänzends Kopfsteinpflaster. Derweil träumen die staubigen, schamlos aufgebrochenen Straßen vor sich hin und glauben, daß sie in Wirklichkeit in Paris lägen ... Auf der anderen Seite: Mauer, nichts als kahle, rissige Betonwand. Keine Nummer, kein Firmenschild. Nur eine abgestorbene Uhr, rot dürfte ihr Ziffernblatt einst gewesen sein, versteckt der Name *Zwack* unter den verstümmelten Zeigern. »Wir haben kein Schild draußen, weil unser Herr Zwack ein so bescheidener Mensch ist«, sagt die zierliche, schüchterne Dame am Empfang. »Und weil die schönen Tafeln doch immer geklaut werden.« Den ganzen Tag lugt sie über ihr kirschholzfarbenes Podest und sieht zu, wie sich die wenigen Besucher am Eingang zuallererst an der mannshohen Unicum-Flasche aus Plastik vorbeizwängen. An den Wänden hängen moderne Werbegrafiken: Unicum on Ice, Unicum beim letzten Abendmahl, Unicum als Stilleben, Unicum getrunken von Humphrey Bogart.

Ein rotes Backsteingebäude, das sporadisch saniert wird. Im Innenhof ein alter, verrosteter Brennkessel. Einen Hektar groß ist das Firmengelände, und wer anfängt, die vielen Fenster der Fabrik zu zählen, dem schwindelt schon bald. Seit 1840 befindet sich die Brennerei in Pest, gegründet als Niederlassung von József Zwack. Es folgen aufregende Jahre: Während der Reformzeit der Versuch, der Habsburger Dynastie zu entsagen, alles und jeder steht im Zeichen nationaler Kraftanstrengungen. »Als säßen wir am Grund eines Brunnens – weder unsere Erzeugnisse noch unsere Geistesprodukte genießen einen Ruf in der Welt«, schreibt Graf István Széchenyi und treibt die Magyarisierung voran. Die Unabhängigkeitsbemühungen enden 1848 in der Revolution – Ungarn wird Österreich unterworfen. Erst als 1867 die Doppelmonarchie entsteht, kehren gerechtere Zeiten ein. Hier der *Élan vital*, dort die umfassende Melancholie – die Kennzeichen des Fin de siècle sind in Ungarn beinahe stärker spürbar als sonst in Europa. Der Erste Weltkrieg reißt die Menschen aus ihrer Selbstfindung. Auf Front-Postkarten ist eine barmherzige Krankenschwester neben einem verwundeten Soldaten abgebildet – sie pflegt ihn mit Tüchern und verpflegt ihn mit Unicum. *Für das Wohl unserer Soldaten in Kriegszeiten* steht auf den extra angefertigten Flachmännern, die (angeblich) zu den Freiheitskämpfern geliefert werden. 1918 fallen die Reiche, Ungarn löst sich von Österreich – zu einem viel zu hohen Preis: Das Territorium wird auf 28 Prozent reduziert, das Land drastisch beschnitten, die Bevölkerung durch neue Grenzen auseinandergerissen. Den Ungarn bleibt ihr heroischer Grundton und ihre tragische Selbstdarstellung in Musik und Literatur. »In Ungarn wühlen Fanatiker den Boden abermals auf, und ihr tanzt«, beschwert sich der Schriftsteller Lajos Kassák 1923 und schreibt: »Der Holzschnitzer war schon betrunken, und aus seinen Augen troff die Traurigkeit wie aus Kanälen. In dieser Nacht tranken wir keinen Schnaps, wir wuschen unsere Füße und dachten nicht an Liebe.« Eine Allianz mit Hitler, eine vermeintliche Befreiung durch die Rote Armee – Stationen eines kleinen europäischen Staates. Die Zwack-Fabrik wurde 1944 so schwer von Bomben getroffen, daß das Nationalgetränk in gerade noch zwei winzigen Räumen zwischen den Ruinen weiterproduziert wird.

Es ist das Jahr 1949, Ungarn ist nun Volksrepublik. Allmacht des Staates: Der Einzelne ist verstaatlicht, zum verstaatlichten Lebewesen verkommen. Auch die Unicum-Brennerei wird vom kommunistischen Regime konfisziert, am Werkstor prangt überheblich der rote Stern. Den Pessimismus hat der Autor András Ferenc Kovács nachvollzogen: »In der Niemandslandeskunde der Gedanken, in dem Land der leeren Versprechungen. Um Atem ringend, aus wie vielen fremden Triumphen in wie viele vertraute Niederlagen.« Zu gulaschkommunistischen Zeiten wird Unicum weiter produziert – doch es ist ein Surrogat, nur ein Ersatz. Denn das uralte Familienrezept hat die Familie Zwack ins italienische und amerikanische Exil mitgenommen. Ein Geheimrezept, das bis heute nur die engsten Familienmitglieder kennen. Zurückgekehrt in die Heimat ist es erst mit Péter Zwack, der nach dem Zusammenbruch des sozialistischen Systems 1989 die Brennerei zurückkaufte. In fünfter Generation stellt er nun wieder den Originalgeschmack her.

Der dunkle Likör ist eine Institution, gehört zum Inventar jeder ungarischen Hausbar, darf in keinem Kaffeehaus, keinem Restaurant fehlen. Unicum ist Teil der Geschichte und des Landes, eine Tradition. Das zeigt sich auch beim Besuch bei der Familie Agócs, den Verwandten des Dolmetschers. Eine Einladung abzuschlagen bedeutete hierzulande, den Fehdehandschuh zu werfen. Gastfreundschaft wird mit einem ausgedehnten Abendessen und überladenem Eßtisch bewiesen. Die Gäste nehmen Platz, auch wenn das Wohnzimmer im elften Stock des Plattenbaus viel zu klein für alle Anwesenden ist, so daß zwar die gut genährten Kinder ihren Platz vor dem Teller erhalten, nicht aber der Hausherr und die Großmutter. »Wir essen später, später«, heißt die Erklärung, und schon sind mindestens sechs Hände damit beschäftigt, kulinarische Eigenheiten auf- und wieder abzutragen. Zu Beginn *Halászlé*, die teuflisch scharfe Fischsuppe mit Fettaugen; *Töltöttkáposzta*, mit Hackfleisch gefüllte Krautwickel; dicht gefolgt von wahlweise *Paprikás*, einem Schweinsragout in sämiger Soße mit *Galuska* als Beilage, die uns als Nockerln bekannt sind. Oder aber *Rántothús* mit *Petrezselmes Krumpli*, paniertes Schnitzel mit Petersilienkartoffeln. Margó, die Hausfrau, hält das Plastikeimerchen mit *Téjföl* jedem mehrmals unter die Nase – Hauptgerichte werden stets reichlich mit Sauerrahm verfeinert. *Édesség?*, fragt Sanyi, der

Schwiegersohn. Wer der Sprache mächtig ist, dem zergeht das Wort bereits auf der Zunge: Etwas Süßes gefällig? Zum Beispiel *Rétes*, Blätterteigstrudel gefüllt mit Mohn, Apfel oder Kirsch. Gaumenfreuden auch bei *Palacsinta* – wer von den Frauen abkommandiert wurde, um die klassischen Pfannkuchen frisch zu backen und mit Marmelade oder Rosinenquark zu füllen, wird kaum Zeit für Geselligkeiten haben. Bekömmlich sind die Mahlzeiten wirklich nicht, erst recht nicht für einen westlichen Magen. Für Fremde mag das Eßverhalten, die Üppigkeit, die reiche Speisenauswahl rückständig anmuten, exotisch. Doch: Etwas Falsches essen, das gibt es hier nicht. Es sich ordentlich schmecken lassen und danach ein Unicum trinken – so ist das.

Da sitzen also Gastgeber und Besucher unter dem kitschigen Kronleuchter auf der butterweichen Couch und genießen das Volksgetränk, plaudern über Staat und Steuern. Ein echter Ungar vergleicht Politik, Wirtschaft und Religion immer mit dem Essen: Als eine *Dobos-torta*, eine Schichttorte aus Zeit, hat der Dichter Peter Esterházy seine Heimatstadt beschrieben: Nichts vergehe und nichts sei wirklich gegenwärtig, alle Epochen würden sich aufeinanderschichten. Gespräche und Schnaps erhitzen die Gemüter, beschleunigen den nationalen Herzschlag. Die Stimmung ist mal melancholisch, mal fröhlich, in ungarischer Manier schüttet jeder seinen patriotischen Kummer aus: Unicum ist immer dabei.

Die Menschen haben eine besondere Beziehung zu diesem Getränk, was daran liegen wird, daß eine weitere Zutat des Likörs die lange Geschichte Ungarns ist. Diese wird mit jedem Schluck auf die Zunge, ja, in die Seele des Trinkers gelegt. Man trinkt sich frei, sobald der Schnaps in seiner ganzen Großzügigkeit das Blut erwärmt. »Während der sowjetischen Tyrannei gab es ein Bild, an dem sich alle Unterdrückten festgehalten haben«, erinnert sich Tamás. Es ist ein Werbeplakat aus dem Jahr 1915, entworfen von dem Reklamegrafiker Sándor Bortnyik. Es zeigt einen bärtigen, idiotisch dreinblickenden Kerl im Wasser, offensichtlich ein Schiffbrüchiger, der begeistert auf eine Flasche Unicum zutreibt. Die Botschaft: Unicum hilft in jedem Fall – auch bei Katastrophen. »Das kommunistische Regime war ein

Unglück, aber wir besaßen ein Symbol für unsere Identität.« Trotz Nostalgie triumphieren immer wieder Lebenshunger und augenzwinkerndes Lächeln bei dieser kleinen Nation mit ihrem großen Herzen – und ihrem noch größeren Durst nach Souveränität. »Es ist an diesem Ort das Leid so transparent wie Glas«, schreibt der Autor Endre Kukorelly. Warum also das Glas nicht mit Unicum füllen, dann lösen sich »die meisten Sorgen ohnehin in Tränen auf. Ein paar davon, ein kleiner Liter.« Der Ungar trinkt aus Freude und Kummer zugleich, zur Belustigung und Genesung, Entspannung und Erregung, gegen seelische Leiden und alltägliche Wehwehchen, wenn man sich schwach fühlt oder nicht weiß, wohin mit seiner Kraft.

Der Treueschwur der Konsumenten ist ungebrochen, und auch Prominente zählen dazu: Der Weltstar Luciano Pavarotti liebe Unicum sehr (so wird aus der Zwack-Zentrale gemeldet), und der israelische Violinist Itzhak Perlman könne nicht mehr davon lassen. Ob der Bitterlikör auch das Geheimnis seines Erfolges und seines hohen Alters (schließlich wurde er 93 Jahre) war, können wir vom Börsenguru André Kostolany leider nicht mehr erfahren. In Ungarn geht man stillschweigend davon aus. Und mit frechem Charme erzählen die Einheimischen in den geselligen Runden: Wer weiß – hätte die von allen verehrte und hochgeschätzte Kaiserin und Königin Sisi doch nur mal mehr vom Unicum schnabuliert, ja wer weiß, vielleicht würde sie dann heute noch leben …

Die Zwetsche

Eine kulinarische Tradition

Von Anja Maria Röhrig

Es war gegen Ende des 16. Jahrhunderts. Europa hielt kurz den Atem an, bevor es sich in die Religionswirren des Dreißigjährigen Krieges stürzen sollte. Für Soldaten gab es da wenig zu tun, und so boten ein paar junge Männer aus dem ehemaligen Herzogtum Württemberg ihre Dienste der Seerepublik Venedig an.

Sie schoben Wache auf den Handelsstützpunkten der Venezianer entlang der peloponnesischen Küste, und dort sahen sie zum erstenmal dieses fremdartige Gewächs: der Stamm hoch, die Blätter oval, die Blüten von grünlich-weißer Farbe und Früchte, wie sie sie nur vom Hörensagen kannten. So groß wie ein Ei, blau mit einem weißen Reif überzogen, das grün-gelbe Fleisch vom spitzen Stein getrennt. *Damaskenon*, so nannten die Griechen sie, Frucht von Damaskus.

Ganze Wälder dieser Bäume wuchsen bis dicht an die ionische Küste. Die deutschen Soldaten sahen, wie jeden Tag venezianische Handelsschiffe beladen mit *Damaszenern* Hamburg, Lübeck oder Antwerpen ansteuerten, und sie sahen auch, wieviel Geld die Venezianer damit verdienten: »...hoher Preis, dick und fleischig, säuerlich«, so beschrieb der Schweizer Naturforscher Konrad Gesner (1516–1565) die Früchte, die die Deutschen *Tuvesca*, Zwetsche, nannten.

Zu diesem Zeitpunkt wuchs die Zwetsche überall am Mittelmeer; in Italien, in Griechenland, auf dem Balkan bis hin zur Kaukasusregion, aus der sie ursprünglich stammt. Nördlich der Alpen war sie bis zur frühen Neuzeit eine große Seltenheit, eine Rarität in den Gewächshäusern von Fürsten und Gelehrten. Gesner konnte die Zwetschen in den Eidgenossenschaften an einer Hand abzählen: Zwei Bäume wuchsen in seinem Garten, ein anderer im Garten eines Zürcher Bürgers,

»der aber wenig fruchtete«, und in Basel, so berichtet er, trug einer »im Garten des Joh. Jacob Loß ... rechtschaffene Früchte«.

Erst als die Württemberger die spitzigen Kerne der Zwetsche aus Griechenland mit an den Neckar brachten, »wurde diese Frucht ... daselbst (am Neckar) und in anderen Gegenden gemein ...«, erklärt Johann Georg Krünitz in seiner *Ökonomisch-technologischen Encyclopädie* (1813). Man könnte auch mit Pathos formulieren: Damit begann eine der großen kulinarischen Lieben der Deutschen.

Keine andere Frucht hat uns zu derart vielen, unterschiedlichen Gerichten inspiriert, und kein anderes Obst konnte seinen Platz über die Jahrhunderte so beständig in unserer Küche behaupten wie die Zwetsche. Sie war der ständige Begleiter einfacher und aufwendiger Gerichte; sie rundete jede Speise ab, verlieh dem kargen Mahl Fülle und setzte Akzente beim Festschmaus.

Während auf dem Balkan und im Orient die Zwetsche als Dörrfrucht oder als Branntwein geschätzt wurde und in Frankreich und England eher die obstbaulich anspruchsvolleren Pflaumen und Renekloden beeindruckten, gewannen wir der Zwetsche eine breite Palette an Köstlichkeiten ab. Ob als Mus, Kompott oder Kuchen, ob als Backpflaume zu Rindfleisch oder Geflügel, ob als Sirup oder Branntwein zum Dessert, die Zwetsche fiel bei uns immer auf fruchtbaren Boden. Ohne Übertreibung kann man sagen: was die Tomate für die italienische Küche ist, war die Zwetsche lange Zeit für die deutsche.

Der Grundstein ihres Erfolges war (und ist) ihr Geschmack: »Herbstlich, feinblumig, charaktervoll, leicht, süß, mit einem Hauch von Mandelwürze«, so beschreibt August Kottmann, Koch-Weltmeister, Destillateur und Gastronom des *Gasthof Hirsch* in Bad Ditzenbach-Gosbach, das Aroma der Zwetsche. Weder Apfel noch Birne oder Kirsche verfügen über ein derart ausgewogenes Verhältnis von Säure und Süße.

Unübertroffen ist dieses Verhältnis bei der Hauszwetsche (auch Bauernzwetsche). Sie stellt ein kleines Aroma-Wunder dar, das die Wissenschaftler mit 90 Oechsle (Zucker) und 6,7 Prozent Säure exakt beschreiben können. Die Hauszwetsche war unsere Lieblingszwetsche. Wer sie züchtete, ist nicht bekannt, ein Gärtner im fürstlichen Landbau vielleicht. Wir wissen nur, daß sie schon vor mehr als 300 Jahren in Deutschland angebaut wurde.

Die Hauszwetsche reift spät im September. Der Herbst war ihre große Zeit. Generationen hielt sie mit der Arbeit des Einkochens, -legens und Dörrens in Atem. Das prägte, und obwohl es auch schon immer andere Zwetschen im Juli und August zu ernten gab, verknüpfte sich in unserem Gedächtnis der Herbst unweigerlich mit dem süßen Duft der Hauszwetsche.

Wenn auf der Schwäbischen Alb die Zwetschen geerntet werden, stehen sie auch wieder bei August Kottmann auf der Speisekarte. Sorgsam wacht er darüber, daß die Früchte zum rechten Zeitpunkt der Reife gepflückt werden, denn nur so können sie ihr volles Aroma freisetzen. Das unterstreicht er mit der Verwendung von Zwetschen-Destillat. Es konserviert das Fruchtaroma und betont die Speisen, schwärmt Kottmann. Etwa beim »Heidschnucken-Sauerbraten mit Rotwein-Zwetschen-Soße«, der »Zwetschenterrine« mit geschlagener Marzipansahne oder den »Süß-sauren Koriander-Zwetschen«, die ihr Bukett zu Schmorgerichten und Edelpilzkäse entfalten.

Das Kochen mit Zwetschen war einst ein Eckpfeiler der deutschen Alltagsküche. Doch dieser beginnt seit den siebziger Jahren des letzten Jahrhunderts empfindlich zu bröckeln. Gekochtes oder eingelegtes Obst ist ein Tabu in unserer Eßkultur: Frische und Leichtigkeit sind deren Signaturen, und ein Kompott von Zwetschen erfüllt diese nun einmal nicht.

Nur noch ein knappes Kilo unseres einstigen Lieblingsobstes verzehren wir im Jahr, davon die überwiegende Menge in Form von Kuchen. Damit liegt die Zwetsche in der Beliebtheitsskala etwa gleichauf mit Zitronen und Pampelmusen. Die große kulinarische Tradition der deutschen Küche, sie ist gefährdet.

Wenn die Zwetschen-Saison beginnt, Ende Juni/Anfang Juli, greifen die meisten von uns inzwischen lieber zu Weintrauben, Nektarinen oder Pfirsichen. Das haben Studien der *Centralen Marketing-Gesellschaft der deutschen Agrarwirtschaft* (*CMA*) in Bonn ergeben. Diese Früchte transportieren die Vorstellungen von Frische und Leichtigkeit (ob sie es wirklich sind, ist eine andere Frage). Sie erinnern an den letzten Urlaub und an ein unbeschwerteres Lebensgefühl.

Nicht so die Zwetsche: Sie erinnert an die Zeiten des Krieges, als ganze Nachbarschaftszüge im Kupferkessel Pflaumenmus rührten, um es dann für den Rest des Jahres aufs Brot zu streichen. Oder an die Nachkriegsjahre, als es wenig Abwechslung gab, Pizza und Pasta Fremdwörter waren und in deutschen Gaststätten Eisbein mit Sauerkraut auf der Karte stand. Eine Epoche der deutschen Gastronomie, für die sich manche Feinschmecker insgeheim schämen.

Sicher, wir haben der Zwetsche noch nicht adieu gesagt. Wir lieben das Ritual des Zwetschenkuchenessens nach wie vor, und gern verwöhnen wir uns mit den Lieblingsspeisen der Kindheit, dem Zwetschenknödel oder Kaiserschmarren mit Zwetschenkompott. Aber wissen wir eigentlich, was wir da genau essen?

Wer kann schon die Ersinger von der Ruth Gerstetter, eine Ortenauer von einer Wangenheimer Zwetsche unterscheiden? Die jüngeren Käufer jedenfalls nicht. Sie bevorzugen Black Amber: Zwetschen, dick, prall und so hart wie Tennisbälle. Keine Spur von Aroma, dafür »was zum Runterbeißen«. Es ist eine der vielen Neuzüchtungen, die eine Frische suggeriert, die trügerisch ist. Für den Handel konzipiert, hält sie sich problemlos 14 Tage im Kühlregal und glänzt dann noch immer so verführerisch wie am ersten Tag.

Das schwach ausgeprägte Bewußtsein für die Charakteristika der eigenen Küche und eine typisch deutsche Traditionsvergessenheit gehen hier Hand in Hand. Die Unsicherheit angesichts des Anblicks einer ganzen Steige voll frischer Zwetschen wächst: Was soll man mit diesem blauen Steinobst machen? Einen Kuchen? Das braucht Zeit und viele Esser. Ein Mus? Gibt es im Laden billiger. Ein Kompott, aber wozu?

Eine Frucht, die uns einst so vertraut war wie das Gras auf den Wiesen, ist uns fremd geworden, so wie sie es wohl damals für die Württemberger Soldaten gewesen sein muß.

Daran ist die Zwetsche nicht ganz unschuldig. Sie stiftet schon mit ihrem Namen immer wieder Verwirrung. In vielen Gegenden heißt sie schlechthin Pflaume. Das ist nicht falsch, aber auch nicht ganz richtig. Pflaume ist der Obergriff für die große Sippe der *Prunus*-Arten, dazu zählen neben der Zwetsche (Zwetschge, Zwetschke, Quetsche und Zwespe in Österreich) die Pflaumen (Edel-, Rund- oder Eierpflaume), die Renekloden, die Mirabellen, die Haferpflaumen (Kriechen oder Kreken) und die Spillinge (Ziparte). Die beiden letztgenannten sind Wildsorten.

Die unterschiedlichen Merkmale zwischen Pflaume und Zwetsche waren früher genau auszumachen; erst bei den Neuzüchtungen sind die Übergänge fließend. Doch die einstigen Charakteristika sind immer noch eine gute Orientierungshilfe. Die Pflaume ist kugelig-rund, groß und kommt in den Farben gelb, rot und blau vor. Die Zwetsche hingegen ist länglich-oval und von einem tiefdunklen Blau, Braun-violett oder Purpurschwarz. Beide sind von einem weißen Reif überzogen, dem sogenannten »Duftfilm«, er schützt die Frucht vor dem Austrocknen. (Es ist immer ein Zeichen von Qualität, wenn die Steinfrüchte »beduftet« in den Handel gelangen – ein Beleg dafür, daß achtsame Pflücker am Werk waren).

Der entscheidende Unterschied zwischen Pflaume und Zwetsche aber liegt unter der Schale. So ist das Fleisch der Zwetsche fest und läßt sich gut vom Stein lösen. Das Fruchtfleisch der Pflaume hingegen ist saftig-weich (daher auch die Schimpfworte »Pflaume« oder »Pflaumenaugust« für törichte, nachgiebige Charaktere) und läßt sich nur schwer vom Stein lösen. Deshalb eignet sich die Pflaume nur bedingt in der Küche. Sie läßt sich zu Kompott oder Konfitüre verarbeiten, doch als Backfrucht neigt ihre Schale dazu, sauer zu werden. Geschmacklich bietet sie auch nicht die Bandbreite des Süß-Sauren der Zwetsche.

Im 18. Jahrhundert war die Zwetsche bereits »zu bekannt, um einer Beschreibung zu bedürfen«, wie es der englische Pomologe Forsyth formulierte. Die schnelle Verbreitung lag in der Natur des Baumes: Der Zwetschenbaum stellt kaum Ansprüche an Klima und Boden, und einmal gepfropft, bedarf er keiner größeren Pflege. Außerdem verfügt er über die seltene Eigenschaft, sich mit zahlreichen kleinen

Wurzelaustrieben zu umgeben, wodurch er leicht vermehrt werden kann.

Das kam vor allem den Bauern sehr entgegen. Ihnen fehlte schlicht die Zeit, sich um Obstbäume zu kümmern. Die Zwetsche konnten sie sich selbst überlassen. Das führte dazu, daß die Bäume meist verbuschten und sich zu einer Hecke auswuchsen. Sie wucherten dann entlang der Waldränder oder als Flurbegrenzung zwischen Schlehen, Holundern oder Hagebutten. Doch aller Vernachlässigung zum Trotz schmeckten ihre Früchte – anders als bei Äpfeln und Birnen – selbst frisch immer noch hervorragend.

Wie sehr man den Geschmack der frischen Zwetschen schätzte, belegen die aufwendigen Arten der Konservierung. Man sägte voll behangene Äste ab und hängte diese tief in einen »verdeckten Brunnen«. Eine aufwendigere Methode war das Überziehen der Früchte mit Wachs. Dabei wickelte man einen Faden um den Zwetschenstil, tauchte jede einzelne Frucht in helles Wachs und hängte sie dann auf einer Leine an einem frostfreien Ort auf. Auf diese Weise konserviert, hielten sie sich bis zum Weihnachtsfest frisch. Dem Aberglauben gemäß garantierte der Verzehr frischer Zwetschen an Weihnachten das Gedeihen der Zwetschen im nächsten Jahr.

Der größte Teil der Zwetschenernte jedoch landete in Gläsern, Steinguttöpfen oder Fässern. Diese Arbeit des Pflückens und Einmachens oblag den Frauen und Kindern. Mindestens dreimal hintereinander ernteten sie die Zwetschen von den Bäumen. Die ersten, noch leicht festen Zwetschen eigneten sich für Kompott oder zum Einlegen in Essig. Das waren die »Zwetschen süß-sauer« für Saucen oder als Beilage zu Kartoffeln. Die schon etwas reiferen Zwetschen zerkochte man zu Mus, und aus dem Fallobst preßte man Zwetschensaft. Zuletzt kam das Dörren. Dafür verwendete man die süßesten Früchte. Das waren solche, die – je nach Witterung – bis Mitte Oktober Gelegenheit hatten, in der Sonne Zucker zu bilden. Wenn ihr Stilansatz schon leicht schrumpelig zu werden begann, schüttelten die Kinder sie vom Baum. Danach trockneten sie in speziellen Obstdarren oder schwitzten ihre Feuchtigkeit im Backofen aus.

In manchen Jahren gab es so viele Zwetschen, schreibt Krünitz, daß sich die Bauern auch Schnaps aus den Zwetschen brannten oder Zwetschenwein auf Flaschen zogen.

Die Zwetsche war für die Bauern ein »Baum des Lebens«, wie der belgische Obsthistoriker Hermann Vandommele schreibt. Sie war kein Grundnahrungsmittel wie die Kartoffel, doch eine wertvolle Beikost, die dem täglichen Brot Geschmack verlieh und damit das Leben erträglicher machte. Das aus der Not geborene volle Ausschöpfen ihres Potentials vertrug sich nicht unbedingt mit dem Selbstverständnis der herrschenden Klasse – weshalb die Zwetsche den Ruch des Armeleute-Essens nie ganz abstreifen konnte.

Doch waren Adel und Bürgertum gleichermaßen an der Zwetsche interessiert. Nur lagen ihre Interessen woanders: Sie widmeten sich vornehmlich der Kultivierung und Veredlung des Baumes. Obstbau verstanden sie als eine Form der Gartenkunst, oder wie es in der Sprache der Zeit hieß, »als edle Beschäftigung zur Belauschung der Natur«. Sie experimentierten mit Mehrfachveredelungen, züchteten Zwetschen mit ungewöhnlichen Farben und Formen und gewannen ein Tafelobst, das sich durch Makellosigkeit und exzellenten Geschmack auszeichnete.

Die Folge eines solchermaßen betriebenen Obstbaus war eine schier unübersehbare Vielfalt an Zwetschensorten und -arten. Jeder Landstrich besaß eigene, dem jeweiligen Klima und Boden angepaßte Typen. Es gab frühe, mittelfrühe und spättragende Sorten, so daß es von Juli bis Oktober immer frische Zwetschen gab.

Daß der Adel die Natur so edel belauschte, kam vor allem dem bürgerlichen Zeitalter zugute. In keinem Jahrhundert war die Zwetsche präsenter, und das in allen Volksschichten. Das belegen die Rezeptbücher aus jener Zeit. Es ist die Küche des 19. Jahrhunderts, die aus der Vielzahl an regionalen Zwetschengerichten auswählt, sie sich anverwandelt und damit die Tradition der Zwetsche in Deutschland national befestigt. Es sind die immer wieder neu aufgelegten Werke einer Henriette Davidis, einer Löffler-Bechtel oder Mari Schandri, die mit ihren »leicht verständlichen Anweisungen für Hausfrauen und Mädchen« die Zwetsche zu dem machen, was sie fürderhin bleiben wird: ein deutsches Leibgericht.

So schmeckten dem bayerischen König Maximilian II. Zwetschen-Beignets mit Pistazien bestreut, Zwetschentorte und -charlotte ebenso wie den Leipziger Bürgersfrauen der Zwetschenkuchen für sechzehn Groschen im Café *Kuchengarten*. Kindern und Gesinde waren Mus und Zwetschensuppe vorbehalten, ein »zuträgliches Confect« (Bezeichnung für Süßigkeiten aus Obst), womit »so manches Pfund Butter und Fleisch erspart wird«, schreibt Krünitz.

Bettina von Arnim, die Hausführung und Schriftstellerei miteinander zu verbinden wußte, schildert in einem Brief an ihre Freunde, wie sie den 35. Geburtstag ihres Mannes, Achim von Arnim beging: »...ich ... (habe) heut gekocht ... Sauerkraut mit Gänseschmalz und einem Hasen drin nebst Weinessig und Zucker, und endlich einen delikaten Kälberbraten mit Pflaumen, Salat und Selleriesalat. So lebet man zu Zeiten hier und freut sich seines kleinen Daseins«.

Das Menü mit Zwetschen entspricht der Hinwendung des Biedermeier zum Volkstümlichen und seiner Sehnsucht nach dem einfachen Leben. Allerdings ging die Liebe nicht so weit, daß man die Zwetschengerichte in ihrer kargen Ausführung der Bauern übernahm. Alles war eine Spur raffinierter: Mus oder Marmelade verfeinerte die bürgerliche Hausfrau mit Preiselbeeren, Holunderbeeren, Zitronen- oder Pomeranzenschale, mit grünen Walnüssen, Nelken oder Ingwer (!).

Das Kompott, mit seinen Requisiten aus Kompottvorlegelöffel und Kristallkompottière, transzendierte zur hohen Kunst, nicht nur bei der Zubereitung, auch beim Servieren: Die Zwetschen dünsteten im Wasserbad ihrem Kompottzustand entgegen oder kochten im Kupferkessel mit Zucker und Zimt so lange, bis sie weich wurden. Für das »Feine Kompott« empfiehlt Henriette Davidis, die Haut der Zwetschen vor dem Einkochen zu entfernen und anschließend einen Schuß Rum unterzumischen: »Beim Anrichten legt man die ansehnlichsten Früchte nach oben (das Hineinstechen mit einer Gabel ist immer zu vermeiden). Man häuft das Kompott nach der Mitte zu an und gibt die Sauce erst beim Anrichten darüber, wodurch es an Ansehen gewinnt.«

Die Zwetschensorten, die Henriette Davidis einst im Kessel kochte, stehen uns heute größtenteils nicht mehr zur Verfügung. Selbst die Hauszwetsche und die Bühler Zwetsche, lange die gängigsten Sorten der deutschen Obstbauern, verschwinden allmählich aus den Plantagen. Sie sind zu kostenintensiv. Ihre Stämme sind hoch, so daß man zum Pflücken Leitern benötigt; der Ertrag ist nicht immer so regelmäßig, als daß er für die Bauern kalkulierbar wäre. Statt dessen pflanzen sie in immer rascherem Tempo neue Sorten an. Denn wer als erster eine neue Sorte auf den Markt bringen kann, verdient damit schnell gutes Geld.

Diese neuen Sorten zeichnen sich größtenteils durch Eigenschaften aus, die dem Obstbauern höhere Erträge versprechen und dem Handel länger haltbare Früchte liefern. Daß bei solchen Anforderungen der Geschmack etwas zu kurz kommt, liegt auf der Hand. Wie mahnten schon die Kritiker im 19. Jahrhundert? »Wir wollen viele Früchte und verlieren an Größe und Delikatesse.«

Inzwischen ist man an der Universität Hohenheim damit beschäftigt, eine Genbank einzurichten, die die alten Zwetschensorten registriert. Der *Pomologenverein* verfolgt ein ähnliches Projekt zusammen mit dem *Institut für Pflanzengenetik und Kulturpflanzenforschung* in Gatersleben. Viele der alten Zwetschensorten sterben also nicht aus – aber kann damit die kulinarische Tradition gerettet werden?

Meinolf Hammerschmidt geht andere Wege. Bei Sörup, hoch oben in Norddeutschland, betreibt Hammerschmidt eine Baumschule für alte Obstsorten. Doch der gelernte Gärtner und ehemalige Entwicklungshelfer verfolgt höhere Ziele. Er will die alten Zwetschensorten nicht nur wieder unter die Leute bringen, er will auch das Bewußtsein für die Frucht neu sensibiliseren. Deshalb hat er ein *Obstmuseum* eingerichtet.

Den Wind der Ostsee in den Kronen, geben sich hier die Hauszwetsche die Ehre, die Wangenheimer Zwetsche, die Frühe Fruchtbare und die Anna Späth. Meinolf Hammerschmidt erzählt die Geschichte der Bäume, ihre Legenden, klärt über Fortpflanzung, Pflege und Wachstum auf. Anschließend läßt er seine Gäste die frischen Zwetschen kosten. Denn er weiß, nur derjenige, der wieder lernt, die Zwetsche zu schmecken, kann ermessen, was er an ihr verloren hat.

Rezepte von August Kottmann

Rauchspeck-Zwetschen im Blätterteigsäckchen

10 Schnäpsleszwetschen, 10 dünne Scheiben Rauchspeck,
200 g Blätterteig, 1 Eigelb, 2 El Milch

Die Schnäpsleszwetschen je einzeln in eine dünne Scheibe Rauchspeck einwickeln, einzeln in ausgewellten Blätterteig geben, mit dem in Milch verrührten Eigelb einpinseln und zu mundgerechten Blätterteigsäckchen formen. Bei 200 Grad Ofentemperatur backen und noch warm servieren.

Zu einem rustikalen Vesperbüfett oder auch bei einem Stehempfang fasziniert zuerst der Duft und dann der herzhafte, aromatische Geschmack des Gebäcks.

Schnäpsleszwetschen

500 g Hutzelzwetschen (Dörrzwetschen),
¼ l Zwetschenwasser 40%ig

Die Dörrzwetschen in ein gut verschließbares Glas geben, mit Zwetschenwasser bedecken, verschließen, an einem warmen Ort 8–10 Tage einwirken lassen. Zu geräuchtem Schinken und zu kurz gebratenem Rindfleisch (Filet) eignen sich die Schnäpsleszwetschen hervorragend. Der dunkle, dickflüssige Zwetschenfond läßt sich sehr gut zur

Verfeinerung von Rauchspecksoßen oder kurz gezogenen Rinderfiletsoßen verwenden. Das Ganze läßt sich ebenfalls mit Dörraprikosen und Aprikosengeist herstellen.

Heidschnucken-Sauerbraten mit Rotwein-Zwetschen-Sauce

1 Karotte, 1 Petersilienwurz, 1 l Rotwein,
1/8 l Apfelmostessig, 1 Zwiebel, 4 Nelken (Gewürznelken),
1 Zweigchen Thymian, 10 Wacholderbeeren,
1 Heidschnuckenkeule, 300 g Zwetschen,
100 g Dörrzwetschen im Destillat (siehe Schnäpsleszwetschen u. Rauchspeck-Zwetschen im Blätterteigsäckchen)

Gemüse waschen, klein schneiden und mit wenig Wasser kurz aufkochen. Rotwein und Essig sowie Gewürze zufügen und darin die Heidschnuckenkeule unter öfterem Wenden 5 Tage ziehen lassen.

Nach der Einwirkzeit (Marinierzeit) die Keule gut abtropfen lassen und im heißen Bräter mit Öl rundum kurz anbraten. Ein Teil der Marinade wieder zufügen und im heißen Ofen bei 180 Grad zugedeckt garziehen lassen. Den Bratenfond entfetten und durch ein Sieb schütten.

Die Zwetschen zum Bratenfond geben, 5 Min. kochen und das Ganze im Küchenmixer pürieren. Die Zwetschensauce etwas sämig einköcheln oder gegebenenfalls mit Mehlbutter binden.

Sauce würzen und abschmecken, die geviertelten Dörrzwetschen und etwas Zwetschenwasser zufügen. Von dem warmen Heidschnucken-Sauerbraten Portionsscheiben schneiden, mit Zwetschensoße überziehen und mit Kräuterschupfnudeln servieren.

Zwetschenterrine

400 g frische, noch festfleischige Zwetschen,
200 g Dörrzwetschen entsteint, ¼ l Rotwein, 40 g Pistazienkerne,
40 g Pinienkerne, 100 g Zucker, 1 Prise Zitronensäure,
12 Blatt Gelatine, 2 cl Zwetschenwasser

Die baumfrischen Zwetschen waschen, abtrocknen, entsteinen und vierteln. Die Dörrzwetschen halbieren und mit Rotwein, Zucker, Pinien-, Pistazienkernen und Zitronensäure aufköcheln lassen und 5 Min. heiß ziehen lassen. Eingeweichte Gelatine zufügen, mit den geviertelten Zwetschenstücken gut mengen und zum Schluß Zwetschenwasser zufügen. Das Ganze in längliche Terrinenformen geben und im Kühlschrank gut auskühlen lassen.

Die gesülzte Zwetschenterrine in Scheiben schneiden und mit geschlagener Marzipansahne oder Marzipan-Sabayon als Dessert reichen.

Süss-saure Koriander-Zwetschen

1 kg Dörrzwetschen ohne Stein, 0,2 l Zwetschenwasser,
0,4 l Essig, 0,4 l Rotwein, 0,5 kg Zucker,
1 Tl Koriandersamenkörner getrocknet

Die Dörrzwetschen in ein gut verschließbares Glas oder Gefäß geben und mit Zwetschenwasser begießen. Essig, Rotwein, Zucker und Koriander miteinander aufkochen und über die Dörrzwetschen gießen. Gefäß gut verschließen und 8 Tage an einem warmen Ort stehenlassen.

Für weitere Informationen

Baumschule Alte Obstsorten
Meinolf Hammerschmidt
Waldweg 2, Winderatt
24966 Sörup
Tel. 046-35 27 45
www.alte-obstsorten.de
Im angeschlossenen *Obstmuseum* gibt es über 700 verschiedene Obstsorten. Bei Führungen wird über Legende, Alter und Obstkultur informiert.

August Kottmann, *Geistvolles von der Schwäbischen Alb. Koch- und Geschichtenbuch.* Frickenhausen 2000. Zu bestellen über: August Kottmann, www.hirsch-badditzenbach.de
Beatrice Aepli, *Zwetschgen, Mirabellen, Pflaumen, Reneclaudes. Kreative Saisonküche.* Weil der Stadt 2002

Das deutsche Brötchen

Von Kurt Maria d'Ucello

Ein mit mir befreundeter Roué, distinguierte Erscheinung, berichtete von einer genüßlichen Tour in einer europäischen Stadt außerhalb Deutschlands, die nach einem superben Mahl und ein wenig Herumziehens in einem eleganten Etablissement ihr vorläufiges Ende gefunden habe. Die Mädchen seien zutraulich und angenehm gewesen. Schon weit in den Spätstunden der Nacht sei er heiter und zufrieden eingeschlafen mit einer schon dem Traum nahen Frage: »Ob es wohl morgen warme Brötchen gibt?«

Ja, das deutsche Brötchen, Rundstück in Hamburg, Schrippe in Berlin, süddeutsch Wecken oder Semmel. Ja, das war mal was, als es noch die Verheißung morgenfrüher Speisung war, bäckerwarm duftend, knusprig knackend, inwendig weiß und zartweich. Dazu der Kaffeeodeur und eine Note feinen Honigs. Man holte die weizenblonden Laiblein frühmorgens ein. Der Bäcker war nicht weit. Wie der französische Baguettewandler im Frühlicht zog der Deutsche mit seiner Semmeltüte durch die Gasse. Das muß eine ziemlich alte Gewohnheit gewesen sein. Semmeln sind an Luthers Frühstückstisch bezeugt, schon damals ein kleines Brot – en primeur, nur frisch köstlich – ganz rasch schal und Kandidat für Knödel und helle Brotsuppen.

Das alles ist vorbei. Ein herrliches Volksglück ist dahin. Die vielen Backstuben sind weg, eine Weckenbesorgung kostet stressige Fahrerei, und was man heimbringt, erinnert wohl noch an vergangene Zeiten, aber das Einheitliche, das man ruhig einer Handvoll weiträumig tätiger Fabriken zumessen kann, ist nicht zu übersehen. Immerhin – ein schwacher Trost – ist aus der Morgenlust des deutschen Volkes ein à la minute-Luxus für Wenige geworden. Gepflegte Landgasthöfe, die noch den Bäcker im Dorf haben, und vor allem gute Hotels mit ihren

Gourmetküchen bringen dem Semmellechzer wunderbar riechendes Brotgebäck auf den Tisch. Die feine Backküche liefert es sogar immer, vom early cup auf dem Zimmer bis zum Mitternachtssouper.

Und auch die Industriesemmel erfüllt mittlerweile ihre Ernährungsaufgabe weit in den Tag hinein. Allerorten und zu allen Tageszeiten sind die kleinen Weizenhügel auszumachen, zur Bockwurst, der guten alten Erbsensuppe, in Schnellzügen und Stehimbissen, in Kneipen und Begegnungsstätten. So gegen zehn Uhr am Morgen beginnt dann der Zahn der Zeit an ihm zu nagen. Allmählich wird er ledrig, immer weniger läßt er sich brechen, kein wohliges Knuspern läßt er mehr vernehmen; wenn man ihn teilen will, muß man reißen. Und unerbittlich wandelt sich das arme Brothäuflein weiter. Gegen Abend tritt ein paradoxer Zustand in das Jammerding ein. Es wird hart und weich zugleich. Außen seltsam fest und bißfeindlich und innen unfest-bröselig. Zuweilen entströmt dem Elaborat noch ein zahnklinischer Odeur, vielleicht eine durch alle Garung durchschlagende Folge des chemisch präparierten Mehls zum Abhalten von Maus und Milbe.

Aber nun, am frühen Abend und im hohen Alter, hat das deutsche Brötchen seinen großen Auftritt. Der noch nicht mit dem indispensablen französischen Canapé oder neu-deutschen Fingerfood versehene Stehempfang, vornehm auch »kleiner Imbiß« (sic) genannt, bietet ihm seinen neuen Urstand. Aufgeschnitten, mit Butter, Schinken, Käse und allerlei minuskülen Würzsachen wie Oliven, Gürkchen, Salatblättern oder Radieschenscheiben belegt, werden die gelben Lappenufos auf groben Tabletts oder einfach entstapelten Plastikkästen gereicht. Ist da was? Regt sich Protest? Oder gar ostensible Abstinenz? Nichts davon! Da sieht man, wie der immer noch auf zivilisatorischem Frühstand befindliche Deutsche glänzende Augen bekommt. Die mit Schwarzwälder Schinken zwinkernden Wecken erwecken nun seine Beißlust. Ohne die Absonderung seiner aktuellen Meinung zu unterbrechen, schlägt er seine Hauer in das abgestandene Produkt weithergekarrter Backmache. Der Geräuschpegel wird für eine Weile mampfdumpf, Gurken- und Olivenscheibe kullern auf das von Salatpartikeln ergrünende Parkett. Das wegen der aufgeworfenen Form der Semmeln zu pferdehaftem Blecken gezwungene Zahnwerk reißt am Fleischlappen, ruckt und sägt mit den Vorderschneidern. Vergebens. Ein Urantrieb aus unserer Primatenzeit will reißen, und so glitscht der durchwachsene Aufschnitt heraus aus dem Schnittspalt, um dann über Lippen und Bärten zu hängen, so lange, bis er hereingefressen ist in Maul und Schlund.

Wenn nun schon das gute alte deutsche Brötchen so heruntergekommen ist und wenn es nun schon seine deutschen Einbeißer in eine wohl unabänderliche kulinarische Regression zwingt, warum viertelt Ihr nicht die gelbe Wölbstulle, Ihr Partyservisten und Dienstleistungslöwen? Zwei rasche, entschlossene Schnitte und Ihr hättet immerhin einen bedeutenden zivilisatorischen Fortschritt in der Mitte Europas erreicht. Und einigermaßen mundgerecht wäre das Futter auch. Aber Ihr zögert? Die an ihrem Lebensabend angekommenen Wecken lassen den Schnitt vielleicht nicht mehr zu? Zu bröselig?

Austernversprechen

Von Carmen v. Samson

»Herzlich willkommen im Maritim Hotel, mein Name ist Birgit Frankenthaler, was kann ich für Sie tun?«

Schon, wie er am Morgen so plötzlich gegangen ist. Die Tasse Tee mußte ich ihm aufdrängen, und die Zähne geputzt hat er sich nur, weil ich gefragt hab. Ob er nicht wenigstens das tun wolle. Und fort war er.

Immerhin ein Abschied am Morgen. Immerhin etwas. Immerhin mehr als die sonst übliche Flucht mitten in der Nacht. Noch während ich denke, er suche nur eine neue Stellung, im Schlaf, ist er schon aufgestanden. Steht am Stuhl, auf den ich vor ein, zwei Stunden Hemd und Unterhemd warf, nicht ganz so ordentlich wie die Hose, die Socken, die er dann selber dazufaltete. Was beim Ausziehen leicht, leise von den Schultern abzustreifen war, knistert jetzt. Vielleicht sollte ich ihn bitten, seiner Haushaltshilfe eine andere Sprühstärke hinzustellen. Es wäre eine Lösung. Das Kruspeln, Rascheln, Schleifen der Kleidungsstücke über seine Gliedmaßen, auf seiner Haut begleitet mich zurück in den Schlaf. Ein kurzes Aufwachen noch, wenn die Wohnungstür schlägt, dann ist es vorbei.

Ich habe mich daran gewöhnt. Morgens schaue ich in die große Vase im Flur. Natürlich liegt nichts darin.

Wir führen eine moderne Beziehung, würde er sagen. Ohne Übernachtungen, ohne Schlüsselaustausch. Ohne Verpflichtungen.

Immerhin also habe ich heute morgen, wach, winkend, die Tür hinter ihm geschlossen.

»Nein, das tut mir leid, ein Ehepaar Hansen haben wir weder in unserer Check-in-Liste, noch sind sie schon in unserem Hause. Bitte sehr, guten Morgen.«

Er mußte verreisen. Ich hatte nicht genau hingehört, an welchen

Ort. Er verreist dauernd irgendwohin, letzte Woche nach London und, kaum war er zurück, Bochum. Zwei Tage hier, in denen wir uns nicht sahen. Dann die Verabredung gestern, ein erstes Wiedersehen nach einer Woche.

»Einen wunderschönen guten Abend, das Arvena Park Hotel, mein Name ist Buren.«

Der Tag war, nachdem ich meinen Tee ausgetrunken hatte, mit den üblichen Sonnabend-Besorgungen gefüllt. Nachmittags kaufte ich für ihn Marmite im *KaDeWe*. Die Freßetage voll wie immer. Nur am Austernstand waren zwei Plätze frei. Die Verkäufer glücklich in ihrer winzigen Kombüse. Wäre ich näher herangegangen, hätte mich einer der beiden sicherlich gegrüßt. Unter dem gierigen Blick eines Sitzplatzkonkurrenten wandte ich mich ab. Aber ohne Carl macht es keine Freude, hatte ich in dem Moment beschlossen.

Wir gehen oft dorthin. Abends um halb acht, wenn es im Büro lang war und noch eine Milch besorgt werden muß. Oder eben Marmite, was im Regal um die Ecke steht. An der Theke können wir uns nie entscheiden. Also bestellen wir zwei Sorten, irische Austern für mich und schottische für ihn. Nur *Fines de Claire* nie, eigentlich aus keinem Grund. Er trinkt Weißwein, ich meistens Wasser. Manchmal ein Glas Champagner, auch wenn ich mich dann wie Lieschen Müller fühle, die das wohl nötig hat. In der Großstadt.

»Bedaure, das Ehepaar Hansen hat bei uns nicht eingecheckt, und es liegt auch keine Reservierung vor. Gern geschehen, gute Nacht.«

Die Liebe zu Austern ist neu. Sie hängt mit ihm zusammen, mehr weiß ich eigentlich nicht. Wie es dazu kam. Wessen Idee es war, sich dort hinzusetzen. Die Tüten am Haken aufzuhängen, die Baguettestange schräg in einen der Plastikbeutel hineinzustellen, damit sie nicht herauskippt. Aber wann immer wir im *KaDeWe* sind, gehen wir auch Austern essen. Seit einiger Zeit suchen wir einen Grund, dorthin zu fahren. Der Espresso ist fast alle, eine Ananas oder ein artgerecht aufgewachsenes Suppenhuhn braucht es noch. Es sind Ausreden, und wir wissen beide, daß es so ist.

Die rauhe Schale an meiner Unterlippe. Manchmal bröselt etwas davon herunter. Ich beiße gerne mit den Schneidezähnen auf dem winzigen Kalksplitter herum, lege die Auster ungeschlürft zurück auf den Teller. Nachdem ich etwas Zitrone auf sie geträufelt habe und sie von dem haltenden Muskel gelöst habe, scheint es, als schwimme sie in mehr Wasser als zuvor.

Dann gleitet die Auster sanft in meinen Mund, an der Oberlippe entlang. Ich denke, es ist dieser Moment, der die Auster zum Aphrodisiakum macht. Nicht die Mineralien, von denen der Verkäufer mit dem roten Halstüchlein redet. Wenn er mit einem »Oh jeh, der Ärmste« einen zweiten Teller vor Carl stellt.

»Hier ist das Carlton Hotel Nürnberg, mein Name ist Bregenzer.« Die Stimme ganz verschlafen.

Es war Nürnberg, das war mir später an der Kasse eingefallen. Kurz danach hatte er auch angerufen, von Handy zu Handy. Er stehe vor dem Hotel auf dem Parkplatz, hatte er gesagt. Nicht, vor welchem. Das zu fragen war mir auch nicht in den Sinn gekommen. Nur, was er eigentlich dort mache, an einem Sonnabend. Geburtstagsfest eines Freundes. Eine Männerrunde also? Nein, es wären auch Damen geladen. Aber jetzt müsse er los, es sei schließlich schon sechs Uhr.

Hatte ich ihm einen schönen Abend gewünscht? Viel Spaß? Jedenfalls hatte dann auch ich ein kurzes Gespräch gewollt.

Schlafen Frauen überhaupt neben dem Telefon, wenn sie mit ihrem Geliebten ins Hotel gehen? Würde ich abheben, wenn es um halb vier Uhr morgens klingelt und ich neben einem Mann liege, der nicht meiner ist? Wie sorgsam werden Reisen mit Geliebten geplant, und weiß man überhaupt je mehr, als daß man die Nacht miteinander verbringen wird?

»In welcher Angelegenheit denn? Eine Familienangelegenheit? Gut, ich schau mal – ausnahmsweise –, wir geben sonst keine Auskunft über unsere Gäste.«

Viel wichtiger aber: was sage ich selbst, was würde ich sagen, wenn abgehoben würde und eine ebenso verschlafene Stimme wie die des Nachtportiers antwortete? Den Namen meiner Vorgängerin weiß ich nicht. Aber war da nicht etwas gewesen, kam ihre Familie nicht aus Nürnberg? Der Schwester waren wir über den Weg gelaufen, sie trug einen Pelzmantel und wünschte mir viel Glück.

Und denke an mich selbst, vor Jahren. Unterwegs mit einem anderen, in Griechenland. Der Mann, den ich begleitete, war in der Kategorie »Geliebter« einzusortieren. Bei einem Bummel suchte er ein Geschenk für seine Frau, ich half ihm dabei, fragte nach der Farbe ihrer Augen. Nichts wollte passen, und als ich später, kurz vor dem Abflug, die Orange in seiner Reisetasche sah, nahm ich übel. Es waren Orangen gewesen, die wir auf einer Wanderung gegessen hatten. Während einer Rast lag ich in der Sonne, er schälte und teilte und steckte sich Hälften in den Mund. Wenn ein Schatten über meine geschlossenen Augen glitt, wußte ich, daß er mir einen Schnitz hinhielt, öffnete die Lippen und aß.

Soll ich gleich sagen: »Guten Abend, Hansen, ich möchte bitte meinen Schwager Carl sprechen, es ist dringend«? Wenn sie klug ist, wird sie »Tut mir leid, Sie haben sich verwählt« antworten.

»Sind nicht bei uns. Alles Gute.« Der Portier hat begriffen, worum es geht.

Es kann natürlich auch eine ganz andere sein. Die Flugzeugbekanntschaft vom Sommer. Die Tischdame vom Diner beim berühmten Zeithistoriker. Die Politikerin aus dem Rotary-Club.

Es ist leichter als Geliebte. Von den Frauen im Leben eines Mannes ist man die Klügere. Man kennt die Regeln des Spiels, kennt überhaupt das Spiel. Ehefrauen haben meist noch nicht einmal begriffen, daß eines gespielt wird. Stolpern vor sich hin im Dunkel ihres Nichtwissens.

Wie ich. Jetzt.

Aber eine feste Freundin wählte jetzt nicht Nummern von der »Offiziellen Hoteldatenbank der Städte Nürnberg, Fürth und Erlangen«. Sie läge im Hotelbett und ginge ans Telefon, weil sie es dürfte. Sie wäre auf dem Fest dabeigewesen, hätte um sechs Uhr abends vor dem Hotel gestanden, und es hätte keines Anrufs bedurft.

Geliebte sind ein Geheimnis, sorgsam zu hüten und zu verbergen. Sie pflegen es mit jedem nicht angelegten Lippenstift, mit jedem abgestreiften Haar von Anzugschultern, mit dem Parfüm, das sie weglassen, und den getrennten Kleiderhaufen, die sie aufschichten. Sie verstehen den Sinn des Versteckspiels, haben die Gleichung »Ohne Geheimhaltung keine Liebe« selber aufgestellt.

»Herzlich willkommen im Agneshof, mein Name ist Waltermeier, Grüß Gott.«

Mit dem Orangenschenker gab es noch eine andere Rechnung. Sie hieß, daß es bei drei Personen immer nur ein Paar geben würde. Die größte Sorge war, seine Frau könnte die Scheidung verlangen. Es wurde auch meine Sorge: Er wäre dann, sagte er, nur noch ein halber Mensch. Seine Stimme kippte ins Falsett, wenn er fragte, ob ich ihn denn in dem Fall auch noch haben wollte. Seine Ehrenämter, sein Ansehen in der Gesellschaft. Dahin, dahin.

Mit Carl hatte es auch eine Reise gegeben. Als die Männer, mit denen er hatte nach Südafrika fahren wollen, einer nach dem anderen absagten – kein Urlaub der eine, Konkursanmeldung der andere, und beim dritten war im Büro zu der Zeit zu viel los –, durfte ich mit. Johannesburg, Kapstadt, Tierparks und Weingüter. Zum Abschluß Plettenberg Bay. Strandleben, Wanderungen im Hinterland. Und: Austern in Knysna. Den Namen auszusprechen lernten wir erst, als wir in der Stadt waren. Die richtigen Lokale hatten wir bald gefunden. Vorspeise, Hauptgericht, Dessert: immer dasselbe. *Wild oysters*, die nicht wie die sonst erhältlichen in Kolonien angebaut und vor der Zeit, wie es uns seither schien, geerntet wurden. Wer sie aus dem Meer holte, an welchen Felsen sie sich festgekrallt hatten und wie man entschied, wann sie reif waren – all das wußten wir nicht. Spürten nur den Unterschied. Fester waren sie, nicht so wäßrig-gräulich in der Farbe. Erwachsen, so schien es, und ein buttriger Geschmack füllte den ganzen Mund, der richtig voll war, wenn man eine hineingesteckt hatte. Man schlürfte weniger, als daß man mit der Gabel das Fleisch heraushob.

Als Carl die Austernhändler an der Marina fand, war klar, wie der Ausflug des Tages auszusehen hatte. Zwei Styroporkisten voller Eis, auf dem die geöffneten Austern ruhten, ein Korkenzieher aus einem Handwerkermarkt, in dem sich seit fünfzig Jahren nichts geändert zu haben schien, und eine gekühlte Flasche Kapwein. Dann saßen wir im Auto Richtung Keurboom. Zum Arch mußte man zu Fuß gehen und erkannte erst, daß man diese Gesteinsformation erreicht hatte, wenn man nach rechts schaute. Wir hätten auch daran vorbeigehen können.

Ein riesiger Bogen, ausgehöhlt von den salzigen Wellen. Die Gischt spritzte auf, reichte gerade mal ins untere Drittel des Bogens hinauf. Das wir nicht zur Hälfte ausfüllten.

Wir sprangen neben dem Arch ins Wasser, ließen uns ein wenig hinaustragen ins Meer, damit die Wellen uns zurückwerfen könnten, lachten und riefen, wenn die Felsen bedrohlich nahe rückten und wir rasch wieder in die Mitte schwammen, wo es sandig und flach war.

Das Salz brannte leicht auf den Lippen, man fuhr mit der Zunge darüber und hatte Durst, und von der Luft, es ging so schnell wie zu Kinderzeiten, kam der Hunger. In den Dünen hinter dem Arch gab es eine luftstille Ecke, in die wir uns setzten. Von den Haarspitzen tropfte das Wasser kalt auf die Schultern, und den neugierigen Möwen warfen wir die Schalen zu. Niemand kam vorbei, uns zu stören, und als wir uns hinlegten, war der Schlaf bald da. Als die Luft kühler wurde und ich aufwachte, spürte ich, daß sich seine Beine mit meinen verschlungen hatten.

»Hallo? Hier ist Carl Hansen.«

Ökonomie der Nacht

Von Henriette Kuhrt

Gemeinhin gilt es als verboten, über das Berliner Nachtleben zu schreiben. Das hat mehrere Gründe. Zum einen sind viele der wirklich erwähnenswerten Orte illegal. Zwar weiß die Berliner Polizei in den meisten Fällen sehr genau Bescheid, wo sich welcher Club befindet, doch erspart sie sich die nächtlichen Besuche, solange keiner der Orte allzu auffällig wird. Und auch Schreiberlinge sind nicht gern gesehen. Denn das Nachtleben, und vor allem das Berliner, ist eines der Themen, mit dem die meisten Menschen bereits ihre eigenen Erfahrungen gemacht haben. Darum haben nicht nur alle etwas dazu zu sagen, sondern sind noch weniger bereit, etwas darüber zu hören. Zugang zu einem guten Ort zu haben wird da schnell zu einer Frage der persönlichen Ehre. Doch davon später.

Damals, kurz nach dem Mauerfall, da stand alles leer, es gab noch keine Touristen, die in Gruppen durch den Hackeschen Markt zogen und keine jungen Menschen aus Passau, die meinten, als junger Mensch aus Passau müsse man auch mal in Berlin Mitte gewesen sein. Alles war unberührt und unerschlossen, kurz: einfach besser. Ein Haus wurde mit alten Ost-Sofas ausgestattet, durchgerockt, und wenn die Sanierung anstand, ist die Party einfach am nächsten Morgen in das nächste halbverfallene Gemäuer umgezogen. Ebenso gerne gehört: »Vor zwei Jahren, da hätte man viel schreiben können. Aber *jetzt?«*

Das entspricht einer bei Pensionären recht beliebten Haltung der Verklärung der Vergangenheit und der Geringschätzung der Gegenwart. Tatsächlich haben sich die Bars und Clubs in Mitte und Prenzlauer Berg verändert und den neuen Bedingungen angepaßt. Aber soll deshalb alles vorbei sein? Keine guten Feiern mehr, keine schönen Clubs? Bleiben die Berliner jetzt gelangweilt zu Hause und blättern in *Schöner Wohnen*? Hoffentlich nicht.

Stehen in der Presse Beschreibungen guter Clubs, wird das als »Verrat« angesehen: Ist ein Club gut, funktioniert er über Mundpropaganda. So behalten sich Besitzer und Besucher vor, unter sich zu bleiben und eine Alternative zum Alltag zu haben, in dem man das Personal nur selten nach dem eigenen Geschmack auswählen kann. Und findet ein Club, sei er nun illegal oder einfach nur in einem versteckten Hinterhof gelegen, Erwähnung im Lokalteil einer Zeitung, so wird diese Form von Prominenz nur selten geschätzt. Der nächste Schritt ist dann die Aufnahme in den Terminkalender eines Stadtmagazins; der Exitus folgt in einem Berliner Touristenführer mit billigem Layout. Gekennzeichnet mit einem pinken Männchen, umgeben von einem ebenfalls pinken Strahlenkranz, findet man dann in der Legende die Erklärung: hier Szenetreffpunkt für junge Menschen.

Denn letztendlich ist ein guter Ort eine Prestigesache, ein modisches Statussymbol, dessen Namen man ebenso beiläufig fallen lassen kann wie den einer bekannten Bekanntschaft. Und mit der gleichen Kraft kann ein falscher Ort eine umgekehrte Wirkung erzielen und wirkt dabei verzweifelt lässig wie veraltete Jugendsprache oder erzwungen sexy wie ein über den Bund der Hüftjeans gezogener Stringtanga.

Die *Galerie Wohnen in Berlin Mitte*, kurz *WBM* genannt, schafft sich ihre buchstäbliche Exklusivität durch einen einfachen Trick. Die Bar befindet sich einem unsanierten Haus in Mitte, das, umgeben von zwei Brachen, an einer größeren Straße liegt. Die Bar befindet sich im vierten Stock des Gebäudes, in dem es noch andere, nur bedingt verständnisvolle Bewohner gibt. Und so hängen im Treppenhaus mehrere handgeschriebene Zettel, die zur Ruhe mahnen, denn schließlich will man die Polizei kein zweites Mal dort oben haben. Doch um erst einmal in dieses Treppenhaus zu gelangen, muß vor dem Hauseingang ein Türsteher passiert werden. Geld ist nicht die Währung, die hier zählt: Der Türsteher fordert vom Besucher »das Paßwort« ein, und nur wer es kennt, wird hineingelassen. Doch wer hier von Billy Wilders wunderbarem *Manche mögens heiß*-Paßwort »Ich will zur Beerdigung meiner Großmutter« träumt, kann getrost weiterschlafen: Im Frühjahr 2002 befinden sich die Codes auf dem Niveau von Eissorten, und so bekommt man recht schnell Zugang zum Haus, wenn man dem Türsteher ein konspiratives »Stracciatella« zuflüstern kann, ohne dabei zu lachen. Doch damit ist es noch nicht getan. Hat man den Türsteher hinter sich gelassen, findet sich vor der Bar im vierten Stock ein weiteres Hindernis: »Klingeln oder Klopfen sinnlos« steht, mit Filzstift geschrieben, auf einem Zettel an der Wohnungstür, »Einlaß nur mit Schlüssel.« Hinter dieser Tür verbirgt sich die Bar, Musik- und Gesprächsfetzen dringen gedämpft in das Treppenhaus. Und tatsächlich reagiert niemand auf das Klopfen, die tonlose Klingel ist ebenfalls keine Hilfe.

Harald und Martin, die Besitzer der *WBM*, haben dreihundert Schlüssel zu der Wohnung anfertigen lassen und an Freunde verteilt, die ihrerseits Freunde mitbringen sollen. »Es soll wie ein Zuhause sein«, sagt Harald. Harald ist Ende zwanzig und sehr schön. Er hat seine dunklen Haare ins Gesicht gekämmt, im Nacken sind sie ein wenig länger. »Man soll die Tür aufschließen, sich aufs Sofa legen und Leute um sich haben, die man gern hat.« Sein Kollege Martin, im gleichen Alter, hat kurze dunkelblonde Haare und ein nettes Lachen. Gemeinsam haben sie noch einen anderen Club in Berlin.

Tatsächlich findet sich auch die A-Jugend Berlins in der *WBM*: der Moderator eines Musiksenders küßt ein Mitte-Mädchen in Carmenoberteil und vielen dunklen Haaren, ein Lindenstraßenschauspieler spielt im Hinterzimmer Billard, und der örtliche Party-Philosoph und Türsteher des angeblich besten Berliner Clubs behauptet, hier im besten Club Berlins zu sein. Die drei Jungen mit den sorgfältigen Frisuren am DJ-Pult könnten Statisten eines Werbespots sein, für Kaffee aus der Dose oder eine Versicherung vielleicht.

Dieser Rückzug des öffentlichen Nachtlebens in private Räume funktioniert und steigert automatisch seine Attraktivität: Plötzlich bekommt Weggehen den Status des immateriellen Gutes, mit dem die Eurocard-Werbung seit Jahren ihre jungen Kunden zu locken versucht: Schuhe: einhundertfünfzig Euro, Oberteil: vierzig Euro, mit dem Paßwort am Türsteher vorbeikommen: unbezahlbar. So schnell befindet sich ein guter Club in der gleichen Liga wie andere Dinge, die man für Geld nicht kaufen kann: Liebe, Stil, Unschuld und so weiter.

Doch die *WBM* birgt noch eine weitere Marketing-Überraschung, die sich nur bei der genauesten Betrachtung der Inneneinrichtung verrät. Insgesamt hat die Wohnung vier miteinander verbundene Zimmer, in deren länglichem Flur sich eine improvisierte Bar befindet. In manchen Räumen klebt ein Parkett-Imitat aus Kunststoff am Boden, Zigaretten haben kleine schwarze Löcher hineingebrannt. Die Wohnungsidee trägt sich durch die Räume: In einem Zimmer stehen Sofas, im anderen hängt ein kleines Bord mit Brettspielen an der Wand, ein Sofatisch dient als DJ-Pult. Im Nebenraum lungern ein paar Gäste auf dem Bett herum und trinken Bier, in der Ecke steht ein Fernseher, mit dem man mittels einer Konsole das Achtziger-Jahre-Spiel »Pong« spielen kann. Manchmal laufen dort auch Fitneßvideos mit bonbonfarbenen Damen, ebenfalls aus den Achtzigern. Im Zimmer steht ein Billardtisch, an der Wand steht ein Spind. Vom Flur geht eine Unisextoilette ab, deren Tür meistens offen steht. Die *WBM* ist verraucht und gleichzeitig ein wenig zu kühl. Zimmer sind mit einem sich wiederholenden Plakat beklebt und bilden so eine Fototapete. Die Bilder sind von Raum zu Raum unterschiedlich, auch wenn das Motiv das gleiche bleibt: eine junge Frau, die durch das nächtliche Berlin läuft. In einem der Räume ist ihr angeschnittener Kopf zu sehen. Im Hintergrund, ebenfalls angeschnitten, der rote Schriftzug des *Forum-Hotels* am Alexanderplatz.

In der Ecke des Zimmers steht eine kleine weiße Statue auf einem beleuchteten Sockel. Sie ist etwa zwanzig Zentimeter groß, hat zwei Flügel, ein flatterndes Gewand und keinen Kopf. Schlüsselbesitzer bemerken hier vielleicht den Bruch mit dem übrigen stilisierten orange-braunen Ost-Design der Bar, gleichzeitige Kenner der klassischen Antike erkennen eine verkleinerte Version der Statue der Siegesgöttin Nike. Harald und Martin, deren Pullover mit einem aufstrebenden Häkchen versehen sind, zitieren ihren Partner, der ihre Bar mit Ideen, Styling und Mobiliar unterstützt. Mit so geschärftem Blick bekommt nun auch ein beiläufiges Paar Turnschuhe auf der Fototapete im Nebenzimmer einen Sinn. »Wir haben ungewöhnliche Exponate gesucht, die zu dem Leben in Berlin-Mitte passen«, erklärt Martin die Kooperation, »also sind wir auf *Nike* zugegangen«.

Doch Harald und Martins Idee geht nur dann auf, wenn die Leute, denen sie ihre Schlüssel geben, letztendlich auch kommen. Eine zweite Besetzung würde den Ton nur ruinieren. »Ich habe schon viele Clubs gemacht«, sagt Martin weiter, »aber bis jetzt kann ich immer noch nicht sagen, nach welchem Prinzip sie zu funktionieren aufhören.«

Doch die Konzerne setzen mehr als nur ein Zeichen und markieren das Revier ihrer Großstadthelden mit dem richtigen Logo. Ein Erlebnis im *Automatenladen* zeigt, wie sich die schwer greifbare Magie des Großstadt-Spaßes auch in einen materiellen Wert zurückverwandeln läßt. Dieser Club, nahe dem Hackeschen Markt, funktioniert nach einem ähnlich exklusiven Prinzip wie die *WBM*. Hier gibt es allerdings nicht einmal einen Türsteher, dem man mit der richtigen Eissorte beeindrucken könnte – die Tür läßt sich nur mit einer der Mitgliedskarten öffnen. Wo der Türsteher durch einen schmalen Schlitz ersetzt wurde, lösen die Getränke- und Süßigkeitenautomaten einen Kellner ab, ein »Gastautomat« steht zum Spielen neben dem Eingang. Der Katzenfutterautomat ist kaputt. Von der Straße aus sind die Fenster blickdicht, von innen jedoch kann man die Passanten beobachten.

Plötzlich rüttelt ein junger Mann an der Tür und winkt hinein. Gerion, der Besitzer des *Automatenladens*, öffnet ihm. Der junge Mann ist sehr jung, Anfang zwanzig vielleicht, wirre rote Haare, blasse Haut. Er trägt einen kamelfarbenen Mantel, eine khakifarbene Hose und einen grünen Schal. »Hello«, sagt er, stellt sich vor und schüttelt Gerion die Hand, dann nennt er den Grund für sein Kommen: »I am hunting for what is cool.« Genausogut hätte er einen fahren lassen können, und es werden auch gleich die ersten Nasen gerümpft. Die Menschen auf den blau-weißen Plastikstühlen drehen sich zu ihm hin und ziehen die eine oder andere Augenbraue hoch. Gerion hingegen bleibt souverän. »Really«, sagt er, und dann beginnt der Junge zu sprechen. Aus Holland sei er, und dort arbeite er für das Trendforschungsinstitut *Signs of Times*. Eine Woche sei er schon in Berlin, gleich gehe sein Zug zurück, und dieser Ort würde ihm wirklich gut gefallen. Ob er Fotos machen könne. Gerion zeigt ihm den Club, spricht von Automaten und auch von Freunden, von der Renovierung und den DDR-Lampen an der Decke. Der Junge hört mit offenem Mund zu. Die Bilder und die Geschichte des *Automatenladens*, die der rothaarige Junge zu dem Institut bringt, werden dort gesammelt und auf eine CD-Rom gebrannt. Zusammen mit anderen Phänomenen, die von den Trendscouts erlegt wurden, werden sie an Konzerne verkauft.

Gerion findet das originell. Nur die Lokalpresse, sagt er, die will er nicht so gerne hier haben. Einen Ruf zu bekommen heißt schließlich, ihn zu verlieren.

Die Café-Bar

Von Simone Kaempf

Man sollte sich nicht zu früh freuen, aber man darf es vermelden: Der Filterkaffee ist dabei, das Zeitliche zu segnen. Denn wo kann man heute überhaupt noch eine Tasse gewöhnlichen Bohnenkaffee bestellen? Außer in abgelegenen Bahnhofsgaststätten, wo er eine geschmackliche Extremerfahrung liefert und alternativ mit Sprühsahne und Schokostreuseln als Cappuccino serviert wird. Der Filterkaffee ist ein Getränk, das langsam von den Speisekarten verschwindet, was den Kundenwünschen auf angenehme Weise gerecht wird. Wer heute auch beim Kaffeetrinken Stil beweisen will, der bestellt Espresso statt der Tasse Kaffee, Latte macchiato statt Milchkaffee oder statt Latte macchiato gleich »Grande Latte«, dessen italo-amerikanische Aussprache (in etwa Grändai Latai) spätestens seit der Eröffnung der ersten deutschen *Starbucks*-Filialen auch hierzulande Einzug erhalten hat. Der deutsche Beitrag zur modernen Kultur des Kaffeetrinkens scheint derzeit erbärmlich gering zu sein, denn auch das belegte Frühstücksbrötchen hat neben dem Latte macchiato nicht viel zu suchen. Die Kaffeeklatsch-Atmosphäre ist den neuen Café-Bars gewichen. Und den Menschen darin ergeht es nicht anders als dem Getränk selbst: Kaffee und Kaffeetrinker erfinden sich großspurig gerade selber neu.

Wenn es heute in der Werbung um Kaffee geht, taucht immer wieder ein ähnliches Bild auf: Eine hübsche Frau im Kostüm gehört dazu und ein Mann von weltgewandter Lässigkeit. Sie müssen nicht mehr jung sein, aber jugendlich hübsch und von jener Ausstrahlung, als seien sie gerade dabei, alles mit leichter Hand zu erreichen, was sie sich in ihrem Leben vorgenommen haben. Ein Laptop steht aufgeklappt auf einem Bistrotisch, daneben eine Tasse Kaffee. Vielleicht liegt man auch auf dem vornehmen Parkettboden einer Wohnung, in der noch keine Möbel stehen, aber von wo man sprungbereit den

Anschluß an die ganze Welt hält und den Kaffee auf dem Holzfußboden deponiert hat.

Der im Leben stehende Geschäftsmann ist ein zeitloses Symbol für Wachheit, Hellsichtigkeit und Aufgeweckheit. Seine Beschreibung ist aber nur ein fernes Echo auf die Betriebsamkeit, die mit Kaffee schon immer in Verbindung gebracht wurde. Wer Kaffee trinkt, sündigt nicht – diese Eigenschaft gehört zu dem Getränk, seit es Ende des 17. Jahrhunderts über die Brückenköpfe der Kolonialmächte in Europa eingeführt wird. Es trifft den Nerv der Zeit, deren Bürgertum durch morgendliche Biersuppen und Weingenuß träge vor sich hindämmert. Zwischen den Jahren 1650 bis 1700 setzt sich Kaffee als Morgentrunk der tonangebenden Schichten durch. Nicht, daß sein Geschmack auf Anhieb geschätzt wird, es sind die historischen Veränderungen, die ihn attraktiv machen: die Mäßigkeitsbewegungen der Reformierten Kirchen, die sich entwickelnde Gesellschaft und Ökonomie, größere Sachzwänge und ein höheres Maß an Arbeitsdisziplin. Rationalität und Rechenbarkeit sind der neue bürgerliche Geist. Zeit ist erstmals ein ökonomischer Faktor und die künstliche Verlängerung der Arbeitszeit plötzlich von Bedeutung. Die anregende Eigenschaft des Kaffees ist höchst willkommen – kein Wunder, daß mit ihr schon Ende des 17. Jahrhunderts Werbung gemacht wird: Kaffee zwingt den Menschen zu bürgerlicher Vernunft und zu Geschäftstüchtigkeit, lautete etwa der Tenor der Kaffee-Propaganda. Zu dieser Zeit soll es im prosperierenden London etwa dreitausend Kaffeehäuser gegeben haben, bei 600 000 Einwohnern scheint das allzu phantastisch, aber sicher ist, das Kaffee zu dieser Zeit noch nicht zu Hause zubereitet oder getrunken wird. Etwa 1688 eröffnet Edward Lloyd an der Londoner Tower Street ein Kaffeehaus, das er *Lloyd's Coffeehouse* nennt. Innerhalb weniger Jahre entwickelt es sich zu einem Treffpunkt für Kapitäne, Schiffseigner, Kaufleute und Versicherungsagenten. Man kommt nicht nur zum Kaffeetrinken vorbei, sondern kauft auch den eigenen Schiffahrts-Branchendienst, den Lloyd herausgibt. Das Geschäft mit den Nachrichten läuft immer besser und übertrifft bald den Umsatz, der mit dem Kaffeeausschank gemacht wird. Irgendwann gibt ihn Lloyd ganz auf und gründet das Versicherungsunternehmen, das heute eines der weltgrößten ist. *Lloyd's Coffeehouse* ist in der spektakulären Entwicklung eine Ausnahme, es zeigt jedoch, daß Cafés von Beginn an ein wichtiger Treffpunkt für die im Arbeitsleben stehende Mittel- bis Oberschicht waren.

Wenn man heute an einem Werktag mittags in der Berliner Friedrichstraße in eine der zahlreichen Café-Bars geht, sieht man dort jenen Typus der Stadtbewohner, die schnell und beweglich sind, die mit den Markenzeichen der Zeit auf Augenhöhe leben und hellsichtig die Trends vorwegnehmen. Ihre suggestive Kraft erzielen sie dadurch, daß sie der Hektik der Zeit genauso entsprechen, wie sie ihr große Lässigkeit entgegenzusetzen wissen. Vielleicht leben sie verunsichert, suchen noch nach Identität, Werten und Tugend; drängen danach, sich zu vergewissern, welche Dinge man ins Marschgepäck für die Zukunft einpackt, aber dennoch leben sie gut in der Gegenwart. Man könnte leicht vermuten, daß für sie Kaffee als Muntermacher nicht mehr viel taugt und stärkere Mittelchen zur Hand sein müßten. Aber als erschwingliches Genuß- und Stimulationsmittel bleibt der Kaffee auch ihnen das ideale Getränk. Es belebt und ernüchtert den Geist, ohne durch zuviel Nährgehalt zu belasten, und symbolisiert in einer Kultur des flexiblen, mobilen Angestellten, zu jeder Tageszeit einen künstlichen Schlußstrich unter die Müdigkeit setzen zu können, um sich den Tagesaufgaben zu widmen. Die Café-Bar ist der neue Ort, wo sich völlige zeitliche Selbstbestimmung mit dem Wunsch nach Außergewöhnlichem und nach selbstsicherer Weltzugewandtheit ideal verbinden lassen. Schon die Namen wie *Balzac Coffee*, *Beans Brothers Coffee* oder *Oribeans* versprechen exotische, fast aphrodisierende Internationalität. Es gibt Kaffee in allen Größen, Varianten und durch Aromen-Sirupe veränderten Geschmacksrichtungen, über die man an großen Tafeln informiert wird. Der Zugang zu Essen und Getränken ist schnell und nach amerikanischer Art unkompliziert: Muffins, Brownies, kleine Torteletts und belegte Bagels sind in großen Glasvititrinen ausgelegt. Man bestellt und bezahlt an einem Tresen, und mit den Fast-Food-Gewohnheiten aufgewachsen, stört sich niemand daran, Zucker und Löffel selbst auf die Untertasse legen zu müssen. Im Gegenteil: Hier will man aufgeklärt alle Entscheidungen treffen und in jeder Sekunde selbstbestimmt den Tag fortsetzen.

Den Weg für die Café-Bars haben die Stehcafés gut vorbereitet, aber im Laufe der Jahre waren hier keine Distinktionsgewinne mehr zu machen. Denn der moderne Stadtbewohner ist nicht mehr allein daran interessiert, sich zwischendurch einen guten Bohnenkaffee und ein belegtes Brötchen zu gönnen. So wie man in den Innenstädten heute nicht mehr einkaufen, sondern shoppen geht, muß auch das Kaffeetrinken zum besonderen Erlebnis werden. Die Stehcafés haben es versäumt, sich den neuen Bedürfnissen anzupassen. Die Gründungswelle neuer Cafébar-Ketten Ende der neunziger Jahre hat deshalb auch etwas zutiefst Pragmatisches und Unaufgeregtes: Wo ein Typus Café verschwunden ist, tauchte die Café-Bar auf, in der Eleganz, Grazie, Transparenz und Qualität offen zur Schau gestellt werden. Der Kaffee mit aufgeschäumter Milch wird in hohen Gläsern serviert, in dem man wie im Cocktailglas rühren und beobachten kann, wie sich Kaffee und Milchschaum vermischen und ein schmeichelndes Beige als Farbe ergeben, das appetitanregend ist und von der Süße der Milch ahnen läßt. Die Lust am Sehen und Gesehenwerden gehört an diesem Ort in jeder Hinsicht dazu, und wenn im Sommer die meist großen Flügelglastüren zur Straße aufgeklappt werden, dann wird die Café-Bar zu dem, was ein Cabrio unter den Automobilen ist.

Die Café-Bar ist nur ein weiterer Schnittpunkt auf einer Achse, auf der Umbruch, Fortschrittsglaube und Beschleunigung zusammenkommen. Manchmal holt sich diese Entwicklung am selben Ort wieder ein. Als in der Berliner Friedrichstraße 166 im Jahr 1906 das *Café Automat* eröffnete, hatte sich der Drang nach Schnelligkeit, nach Überwindung von Widerständen und nach Funktionalität schon in der Gastronomie manifestiert. Überall in der Stadt waren Schnellrestaurants eröffnet worden, in denen der Kunde per Münzeinwurf sein Essen bezahlen konnte. Im *Automaten* wurden ausschließlich Marmor, Metall und Glas in der Inneneinrichtung verwendet, die einerseits Würde ausstrahlte, aber ganz auf Zweckmäßigkeit setzte. Heute betreibt die *Einstein*-GmbH in demselben Haus eine Café-Bar, die man getrost als Idealtypus bezeichnen kann: Betritt man durch die Glastür den großen langen Raum, fällt der Blick als erstes auf einen dunklen Bartresen, der sich an einer Seite entlangstreckt. Sitzbänke und Tische sind geschickt an jeder freien Wandstelle angebracht. Warmes dunkelbraunes Holz, kaffeebraunes Leder auf den Hockern und Sitzbänken sind die bestimmenden Materialien, die eine europäische Gediegenheit und vor allem eine große Geruhsamkeit ausstrahlen. Die beiden Mitarbeiterinnen arbeiten hinter dem Tresen mit einer beachtlichen Geschwindigkeit, jedoch ohne Hektik zu verbreiten. Im Schnellen wird hier der langsame Moment gesucht, das ist das Prinzip der Vernunft. Ein Ort, an dem man auf Barhockern sitzt und durch die hohen Glasscheiben auf das Treiben der Straße blicken kann, als befinde man sich von der Welt abgetrennt in einem Aquarium, und bestaunt das Leben draußen, dessen Teil man eigentlich ist. Ein Gefühl, als könne man hier den ganzen Nachmittag ohne schlechtes Gewissen verstreichen lassen. Natürlich wird der Jungunternehmer in sein Büro, der Journalist zurück in seine Redaktion und der Flaneur zurück auf die Straße marschieren. Aber die Uhren haben für eine Viertelstunde stillgestanden, jetzt ticken sie weiter; und die Café-Bar ist die melancholische Antithese zum unaufhaltsamen Verstreichen der Zeit.

Ein gastronomisches Rätsel

Zehn Mahlzeiten aus der deutschen Literatur

Aufgetragen von Joachim Kalka

Die folgenden Zitate entstammen Werken der – im weiteren Sinne – deutschen Literatur des 19. und 20. Jahrhunderts. Namen, die zu deutlich auf den Text hingewiesen hätten, sind durch »---« ersetzt.

1

Beim Frühstück, das bald danach aufgetragen wurde – die Jahreszeit gestattete, daß auch eine Schale mit Kiebitzeiern aufgesetzt werden konnte –, verbesserte sich die Stimmung ein wenig; --- ergab sich in sein Schicksal, und Adelheid wurde weniger herbe.

»Wo hast du nur die Kiebitzeier her?« sagte sie. »Das ist was Neues. Als ich noch hier lebte, hatten wir keine.«

»Ja, die Kiebitze haben sich seit kurzem hier eingefunden an unserm ---, da, wo die Binsen stehn; aber bloß auf der Globsower Seite. Nach der anderen Seite wollen sie nicht. Ich habe mir gedacht, es sei vielleicht ein Fingerzeig, daß ich nun auch welche nach Friedrichsruh schicken soll. Aber das geht nicht; dann gelt ich am Ende für eingeschworen, und Uncke notiert mich. (...)«

2

Herr: Was ist denn das: Mischgericht?

Kellner: Das ist ein Rakuh.

Herr: Also bringen Sie in Gottes Namen das – und dann, warten Sie – was ist denn das: Rindslendendoppelstück nach Feldherrnart mit Hindernissen nebst Holländertunke?

Kellner: Das ist ein Anterkot mit Soß hollandees.
(...)
Herr: Verlorene Eier, was ist denn das? Wer hat denn die verloren?
Kellner (leise): Öf poschee hat man's ghaßen vorm Krieg.

3
Lustig wir drei in der Küche zusammen: und der Büchsenbraten sah so hübsch abstrakt aus, die rosigen Ziegel mit den abgerundeten Kanten, daß man heutzutage gar nicht mehr an Schlachthaus und Tiergeröchel zu denken braucht. Dazu herrlicher Blumenkohl mit kunstvoll eingesetzten braunen Fleischkügelchen aus Gewiegtem: »Daß'ja fantastisch, Frau Thumann!«

4
Die besserbezahlten Arbeiter, besonders solche Fabrikarbeiter, bei denen jedes Familienmitglied imstande ist, etwas zu verdienen, haben, solange das dauert, gute Nahrung, täglich Fleisch und abends Speck und Käse. Wo weniger verdient wird, findet man nur Sonntags oder zwei- bis dreimal wöchentlich Fleisch, dafür mehr Kartoffeln und Brot; gehen wir allmählich tiefer, so finden wir die animalische Nahrung auf ein wenig unter die Kartoffeln geschnittenen Speck reduziert – noch tiefer verschwindet auch dieses, es bleibt nur Käse, Brot, Hafermehlbrei (porridge) und Kartoffeln, bis auf der tiefsten Stufe, bei den Irländern, nur Kartoffeln die Nahrung bilden. Dazu wird allgemein ein dünner Tee, vielleicht mit etwas Zucker, Milch oder Branntwein vermischt, getrunken; der Tee gilt in England und selbst in Irland für ein ebenso notwendiges und unerläßliches Getränk wie bei uns der Kaffee, und wo kein Tee mehr getrunken wird, da herrscht immer die bitterste Armut.

5
Gerade ward die duftende Gans aufgetragen, nach der Frau --- schon mehrmals heimlich ausgeblickt hatte. Schnell gab sie sich eine Miene, als sei die Gans eine höchst gewöhnliche Erscheinung. Herr Kienast machte trotzdem eine anerkennende Pause. Frau --- fragte sich, ob

sein Blick wirklich auf der Gans oder, hinter ihrem süßen Qualm, auf Magdas durchbrochener Bluse ruhte. Jetzt riß er sich los und ergriff ein Glas. »Und darum: auf die Familie ---, auf die verehrte mütterliche Hausfrau und ihre blühenden Töchter!« Magda wölbte die Brust, um das Blühen anschaulicher zu machen, und um so flacher sah Emmi aus. Auch stieß Herr Kienast zuerst mit Magda an. (...) Zum Nachtisch schälte sie ihm eine Apfelsine und nippte ihm zu Ehren vom Tokaier.

6

Er warf sich auf sein Bett und nahm vom Nachttisch einen schönen Apfel, den er sich gestern Abend für das Frühstück vorbereitet hatte. Jetzt war er sein einziges Frühstück und jedenfalls, wie er sich beim ersten großen Bissen versicherte, viel besser, als das Frühstück aus dem schmutzigen Nachtkafé gewesen wäre, das er durch die Gnade der Wächter hätte bekommen können.

7

(Frau geht und bringt Essen – Schüssel mit Kraut und ein paar Würstchen.)
Mann: Eintopf!
Frau: Bei uns hat's doch noch nie was anderes geb'n. *(Jeder kriegt eine Wurst, er nimmt sie und vergleicht sie, gibt Frau die kleine, er behält die längere. – Beide fahren mit Gabeln ins Kraut, vergabeln sich, er schlägt die Gabeln mit Messer auseinander.)* Da, jetzt ist sie krumm, jetzt weiß ich wenigstens, wer unsere Gabeln immer so kaputt macht. Also eß ma schnell.
Mann: Schnell soll man nicht essen, das ist ungesund.
Frau: Da hast a Kraut! *(Gibt es ihm.)*
Mann (wirfts mit der Hand zurück): Ich nimm mir mei Sach scho selber.

8

... oben soll die Konrad zu ihrem Mann gesagt haben, wie sie gesehen hat, was im Essenträger sei: als ob die Leute im Gasthaus gewußt hätten, daß heute Feiertag ist, das habe sich auf große Stücke sehr gut durchgebackener Leber im Essenträger bezogen, auf Rindsuppe mit Bandnudeln, auf eine große Portion sogenannten Vogerlsalates und auf eine Mehlspeise, die sich, nachdem Konrad sie aus dem Essenträger herausgenommen und auf einen großen Teller gelegt, als Topfenstrudel herausgestellt hatte. Natürlich, soll Konrad zu Fro gesagt haben, ein solcher Tag während eines solchen Schneetreibens kann vielleicht gar nicht besser als mit gut essen und gut trinken und mit Unsinnigkeiten verbracht werden.

9

... mit dem Mute der Verzweiflung hieb er in die leckere Pastete, ohne an ein Aufhören zu denken, so daß sie in weniger als fünf Minuten zur Hälfte geschwunden war und die Sache für die Abendherren sehr bedenklich zu werden begann. Fleisch, Trüffeln, Klößchen, Boden, Deckel, alles schlang er ohne Ansehen der Person hinunter, nur besorgt, sein Ränzchen voll zu packen, ehe das Verhängnis hereinbräche; dazu trank er den Wein in tüchtigen Zügen und steckte große Brotbissen in den Mund; kurz, es war eine so hastig belebte Einfuhr, wie wenn bei aufsteigendem Gewitter das Heu von der nahen Wiese gleich auf der Gabel in die Scheune geflüchtet wird. Abermals lief der Wirt in die Küche und rief: Köchin! Er ißt die Pastete auf, während er den Braten kaum berührt hat! Und den Bordeaux trinkt er in halben Gläsern!

Wohl bekomm' es ihm, sagte die Köchin, lassen Sie ihn nur machen, der weiß, was Rebhühner sind! Wär' er ein gemeiner Kerl, so hätte er sich an Braten gehalten!

Ich sag's auch, meinte der Wirt: es sieht sich zwar nicht ganz elegant an, aber so hab' ich, als ich zu meiner Ausbildung reiste, nur Generäle und Kapitelsherren essen sehen!

10

Doktor Gabow aber, ein Mann vom Alter des Konsuls, zwischen dessen spärlichem Backenbart ein langes, gutes und mildes Gesicht lächelte, betrachtete die Kuchen, Korinthenbrote und verschiedenartigen gefüllten Salzfäßchen, die auf dem Tische zur Schau gestellt waren. Es war das »Salz und Brot«, das der Familie von Verwandten und Freunden zum Wohnungswechsel übersandt worden war. Da man aber sehen sollte, daß die Gabe nicht aus geringen Häusern komme, bestand das Brot in süßem, gewürztem und schwerem Gebäck und war das Salz von massivem Golde umschlossen.

»Ich werde wohl zu tun bekommen«, sagte der Doktor, indem er auf die Süßigkeiten wies und den Kindern drohte. Dann hob er mit wiegendem Kopf ein gediegenes Gefäß für Salz, Pfeffer und Senf empor.

Die Auflösung findet sich auf Seite 218.

Auf das Huhn gekommen

Frankreich und das Federvieh

Von Alexander Smoltczyk

Am 15. August 1957 tagt die französische Nationalversammlung im Palais Bourbon zu Paris. Indochina ist verloren, der Befreiungskampf wütet in Französisch-Algerien mit Bomben und Scharmützeln, und General de Gaulle bereitet sich auf die erneute Machtübernahme vor. Die Existenz des Empire steht auf dem Spiel. Die République ist in Gefahr. Mit sehr großer Mehrheit stimmen die Abgeordneten an diesem Tag dem Gesetzesvorschlag Nr. 57-866 zu, bezüglich des Schutzes der Bezeichnung ›Geflügel aus Bresse‹.« Vielleicht mehr als ein bloßer Zufall. Manch ein Deputierter mag insgeheim gedacht haben: Wenn schon die Kolonien verlorengehen, dann soll zumindest das Kernland gesichert werden, dann soll dem, was Frankreichs Wesen auszeichnet, Bestandsgarantie und Adel verliehen sein: der Küche. Dem guten Essen. Dem Bresse-Hühnchen.

Das *Poulet de Bresse* ist eine Aristokratin. Das einzige Geflügel der Welt mit einer *Appellation d'Origine Contrôlée* (A.O.C.), wie es der Champagner hat, der Bordeaux oder Cognac – nur bekam das Huhn seinen Adelstitel viel früher, eben an jenem 15. August 1957. Das Gesetz ist mittlerweile öfter geändert worden, zuletzt im Juli 2000. Die Bestimmungen sind dem Laien erschreckend. In Dutzenden von Paragraphen ist von Gras-Läufen, Selektionszentren, Interprofessionellen Geflügelkomitees und Gefiederfarben die Rede. Es ist offensichtlich nicht weniger schwierig, ein AOC-Bresse-Huhn zu sein, als Zugang zur Eliteschule ENA zu finden. Weshalb nur diese Mühen?

Seine Liebe zum Huhn ist Frankreich aufgezwungen worden. Es ist eine Zwangsehe, beruhend auf einem buchstäblichen Mißverständnis. Im Lateinischen ist »Hahn« *(gallus)* und »Gallier« *(Gallus)* ohnehin einerlei, und Frankreichs Feinde nutzten die Homonymie für allerlei abfällige Scherze. Bei der Belagerung von Cassel 1328 durch Frankreichs frischgekrönten König Philippe VI. etwa hielten die Flamen einen riesigen Leinwandgockel über sich, darunter den Spruch: »Erst wenn dieser Hahn hier kräht/Der König rein nach Cassel geht.« Das saß. König Philippe wurde gallig. Und Cassel nie eingenommen.

Jahrhundertelang wehrten sich die Franzosen dagegen, als Hühnervolk verulkt und verlacht zu werden. Da konnte der Hahn noch so sehr »Sonnen-Vogel« sein, der mit dem Schrei die Geister der Nacht vertreibt, noch so sehr Symbol für Fruchtbarkeit und Wachsamkeit. Es blieb ein Geschmäckle. Am *Coq Gaulois* klebte das Image aus den Fabeln: eitel, reizbar, mißgünstig, großmäulig. Kein Vergleich jedenfalls mit anderen Wappentieren wie Adler, Löwe, Greif oder Drache.

Das Problem war, daß die Lilie, als Zeichen der Kapetinger, in diesen kriegerischen Zeiten nicht recht zum Identifikationssymbol taugte. Was vermochte ein weißes Blümchen gegen Spaniens Löwen und Britanniens Leoparden und das Einhorn?

Henri IV, der gute König von Navarra, revidierte als erster das Hahnenbild. Um 1600 führt ein Feldzug ihn in ein leicht gehügeltes, lehmbödiges und von Flüßchen durchstreiftes Landstück im Süden von Burgund: die Grafschaft Bresse. Im Westen fließt die Saône, im Osten schließen sich die Ausläufer des Jura an. Es gibt kaum Steine im Boden, so daß die Bauern ihre Häuser in Fachwerk bauen. Henri IV ist so angetan von dem Flecken Erde, daß er auch den savoyardischen Teil der Bresse erobert. Dabei geht, so will es die Sage, ein Rad der königlichen Karosse zu Bruch, und Henri IV kehrt ein im Gasthaus *Palais Royal*. Die Bürger bringen ihm als Dank für die Wiedervereinigung der Bresse das Beste, was sie kennen: ein paar schneeweiße Hühner mit blauen Klauen und weißer Haut. Das Rezept, nach dem die Poulets de Bresse zubereitet wurden, ist nicht überliefert. Vielleicht ist es ein Vorgänger des »Poulet de Bresse au Vinaigre« von Georges Blanc gewesen: Das Bresse-Huhn wird in kleine Stücke zerlegt und in der Pfanne mit 50 Gramm Butter goldbraun angebraten, alsdann abgelöscht mit einem Deziliter Weißwein und der gleichen Menge an Himbeeressig, hinzugefügt ein Pfund Tomaten, Estragon, Pfeffer und Salz. Das Ganze 30 bis 45 Minuten auf kleiner Flamme abgedeckt schmoren lassen, alsdann die Stücke herausnehmen, den Sud durch ein Sieb abgießen und mit 50 Gramm Butter wieder aufs Feuer stellen. 10 Minuten eindicken lassen, bis die Soße cremig ist, dann die Hühnerteile damit begießen und servieren …

Wie dem auch sei: Henri IV jedenfalls war von dem derart dampfenden Hühnchen so entzückt, daß er seinem Begleiter, dem Herzog von Savoyen, den Befehl erteilte: »Ich wünsche, daß sonntags jeder Bauer sein Huhn im Topf hat.« Seitdem heißt Henri IV in den französischen Schulbüchern *Le Roi de la poule au pot* (der Suppenhuhn-König), und das Suppenhuhn gilt seither als ideale Basis für die kleine Kochkunst des bürgerlichen Haushaltes! Es liefert eine vielseitig zu verwendende Bouillon und zugleich die Basis für ein Frikassee oder für eine ganze Reihe anderer vorzüglicher Rezepte. »Als er heimkam, erwarteten ihn ein Hähnchen nach Hausfrauenart und eine Madame Maigret, die bereute, was sie am Morgen zu ihm gesagt hatte.« (Georges Simenon, *Maigret amüsiert sich*.)

Dank Henri IV begann das Schimpfwort *Coq* seine Schärfe zu verlieren, es wurde langsam angenommen und positiv gewendet. Unter dem Suppenhuhn-König erschien der Hahn erstmals stolz und flügelschlagend auf den Münzen des Königreichs. Und schon sein Enkel, Ludwig XIV., hatte keinerlei Probleme mehr mit dem Tier. Der Sonnenkönig ernannte den *Oiseau solaire* zum Staatssymbol. Auf den Medaillen verteidigte von nun an ein Kampfhahn das Goldene Vlies gegen den deutschen Adler oder eilte der amerikanischen Schlange zu Hilfe, als es gegen Englands Leoparden und Einhorn ging.

Das Versprechen Henris, »jedem Bauern sein Hühnchen in den Topf«, ist natürlich nie eingehalten worden. Gerade unter dem Absolutismus gab es den Hahn auf den Münzen, aber immer seltener im Kochtopf, was letzten Endes die Aufstände von 1789 vorbereitete. »Das Bresse-Huhn«, erklärte Brillat-Savarin, »ist die Königin des Geflügels und das Geflügel der Könige«, und er erzählt sogleich die Geschichte, wie ein Ehepaar nächtens keinen Schlaf finden kann, weil ihm der Anblick eines Bresse-Huhns im Kopf herumgeht, wie sie schließlich mitten in der Nacht das Gesinde wecken und ihr Hühnchen zubereiten lassen.

Anders als in Deutschland, wo das Hühnchen, alias Broiler, mit Arbeiterhänden und hastigem Imbiß verbunden wird, ist das Huhn seinen edlen Ruch in Frankreich nicht losgeworden. In der Literatur finden sich zwei Stellen zum Bresse-Huhn, und an beiden sitzt die feine Gesellschaft vor dem Teller: »Ich empfand die Anwesenheit der Damen von Arpanjon und von Souvré, mit der zu rechnen war, als einen gewöhnlichen, unerläßlichen Bestandteil des Diners wie ein gebratenes Hühnchen auf Jägerart oder ein Boeuf Stroganow«, schreibt Marcel Proust in *Sodom und Gomorrha.* Und auch die einzige Stelle der *Comédie Humaine* von Balzac paart Geflügel mit Gesellschaft, blaues Blut mit den blauen Klauen des Poulet de Bresse, AOC: »Die Marquise hatte sich inzwischen mit verächtlicher Miene mit einem Hühnerflügel beschäftigt«. *(Verlorene Illusionen)*

Die Revolution von 1789 vertrieb die Aristokraten und schenkte dem Volk deren Köche. So kam die Kochkunst zu den Massen. Der Citoyen nahm sich des edlen Geflügels an, und während in den neueröffneten Gastschänken rund ums Palais Royal die Suppenhühner kochten, wurde der Hahn tout court in den revolutionären Klubs zum Sinnbild der freien, gleichen und brüderlichen Nation Frankreich. Zugleich war er ein Bild des ländlichen Frankreich und so besser als die Pariser Kokarde geeignet, das geeinte Volk zu vertreten. Der Coq war der Adler des kleinen Mannes. Es ist bezeichnend, daß die Kirchturmhähne verschont blieben, als die Sansculotten die Gotteshäuser zerstörten und Jagd auf alle finsteren Symbole machten. Der Hahn galt als Schutzzeichen des Citoyen. Der Hahn war Patriot geworden.

Die Bresse ist auch heute noch der südlichste Teil Burgunds und dem flüchtigen Passanten leicht erkennbar durch die überall herumstehenden Maiskolben-Silos und die freilaufenden Hühnerherden, alle Tiere schneeweiß und mit blauen Füßen. Wer es bis dahin immer noch nicht verstanden hat, dem ist an der Autobahn A 39, bei Dommartin, ein haushohes Stahlhuhn hingestellt worden.

Das Territorium »Bresse« wurde 1936 gerichtlich definiert, als Folge eines peniblen Rechtsstreits zwischen Hühnerzüchtern. Die Bresse ist demnach ein Areal von 40 auf 100 Kilometer, und kein Huhn jenseits der Grenze darf sich »Bresse-Huhn« im Sinne des Gesetzes vom 15. August 1957 nennen. Die Region lebt immer noch gutteils von ihren Hühnern. Im Jahr 2001 sind 1 548 264 Tiere gezüchtet worden; es ist eine halbindustrielle Produktion eines Qualitätsprodukts. Es gibt ein Bresse-Huhn-Museum, das *Maison de la Volaille de Bresse* in Bois de Chize und Branges, es gibt natürlich eine *www.pouletbresse.com* und eine *Bruderschaft der Bressehuhnzüchter*, die sich laut Statut dem Schutz und dem Gedeihen von graublauer Kralle und weißem Gefieder verschrieben haben.

Die besten Bresse-Hühner werden auf den einschlägigen Märkten angeboten, montags in Louhans und Pierre-de-Bresse, mittwochs in Bourg, samstags in Bourg und Chatillon-sur-Chalaronne. Kurz vor Weihnachten werden auf den »Trois Glorieuses« die edelsten Hühner und Kapaune prämiiert, mit einer Vase aus Sèvres-Porzellan, die der Staatspräsident gestiftet hat. Welche Zucht weist die höchste Einheitlichkeit, die weißeste Haut, die angenehmsten Rundungen auf? Die Chefs schicken dann ihre Emissäre nach Bourg-en-Bresse, um sich die ausgezeichneten Exemplare nicht entgehen zu lassen. Je dicker ein Bresse-Huhn, desto besser.

Gesetze können Geschmack nicht kodifizieren. Sie wissen nichts von Saft, Aroma und Zartheit, sind gefühllos gegen den nur ganz sanften, nur formalen Widerstand, den ein Bresse-Huhn dem Messer entgegensetzt, und blind gegen die vollendeten Rundungen seiner Keulen. Das Gesetz bestimmt nur Äußerlichkeiten. Poulet de Bresse ist, wer ein vollkommen weißes Gefieder trägt, blaue und feine und glatte Klauen hat, wessen Kamm einfach, rot und großlappig ist und wessen Haut sowie das Fleisch makellose Blässe aufweist. Poulet de Bresse sei weiterhin, wer die ersten vier Monate seines Lebens auf Grasflächen gehalten und mit einer Mischung aus Milch, Mais- und

Weizenmehl gefüttert wird. Pro Tier müssen zehn Quadratmeter Fläche vorgesehen sein, und die jeweiligen Herden dürfen nicht mehr als 500 Köpfe zählen. Proletarische Hühner, die ihr Leben lang kein Licht und Grün zu sehen bekommen, haben ein fades und fettes Fleisch, das nach dem Kochen vom Knochen abfällt. Ein Daumendruck bleibt lange auf solch einem Hühnerrücken zu sehen.

Das Bresse-Huhn wird nach seinem Freilandaufenthalt zur Verfeinerung, der *épinette*, für 8 bis 15 Tage in enge Holzkäfige gesperrt, um das Fleisch schmackhafter und durchwachsener werden zu lassen. *Poulet à la reine* nennt die französische Hausfrau das Tier, das dann, üppig und saftstrotzend, seinen Holzkäfig verläßt: das Huhn der Königin. Für Bresse-Kapaune und -Poularden ist eine Mastzeit von mindestens einem Monat vorgeschrieben.

Doch die formal-technische Beschreibung geht am Wesen eines Bresse-Huhns völlig vorbei. Es wäre sinnvoller, in das Gesetz pars pro toto ein Rezept von Joël Robuchon aufzunehmen, als kulinarischen Anhang. Robuchon bedeckt den weißen Hühnerleib mit einem Panzer aus Salzkruste. Während sich der Herd auf 150 Grad aufheizt, wird in einer Terrine ein Kilo Mehl mit der gleichen Menge groben Meersalzes und einem Deziliter kalten Wassers vermischt, bis die Masse homogen geworden ist. Der Salzteig wird auf dem leicht angepuderten Tisch mit dem Handballen ausgebreitet. Das Bresse-Huhn ist geflämmt, ausgenommen und zusammengebunden. Es wird von innen gesalzen und gepfeffert, mit einem Zweiglein Rosmarin, einem Lorbeerblatt und drei Geflügellebern gefüllt. Nun wird der Salzteig dem Bresse-Huhn übergelegt, so daß keine Öffnung mehr zu sehen ist. Das derart ummantelte Huhn wird anderthalb Stunden auf dem bloßen Backblech im Ofen gehalten. Zu guter Letzt wird die Salzkruste oben aufgeschnitten und das Huhn herausgenommen, zerlegt und von den Lebern befreit. Die Geflügelleber wird zu Würfeln geschnitten und dem Salat beigefügt, das Huhn dem Gast vorgesetzt – im eigenen Dampf gesotten, im Inbesitz all seines Geschmacks und verfeinert lediglich mit einem Hauch von Lorbeer und Rosmarin.

Doch zurück zur schwierigen Liebe Frankreichs zum Huhn. Am 12. Juni 1804 läßt Napoleon seinen Staatsrat über ein geeignetes Wappentier des neuen Empire abstimmen. Der Hahn gewinnt, vor Elefant, Biene und Löwe. Dennoch kann sich der Kaiser nicht so recht mit dem Gedanken anfreunden, sich durch eine *volaille*, ein Geflügel, vertreten zu lassen. Er sieht schon die Karikaturen, wie sich der russische Bär über das französische Hühnchen hermacht. Im Ersten Weltkrieg wird der Hahn endgültig Patriot, er ist an allen Fronten, kräht über den Schlachtfeldern und später über den Gefallenen-Denkmälern in jedem noch so kleinen Dorf. Frankreich hatte seinen Frieden mit dem Geflügel gemacht. Es gab zwar einen Versuch des nazifreundlichen Vichy-Regimes, anstelle des Hahns die keltische Franziske zu verbreiten. Doch prompt erschienen auf den Plakaten der Résistance Hähne zu Hunderten. In der Normandie wurde als Akt des Widerstandes sogar eine neue Camembert-Marke eingeführt: *Le coq hardi*, der unerschrockene Hahn, eine Metapher auf den General, der den Gallus praktisch im Namen trug.

Der Hahn wird nie ein einfaches Wappentier sein. Vielleicht paßt er deshalb so gut zu diesem Lande. Als der Elysée-Palast 1873 zum Sitz des Staatspräsidenten umgebaut wurde, schmiedete man einen prächtigen Hahn über das Staatswappen der »République Française«. Allerdings nur über dem Hintereingang. Dort, wo des Nachts die galanten Besucherinnen hereingeführt werden – die *Poules de luxe*.

Ach herrje, herrjemine!

Ein Plädoyer für edle deutsche Hühner

Von Erwin Seitz

Die Witwe Bolte wird in der Geschichte von *Max und Moritz* in zweifacher Weise um ihr Glück gebracht. Zunächst ist sie erschüttert, weil sich ihre Hühner durch den Streich der bösen Buben am Baum erhängen. Bevor sie an die wirtschaftliche Einbuße denkt, schmerzt sie der Verlust der geselligen Wesen: »Freilich war die Trauer groß, / Als sie nun so nackt und bloß / Abgerupft am Herde lagen, / Sie, die einst in schönen Tagen / Bald im Hofe, bald im Garten / Lebensfroh im Sande scharrten.« Das kleine Gehöft wird nun noch eintöniger sein, und die Witwe selbst wird sich noch einsamer fühlen. Wenigstens möchte sie jetzt die Hühner als Braten genießen. Doch auch der brutzelnde Schmaus wird ihr, während sie im Keller ist, aus der Pfanne gestohlen. Am Ende sind Mund und Herz betrogen.

Wilhelm Busch gibt dem »lieben Federvieh« die Ehre, gleich in den ersten Streichen der Bubengeschichte eine wichtige Rolle zu spielen. Es wird deutlich, wie volkstümlich und beliebt die Hühner bei den Deutschen im 19. Jahrhundert waren. Nicht nur auf den bäuerlichen Höfen, sondern auch in städtischen Gärten und Hinterhöfen wurden Hühner gehalten. In dem Standardwerk *Das Hauswesen*, das Marie Susanne Kübler einige Jahre vor der Entstehung von *Max und Moritz* verfaßte, um es der »gebildeten Frau des deutschen Mittelstandes« vorzulegen, wird dem Geflügel viel Aufmerksamkeit geschenkt: »Du merkst nun schon, daß ich dir heute von Hühnern, dem Hühnerhof und Hühnerzucht sprechen will, einem Gegenstand (...), dem sich nicht allein großer Nutzen, sondern auch manche Freude abgewinnen läßt. Und sogar Poesie.« Es wurde versucht, die Hühnerzucht nicht nur als Last, sondern auch als Vergnügen darzustellen.

In der Tat erscheint aus jetziger Sicht die damalige Hühnerhaltung wie ein Idyll: »Hühner und Hahn suchen sich«, fährt Kübler fort, »ihre Nahrung im Freien, im Hofe, auf Miststätten, Grasplätzen oder angebautem Boden und sättigen sich mit Würmern, Insekten, allerlei Gesäme, dem Abfall aus Küchen und Scheunen, so daß man ihnen bei ungehindertem Laufe nur wenig besondere Nahrung zu verabreichen braucht. Das Hauptfutter für die Hühner sollte eine Mischung von Gerste, Weizen und Welschkorn bilden.« Den Tieren sollte es noch erlaubt sein, ein Dasein zu führen, das sich von dem ihrer wilden Vorfahren nicht allzu sehr unterschied.

Wilhelm Busch wiederum, der die Erziehung des Menschengeschlechts mit Skepsis betrachtete, ließ in das Hühnerleben seinerzeit schon die Unmoral einbrechen, ganz so, als hätte er vorausgesehen, was später die Tiere im 20. Jahrhundert in Hallen und Käfigen erdulden mußten. Aber auch dem Feinschmecker wurde in jüngerer Zeit ein übler Streich gespielt, sofern es immer schwieriger wurde, ein schmackhaftes Huhn zu bekommen. Das Tragisch-Komische, das sich in der Geschichte von *Max und Moritz* ereignet, ist auf merkwürdige Weise zeitnah geblieben.

Das 19. Jahrhundert kann allerdings den Anspruch erheben, ein goldenes Zeitalter für die Hühnerzucht gewesen zu sein. Über eine lange Epoche hin hatte man sich in Europa kaum Mühe gegeben, die Güte des Federviehs durch Auswahl und Kreuzung zu verbessern. Nun aber verschmolz allgemein in der Landwirtschaft das ästhetisch-praktische Wissen, das bis dahin in fürstlichen Gärtnereien und herrschaftlichen Mustergütern gesammelt wurde, mit den Vorgaben von Naturwissenschaftlern und Bürokraten. Neben Schönheit und Geschmack sollten jetzt auch Menge und Größe – das Zählbare –, Kilogramm und Kalorien, eine Rolle spielen. Für gut ein Jahrhundert verschränkten sich bei der Pflanzen- und Tierzucht die Kunst und die Erfahrung des Ancien régime und die Wirtschaftlichkeit der bürgerlichen Welt, bevor letzteres im Laufe des 20. Jahrhunderts überhandnahm. Hans-Jürgen Lechtreck hat diese Zusammenhänge in seiner Studie *Die Äpfel der Hesperiden werden Wirtschaftsobst* anschaulich dargestellt.

Wie das Obst, so eignete sich auch das Federvieh besonders, Schönheit und Nützlichkeit zu verknüpfen. So verführerisch rotbäckige Äpfel sind, so farbenprächtig kann das Federkleid von Hahn und Henne sein. Wurde in der Kunst das erotische Spiel zwischen Mann und Frau oft im Zeichen des Apfels dargestellt, so ist das französische Wort für Hahn, *Coq*, sinnverwandt mit dem Kokettieren. Das Balzen des Hahns, sein Anlocken mit Futter, sein Stolpern über einen Flügel, sein Aufbäumen: das alles ist von spielerischer Artistik, die nachahmenswert ist, denn ohne ein verfeinertes erotisches Reizklima bleibt jedes Leben schal. Im 19. Jahrhundert erlebte nicht nur die Zucht von Wirtschaftsgeflügel einen großen Aufschwung, sondern es gab nun auch Sport- und Hobbyzüchter, die sich am Wesen der Tiere ergötzten, die Freude hatten an den metallischen Farben der Federn, an den Schwanzsicheln in Kupfer und Bronze, Silberweiß und Schieferblau. Eine Hühnerherde vermittelte immer etwas Lebendiges, das den Dämonen der Nacht trotzte: Vom frühen Morgen an vernahm man ein Krähen, Gackern und Glucken.

Beide Sparten, die Züchter von Wirtschaftsgeflügel und die von Schaugeflügel, regten sich gegenseitig an, und oft fiel es schwer, die einen von den anderen zu unterscheiden. Wichtig war, daß um 1850 asiatische Hühner eingeführt wurden, die stattlicher und fleischiger waren als die europäischen. Man besaß nun größere Spielmöglichkeiten, um durch Kreuzungen neue Arten hervorzubringen. 1847 wurde aus Shanghai das Cochin nach England gebracht, ein massiges Tier mit üppiger Befiederung. Ein Jahr später tauchte die Rasse auch in Frankreich und in den Vereinigten Staaten auf, und 1850 erhielt der Zoologische Garten in Berlin die ersten Cochin. In den USA entstanden aus den Cochin und anderen asiatischen Hühnern bald die Brahma, die schnell auch in Europa für die Züchtung genutzt wurden, etwa als Kreuzungstiere für das Houdan, eine Rasse, die dem Gebiet um die gleichnamige französische Stadt im Department Seine-et-Vise entstammte. So wie damals in der Schweinezucht viele europäische Landschläge mit dem Chinesenschwein gekreuzt wurden, etwa das Schwäbisch-Hällische Schwein oder später das Angler Sattelschwein, so floß nun auch in vielen europäischen Hühnern das Blut der chinesischen Cochin, wenngleich oft nur vermittelt über das Brahma oder Houdan. China, die uralte Nation der Feinschmecker, half den Europäern, die eigene Gourmandise zu heben.

Als ein Pionier der Rassegeflügelzucht hierzulande gilt Robert Oettel, der 1852 in Görlitz mit siebzehn Mitstreitern den ersten Geflügelzuchtverein in Deutschland gründete. Er besaß genügend Humor, um ihn *Hühnerologischen Verein* zu nennen, eine Namensgebung, in der das manchmal lebenslustige, manchmal aufgeschreckte Wesen der Hühner anklingt. Der Verein führte fremde Rassen in Deutschland ein und zeigte 1854 in einer Ausstellung unter anderem das Cochin. Ab 1857 gab Oettel die *Hühnerologischen Monatsblätter* heraus und schrieb zudem das kleine populäre Werk *Der Hühner- und Geflügelhof*. Schließlich entstand 1881 als Dachverband der einzelnen Vereine der *Klub Deutscher und Österreichisch-Ungarischer Geflügelzüchter*, dem später der *Bund deutscher Rassegeflügelzüchter* folgte, der heute seinen Sitz in Offenbach am Main hat.

Da die Feinschmeckerei in Deutschland weniger entwickelt war als in Frankreich, taten sich die deutschen Züchter schwer, als wesentliches Zuchtziel eine delikate Fleischfülle ins Auge zu fassen. Praktisch wie die Deutschen sind, wollte man vielmehr alles auf einmal: ein schönes Federkleid, ein gutes Fleisch und ein Huhn, das fleißig Eier legt. Man züchtete sogenannte Zwiehühner, die nach jeder Seite hin ordentliche Leistungen erbrachten. Doch in den Regionen, die an die französische Kultur angrenzten, in Baden und in der Pfalz, entstanden schließlich zwei Rassen, die vornehmlich für ihr hervorragendes Fleisch gerühmt wurden: das Sundheimer und das Deutsche Lachshuhn.

Sundheim liegt bei Kehl am Rhein im Landkreis Ortenau. Vom gegenüberliegenden Rheinufer kamen, so ist es dem *Hanauer Landwirt* vom 9. Mai 1925 zu entnehmen, in der zweiten Hälfte des 19. Jahrhunderts Straßburger Geflügelhändler zum Einkauf nach Sundheim, wo die Hühnermast bereits gewerbliche Formen angenommen hatte, doch zur Verbesserung des dortigen Landhuhnschlages brachten sie Hähne des Wanzenauer Huhnes mit, das selbst eine Kreuzung von Faverolles und Houdan darstellte und somit chinesisches Hühnerblut in sich hatte. Später kreuzte man auch englische Dorkings ein, eine Rasse, die bereits in römischer Zeit aus einer Verbindung zwischen einem britischen Landhuhnschlag und einem asiatischen Huhn hervorgegangen war. Schließlich kamen auch Brahmas und Cochins mit dem Sundheimer in Berühung. Günter Copi erklärt in seinem Büchlein *Das Sunderheimerhuhn*: »Die Feinknochigkeit und Massigkeit wurden durch die Dorkings vermittelt, die außerdem den Kreuzungstieren ein sehr zartes, feinfaseriges, saftiges und wohlschmeckendes Fleisch gaben.«

Neben Straßburg übte auch Baden-Baden, ebenfalls nicht allzu weit von Sundheim entfernt, Einfluß auf die Herausbildung des Sundheimers aus. Zu Zeiten der Belle Époque versammelte sich der europäische Adel in dem Kurort, darunter nicht wenige französische und elsässische Aristokraten, die ein feines Tafelhuhn verlangten – liefert doch nach den Fischen das Huhn das zarteste Fleisch. 1886 wurde schließlich die *Interessengemeinschaft zur Förderung des Sundheimer Huhns* gegründet. Es war das Ziel, ein schönes Rassetier zu erzeugen, das zugleich ein leicht mästbares, delikates Wirtschaftshuhn sein sollte. Zu Anfang des 20. Jahrhunderts wurde berichtet: »In der Umgebung von Kehl sieht man fast kein anderes Geflügel, und der Sundheimer Bauer ist so stolz auf sein Huhn, daß er irrtümlich glaubt, so wie es nur Münchner Bier in München und Gänseleberpastete in Straßburg gebe, so könne man nur in Sundheim echte Hühner züchten.« Fortan hatte auch Deutschland eine von der Haute Cuisine begehrte »Halbasiatenrasse«.

Das Sundheimer ist ein mittelgroßes Huhn mit breiter, vorgewölbter Brust. Hahn und Henne tragen ein vornehmes silberweißes Federkleid, nur der Halsbehang ist schwarz betupft, und der leicht erhöhte Schwanz des Hahnes zeigt schwarze Sichelfedern mit grünem Glanz. Die Tiere wirken sanft und ausgeglichen, und für viele Liebhaber ergeben sie »ein Bild der Ruhe und Eleganz«. Es war ein Huhn entstanden, das eine eigene regionale Geschichte aufweisen konnte, das eine noble Erscheinung bot und dem Gaumen eine Freude war. Mund und Herz hatten etwas zum Lachen.

Doch in den Wirren zweier Weltkriege gingen die Bestände des

Sundheimer Huhns stark zurück, und als die elsässische Kundschaft nach 1918 verloren war, förderte man neben der Mastfähigkeit doch auch die Legeleistung des Huhns, denn den Deutschen war das Ei wichtiger als ein gutes Fleisch. In der zweiten Hälfte des 20. Jahrhunderts konnte die Rasse schließlich mit den neuen Hybrid-Züchtungen – auf noch schnelleres Wachstum, auf noch mehr Masse zu noch günstigeren Preisen getrimmt – nicht mehr mithalten. Der Verbraucher gab sich jetzt mit Hühnern zufrieden, die keine Geschichte mehr hatten, die kein besonderes Federkleid mehr zeigten und nach wenig schmeckten. Die Regionen hatten nichts mehr, auf das sie stolz sein konnten. Es ist erstaunlich, mit wieviel Unempfindlichkeit der Niedergang der ländlichen Kultur hingenommen wird. Sicherlich haben moderne Formen industrieller Tierhaltung dafür gesorgt, daß man heute öfter Huhn essen kann als früher, daß sich jedermann ein Huhn leisten kann. Daß es aber kaum noch möglich ist, ein gutes Huhn zu bekommen, ist nicht zu fassen.

Dank einiger Sport- und Hobbyzüchter, die dem *Bund deutscher Rassegeflügelzüchter* angeschlossen sind, hat das Sundheimer bis heute überlebt. Man schätzt, daß es gegenwärtig etwa tausend oder zweitausend Hühner dieser Rasse gibt, und man findet auch noch einige Hühner in Sundheim selbst. Auch die *Gesellschaft zur Erhaltung alter und gefährdeter Haustierrassen* (*GEH*) mit Sitz in Witzenhausen ist bemüht, den Bestand der Tiere zu erhalten und zu fördern. Während die Sport- und Hobbyzüchter vornehmlich das Äußere der Tiere schätzen, möchten einige Mitglieder der *GEH* die Sundheimer wieder als Wirtschaftsgeflügel halten und versuchen, die Fleischerträge zu steigern. Noch ist das Angebot viel zu klein, um Feinkostgeschäfte und Gourmetlokale regelmäßig beliefern zu können. Noch zeigt niemand den Mut, das Sundheimer wieder im größeren Stil zu züchten und zu mästen. Der Landkreis Ortenau und das Land Baden-Württemberg könnten jedoch die Chance ergreifen, ein altes regionales Kulturgut zu fördern, so wie auch die Wiederauferstehung des Schwäbisch-Hällischen Schweins vom Land Baden-Württemberg unterstützt wurde. Das alte Rasseschwein steht, wie bekannt ist, mittlerweile als regionale Besonderheit unter dem Schutz der Europäischen Union, mit der Auflage, daß es artgerecht gehalten und gefüttert wird.

Die zweite Geflügeldelikatesse, das Deutsche Lachshuhn, ist mit dem Sundheimer blutsverwandt. Die Grundlage bildete in diesem Fall aber kein alter heimischer Landhuhnschlag, sondern unmittelbar das französische Faverolles, das dem gleichnamigen Dorf im Departement Seine-et-Oise entstammte und eine Kreuzung aus Houdan, Brahmas und Dorkings dastellte. Um 1866 tauchte es in Frankreich erstmals auf den Märkten auf und wurde Ende des 19. Jahrhunderts auch in Deutschland eingeführt. Anfang des 20. Jahrhunderts war es dann Rudolf Wolf in Maikammer an der pfälzischen Weinstraße, der federführend dafür sorgte, daß das Faverolles in das Deutsche Lachshuhn verwandelt wurde.

Während die europäischen Mächte dabei waren, sich als Nationen zu bestimmen, wollten auch die Rassegeflügelzüchter ihren Beitrag leisten, und das Faverolles sollte eine eigene deutsche Note bekommen. Es wurden rote Dorkings und Sussex eingekreuzt, und erstere verliehen den Hennen schließlich die charakteristischen lachsfarbenen Federn an Hals, Rücken und Flügeln, während Brust und Schenkel rahmfarbig sind. Gegenüber diesen ruhigen, warmen Tönen erscheint der Hahn buntscheckig: Von Kopf bis Fuß wechseln sich elbenbeinfarbige, rotbraune, weißgelbe, messingfarbene, grün und bläulich schimmernde und schwarzgraue Färbungen ab. Hahn und Henne wirken mittelgroß bis stattlich, nicht zuletzt dank der leicht aufgeplusterten Federn, vor allem an Kopf und Hals. Wenn sie frei im Garten herumlaufen, wirken die Tiere sinnlich und anmutig und scheinen nichts als das Wohlleben zu pflegen. Wenn sich um den Hahn die Hennen gruppieren, denkt man an einen Sultan, umgeben von seinen Haremsdamen.

Auch die Deutschen Lachshühner wurden schon in der älteren Literatur für ihr gutes Fleisch gelobt. 1916 heißt es in der *Deutschen Landwirtschaftlichen Presse*: »Sie setzen sehr viel Brustfleisch an und sind dabei sehr fein geknocht. Das Fleisch (...) ist ungemein zart und wohlschmeckend sowie feinfaserig.« Liebhaber schätzen bis heute das Fleisch vom ausgewachsenen Huhn kurz vor der Geschlechtsreife.

Das Deutsche Lachshuhn und das Sundheimer erreichen dieses Stadium nach sechs bis acht Monaten und haben dann ein küchenfertiges Schlachtgewicht von eineinhalb bis zweieinhalb Kilo, je nachdem, ob es sich um männliche oder weibliche Tiere handelt. Die Wachstumsphase dauert somit zwei bis drei Monate länger als bei Hybrid-Züchtungen, doch da das Fleisch langsamer reift, entwickelt es mehr Charakter. Natürlich bedingt nicht nur die Rasse das verzögerte Wachstum, sondern auch die Haltung und Fütterung. Wenn die Tiere im Garten frei herumlaufen, verbrauchen sie mehr Energie als im Stall. Das Fleisch wird freilich nicht weich wie Watte, sondern es bildet sich ein feines Gewebe, das einen zarten Biß bietet. Wenn das Tier schließlich neben dem Getreideschrot auch Gras und Blumen, Würmer und Käfer frißt, wird der milde Geschmack von Fleisch und Ei von einer hauchfeinen Würze untermalt.

Das Deutsche Lachshuhn hat dasselbe Schicksal erlitten wie das Sundheimer und geriet in den letzten Jahrzehnten in Vergessenheit. Es sind deshalb Landwirte vonnöten, die Leidenschaft und Kreativität entfalten, die auch auf Rassegeflügel zurückgreifen und neue Formen artgerechter Haltung und Fütterung ausprobieren, um bestes Fleisch zu erzeugen. Warum soll es nicht auf einem Hof ein Angebot an Hühnern von unterschiedlicher Güte geben, so wie man sich beim Besuch eines namhaften Weinguts zwischen einem einfachen Qualitätswein und einer Trockenbeerenauslese entscheiden kann? Warum soll der Bauer nicht einen Teil seiner Hühner etwas wirtschaftlicher halten, um sie zu einem vernünftigen Preis anbieten zu können, einem anderen Teil wiederum, in dem Rasseblut fließt, mehr Raum und besseres Futter gönnen, um eine Spitzenware zu erhalten? Vonnöten ist auch das Interesse der Händler und Köche für die edlen deutschen Hühner, begleitet von der Aufmerksamkeit der Medien.

Höhere Kultur entsteht dort, wo es Vielfalt gibt, wo man auswählen und neu verbinden kann. Die französischen Köche konnten die Haute Cuisine erfinden, weil es ihnen möglich war, aus einem reichen Fundus an besten landwirtschaftlichen Waren zu schöpfen. Die junge deutsche Haute Cuisine bleibt dagegen eine Zweigstelle der französischen, weil sie bislang kaum einen eigenen landwirtschaftlichen Unterbau hat. Wenn ein Huhn in einem feinen deutschen Restaurant auf die Karte kommt, ist es in der Regel das Bresse-Huhn, und man würzt das milde Aroma dieses Huhns immer wieder mit den erdtiefen, morbiden Düften von Trüffel oder Morchel. Man stelle sich aber vor, auf dem Teller läge ein gegartes Stück vom Deutschen Lachshuhn und eines vom Sundheimer, und der Koch sähe sich gezwungen, zu jedem Stück eine passende Soße zu komponieren, um den feinen Unterschied zu betonen …

Für weitere Informationen

Bund deutscher Rassegeflügelzüchter
Erlenbruchstraße 20
63071 Offenbach am Main
Tel.: 069/87876754

Gesellschaft zur Erhaltung alter und gefährdeter Haustierrassen e. V. (GEH)
Postfach 1218
37202 Witzenhausen
Tel.: 05542/1864

Günter Copi, *Das Sundheimerhuhn*. Wilhelm Schulte-Lohn, Schermbeck 1981
Paul Doll, *Vom Faverolles zum Deutschen Lachshuhn. Geschichte der Deutschen Lachshuhn- und Zwerg-Lachshuhn-Zucht*. Holzmann-Druck-Service, Bad Wörishofen 1989
GEH (Hrsg.), *Gefährdete Geflügelrassen. Alternative Geflügelzüchtung*. Tutte Druckerei Passau 2000
Horst Schmitt, *Handbuch Rasse- und Ziergeflügel: Hühner und Zwerghühner*. Eugen Ulmer Verlag, Stuttgart 1999
Walter Schwarz, *Der große Geflügelstandard in Farbe. Band 1: Hühner, Truthühner, Perlhühner.* Verlagshaus Reutlingen, Oertel + Spörer, Reutlingen 2000

Zwei Rezepte von Dieter Müller

Dieter Müller, mit drei *Michelin*-Sternen ausgezeichnet, kocht im Schloßhotel Lerbach, 51465 Bergisch Gladbach

Brust von der Bresse-Poularde mit Steinpilzen

Für 4 Personen:
4 Brüste von der Bresse-Poularde, 20 Trüffelscheiben,
100 g feines Mirepoix, 400 g Steinpilze, 2 Schalotten,
4 Aprikosen, getrocknet, 4 Minikürbisse (Patisson),
4 EL Kürbis-Aprikosen-Chutney, 20 cl Geflügeljus, reduziert,
½ Bund Thymian, Butterwürfel

Die Flügelknochen der Poulardenbrüste sauber putzen und unter die Haut jeder Brust fünf Scheiben Perigord-Trüffel schieben. Dann die Brüste mit Salz und Pfeffer würzen und in Butterschmalz auf der Hautseite anbraten. Mirepoix und Thymianzweige in die Pfanne geben, die Brüste umdrehen und auf dem Gemüsebett in den Ofen schieben, etwa 6 bis 8 Minuten garen.

Vom Minikürbis jeweils einen Deckel abschneiden und die Kürbisse aushöhlen, dann in Salzwasser blanchieren und abschrecken.

Die Steinpilze putzen und abbürsten, vier besonders schöne mit den Poularden im Ofen braten und die anderen in Scheiben schneiden und mit Schalottenwürfeln und Aprikosenstreifen in Butter braten.

Die Geflügeljus mit gehacktem Thymian aromatisieren und mit etwas Butter montieren.

Den Minikürbis in Butter erhitzen und mit dem warmen Kürbis-Aprikosen-Chutney füllen, oben am Teller plazieren. Die Steinpilzscheiben im Halbkreis am unteren Tellerrand anrichten, die ganzen Pilze halbieren und links und rechts neben dem Minikürbis anrichten. Die

Poulardenbrust in drei Stücke schräg aufschneiden, so daß der Trüffel zur Geltung kommt, und in die Mitte setzen. Schließlich die Thymianjus angießen und in den Kürbis eine Thymianblüte stecken.

Kürbis-Aprikosen-Chutney

250 g Muskatkürbis, 250 g reife Aprikosen,
150 g getrocknete Aprikosen, 2 Schalotten, 4 cl Noilly Prat,
10 cl Verjus, 10 cl Einlegefond vom Kürbis, Walnußöl

Schalotten würfeln und mit etwas Walnußöl anschwitzen, den Kürbis würfeln und zugeben, ebenso die Aprikosen. Noilly Prat, Verjus und den Einlegefond zugeben und bei reduzierter Hitze einköcheln lassen. Wenn das Chutney weichgekocht ist, in einer Moulinette sehr fein cuttern, abschmecken und heiß in Gläser füllen.

Das Chutney reicht für zwei bis drei Weckgläser von 25 cl Inhalt und hält sich etwa eine Woche im Kühlschrank. Wenn man es sterilisiert, auch entsprechend länger.

Hähnchenbrust mit weißen Bohnen und Pimentosauce

Für 4 Personen:
4 Hähnchenbrüste, Salz, Pfeffer aus der Mühle,
50 g geklärte Butter

Für die Sauce:
2 cl Olivenöl, 2 Schalotten, 30 g Staudensellerie,
2 rote Paprika, 1 Messerspitze Pimentschote,
3 Fleischtomaten oder Dosentomaten, 1 Thymianzweigchen,
1 Lorbeerblatt, 1 Knoblauchzehe, 0,1 l trockenen Weißwein,
0,7 l Geflügelbrühe, 0,1 l Sahne, 50 g kalte Butterwürfelchen,
Salz, Pfeffer aus der Mühle, 10 Pimentkörner

Für das Gemüse:
300 g weiße Bohnenkerne, 1 l Geflügelbrühe, 1 kleine Zwiebel,
1 Lorbeerblatt, 1 Thymianzweigchen, 1 Knoblauchzehe,
60 g Lauch, in Rauten geschnitten und blanchiert,
Salz, Pfeffer aus der Mühle

Die weißen Bohnenkerne vor der Zubereitung 12 Stunden einweichen. Die Geflügelbrühe mit der in Würfelchen geschnittenen Zwiebel, dem Lorbeerblatt, Thymian und Knoblauch aufkochen, die Bohnenkerne hineingeben und gut weichkochen. Zum Schluß die blanchierten Lauchstücke zugeben, mit Salz und Pfeffer abschmecken.

Für die Sauce das Olivenöl erhitzen und darin die in Scheiben geschnittenen Schalotten glasig dünsten. Staudensellerie, gewürfelter Paprika, Fleischtomaten und die Gewürze dazugeben. Mit dem Weißwein ablöschen, mit Geflügelbrühe und Sahne auffüllen. Fein mixen, 20 Minuten köcheln lassen und durch ein feines Haarsieb passieren. Hähnchenbrüste mit Salz und Pfeffer würzen, in geklärter Butter anbraten und im 200 Grad heißen Ofen rosé braten (ca. 5 Minuten). Anschließend 5 Minuten ruhen lassen.

Die Sauce erhitzen, die kalte Butter zügig unterrühren, mit Salz und Pfeffer abschmecken.

Die heißen, abgetropften weißen Bohnenkerne mit Lauch auf heiße Teller verteilen. Hähnchenbrust anlegen und mit Pimentosauce servieren.

Als Beilage reicht man Tomatensalat mit Basilikum.

Zwei Rezepte von Harald Wohlfahrt

Harald Wohlfahrt, mit drei *Michelin*-Sternen ausgezeichnet, kocht in der Schwarzwaldstube, Hotel Traube Tonbach, 72270 Baiersbronn

Getrüffelte Poularde mit Gemüsen im Römertopf

Für den Pastetenteig:
480 g Mehl, 6 g Salz, 80 g Butter, 2 Eigelb

Mehl mit Salz, 1 Eigelb und Butter zu einem glatten Teig kneten. Teig in Klarsichtfolie gewickelt 2 Stunden im Kühlschrank ruhen lassen.

Für die Poularde:
1 Poularde, 16 schwarze Trüffelscheiben,
Salz, Pfeffer aus der Mühle,
50 ml Geflügelfond, 50 ml brauner Kalbsfond, 50 ml Weißwein,
20 ml Madeira, 20 ml trockener Sherry, 40 ml Trüffelsalat,
40 g schwarze Trüffeln

Brustbein entfernen. Mit dem Gabelrücken die Haut von der Poulardenbrust lösen. Trüffelscheiben leicht mit Pfeffer und Salz würzen und unter die Brusthälften schieben. Poularde rundum mit Salz und Pfeffer würzen.

Für das Gemüse:
16 junge Karotten mit Grün, 2 kleine weiße Rübchen mit Grün,
16 Lauchzwiebeln, 8 junge Zuckerschoten, 8 grüne Spargel,
4 Blumenkohlröschen, Salz, 3 Kartoffeln, 20 ml Öl

Karotten- und Rübengrün auf 1 cm abschneiden. Dunkelgrüne Teile der Lauchzwiebel entfernen. Zuckerschoten an den Enden abschneiden, die Fäden ziehen. Spargel in Stücke schneiden. Alles Gemüse im Salzwasser kurz blanchieren, im Eiswasser rasch abkühlen, in einem Sieb abtropfen lassen. Aus den Kartoffeln 16 kleine Kugeln ausstechen. Kartoffeln im Salzwasser blanchieren, abgießen, abtropfen lassen. In einer kleinen Pfanne im Öl unter Rühren goldgelb anbraten.

Die Poularde in einen Römertopf setzen. Geflügel- und Kalbsfond, Wein, Madeira, Sherry und Trüffelsaft vermischen. Je ein Viertel der Flüssigkeit über die Poularde gießen.

Gemüse und fein gewürfelte schwarze Trüffeln um die Poularde verteilen. Deckel auf die Form legen.

Pastetenteig 5 mm dünn ausrollen. Mit dem Teigroller 5 cm lange Teigbänder abtrennen.

Die Bänder auf beiden Seiten mit dem restlichen Eigelb bestreichen, auf den Rand des Deckels legen, leicht andrücken, damit die Form dicht verschlossen ist. Poularde im Ofen bei 240 Grad 45 Minuten garen. Damit die Teigkruste nicht zu dunkel wird, nach 12 Minuten mit Alufolie abdecken.

Römertopf aus dem Ofen nehmen. Poularde im verschlossenen Topf 5-10 Minuten ruhen lassen.

Poularde im verschlossenen Römertopf auftragen, tranchieren, mit Gemüse und Sud servieren.

Gefüllte Poulardenbrust mit Sherrysauce

Für 4 Personen:
1 ganze Poularde, 2 Brustfilets, 100 g frische Spitzmorcheln,
2 Schalotten, 30 g Butter, 60 g feine Gemüsestreifen von Karotten,
Lauch und Sellerie, 1 Eiweiß, 80 g Sahne,
1 EL geschnittener Kerbel, Pfeffer, Salz, Öl

Für die Sherrysauce:
Knochen von der Poularde, 50 g Schalotten, 30 g Staudensellerie, 30 g Karotten, 1 Zweig Thymian, ½ Lorbeerblatt, 1 Rosmarinspitze, 5 cl Sherry, 3 cl Weißwein, 3 cl Portwein, 0,2 l Geflügelfond, 0,1 l Sahne, etwas davon geschlagen, Pfeffer, Salz

Für die Beilage:
250 g bunte Nudeln, 24 weiße Spargelspitzen, Butter, Zucker, Salz, Schnittlauch

Die Poularde tranchieren: Flügel und Keulen abtrennen. Brustfilets herausschneiden, in die Brustfilets mit einem scharfen Messer Taschen schneiden.

Füllung: Die Morcheln waschen, abtupfen und in Würfel schneiden. Dann mit den Gemüsestreifen und den fein gewürfelten Schalotten in Butter andünsten, mit Salz und Pfeffer würzen und abkühlen lassen.

Die Haut von einer Keule abziehen, Fleisch vom Knochen lösen und durch die feine Scheibe des Fleischwolfs drehen. Dann mit Eiweiß und Sahne zu einer Geflügelfarce aufmixen.

Die Geflügelfarce mit der Gemüse-Morchel-Masse vermengen und mit Salz und Pfeffer würzen, in eine Spritztüte füllen und in die Brustfilettaschen drücken.

Die Geflügelknochen klein hacken und in einem Topf anrösten. Dann Sellerie-, Karotten- und Schalottenwürfel und alle Gewürze dazugeben. Mit Sherry, Weißwein und Portwein ablöschen.

Die Flüssigkeit reduzieren, mit Geflügelfond und Sahne aufgießen und erneut auf etwa die Hälfte der Menge einkochen.

Alles durch ein Sieb passieren, mit Salz und Pfeffer abschmecken und zum Schluß etwas geschlagene Sahne unterziehen.

Die Brustfilets salzen und pfeffern, in einer Pfanne mit heißem Öl anbraten und in einem auf 210 Grad vorgeheizten Ofen auf jeder Seite 6–8 Minuten fertig garen.

Die Nudeln bißfest kochen, abschrecken und kurz in Butter anschwenken.

Spargelspitzen in Salzwasser kochen, abschrecken und in gezuckerter Butter in der Pfanne glacieren, dann mit Schnittlauchfäden zu Bündelchen wickeln.

Die Poulardenbrust schräg aufschneiden, auf einem Spiegel der Sherrysauce anrichten, die Nudeln und die Spargelbündchen dazulegen.

Lob der Köche

Von Michael Klett

Es wird Zeit, daß über die Köche im Lande etwas Gutes gesagt wird. Vor fünfzig Jahren waren sie kein gesellschaftlich estimierter Berufsstand, mit der Ausnahme Walterspiels vielleicht. Wer für Nazigrößen gekocht hatte, blieb besser im Hintergrund. Zwar wurde die Demokratie und die Tradition des Beamtenstaats restauriert, und das vorher sozialistisch-gleichgeschaltete Volk bereitete sich allmählich auf eine liberal-demokratische Mentalität vor, aber westlich, hedonistisch und genußsuchend war das noch lange nicht. Eine »kultivierte Barbarei« (Ernst Jünger) in der westeuropäischen Zivilisation, wie sie sich im schmeckenden, geschmacksuchenden Schwelgen und Phantasieren, im Rühmen und Verehren großer Chefs darstellt, ließ noch auf sich warten. Immerhin begann man sich an der französischen Hochgastronomie zu orientieren, ebenso wie am Bistro oder an der unkomplizierten italienischen Küche und dem gepflegten Service der gelegentlich präpotenten Padroni. Die Katastrophen des 20. Jahrhunderts hatten an Speisezivilisation so ziemlich alles abgeräumt, was sich an nationaler und regionaler Eigenartigkeit allenfalls hatte entwickeln können. Vor allem war die Kultur des Leiblichen abhanden gekommen: Kalorienzählen und Preisvergleiche statt sinnlicher Wahrnehmung und kulinarischer Ästhetik. Das hat sich unterdessen ein wenig gebessert. Dabei hatte es in der mehr als tausendjährigen Geschichte, die mit dem Wort deutsch verknüpft ist, in manchen Provinzen und Landstrichen, wie von italienischen Reisenden im Spätmittelalter, von Montaigne im 16. Jahrhundert und von den Kochbüchern des 18. Jahrhunderts bezeugt, wohl kürzere Phasen mit einer aufregenden Speisekultur gegeben, aber so richtig spektakulär wird es nun in der längsten und wohlständigsten Friedenszeit unserer Geschichte.

Wie weitläufig bekannt, betrat die noch ziemlich schwach bespielte Bühne Eckart Witzigmann (siehe *Almanach Nr. 9*, Erwin Seitz). Es ist, weil ihrem Ego unbekömmlich, nicht schicklich, Lebenden Denkmäler zu setzen oder sie mit Beiwörtern zu zieren, aber angesichts solcher Leistung, solch historischer Dimension, mag man ihn getrost als den deutschen Escoffier bezeichnen. Mit Witzigmann wurde eine bis dahin wahrhaftig notwendige, nicht sonderlich beachtete Profession kulturell und gesellschaftlich valid. Seine ersten Proselyten, überhaupt was sich da zunächst als Szene auftat, hatten etwas mechanisch Perfektes: Sie waren zwanghaft unoriginell, Kopisten französischer Trends, ohne deren historischen Hintergrund zu verstehen. Ihre »Neue Küche« machte zwar Schluß mit Mehlschwitzen und Sahnepampen und legte auch Wert auf gute Produkte, aber das Ganze war mehr zelebriert, als daß es den reizbaren Appetit besänftigt hätte. Die *Nouvelle Cuisine* dagegen war eine in der französischen Tradition seit dem 17. Jahrhundert immer wiederkehrende Bewegung von der opulenten, ausladenden Küche zur *Cuisine maigre*, Carême hatte das gemacht und Escoffier und viele andere. Dabei richtete man sich nach den Wünschen der Gäste, ohne Prätention und ideologische Überbauerei. Und man nahm es auch nicht so genau! In den frühen achtziger Jahren machte eine hübsche Anekdote die Runde. Ein bemühter deutscher Epigone hatte Paul Bocuse angerufen und verzweifelt gefragt, warum er das so vehement proklamierte Ideal verriete und einen Dosen- und Gläserversand betreibe mit Pastetchen, Rillettes und dergleichen, wofür man Konservierungsstoffe und Geschmacksverstärker brauche. Als er auflegte, soll er weinerlich gesagt haben: »Er hat mich Arschloch genannt.«

Sonderlich einfallsreich waren die Chefs mit ihren Gerichten auch nicht. Die Offertlisten der Lieferanten schlugen überall auf die Speisekarten durch, was die Zutat des Kochs überhöhte und das Produkt nebensächlich machte. Von dieser Langeweile der Barbarieentenbrust, dem Filet und dem Rumpsteak werden wir nur langsam erlöst. Und vielfach kommt das »Marktangebot« auch heute noch von fernen Weiden und Geflügelangern. Dennoch ging es vorwärts. Die Suche nach Traditionen, nach Wurzeln einer authentischen Speisekultur begann.

Speisearrangements erfinden, anrichten, kosten, Geschmackstiefen und -höhen erschmecken und schließlich bewerten ist in seiner unbestimmten, schwebenden Qualität etwas Ästhetisches. Es reicht bei aller Gebundenheit an irdische Verhältnisse in komplexe Zonen menschlicher Wahrnehmbarkeit. Wer sich als Könner hier auf den Weg macht, begibt sich auf hochkulturelles Terrain. Und das bleibt, auf das Ganze der Zunft gesehen, nicht ohne Folgen für den Typus. Die Wirkung der ersten, herausragenden Figuren zieht Talente in das Artisanat, die sonst andere Wege gegangen wären, es entsteht eine dynamische Zunft, gehegt und sortiert durch die Medien und natürlich die kundiger werdenden Esser. Die sich auftuenden Chancen setzen unternehmerische Instinkte frei, so daß Selbständigkeit oder tragfähige Partnerschaften gewagt werden. Es bilden sich Eliten mit interessanten, von Machthabern und glamourösen Arrivés gesuchten Persönlichkeiten, Leute, die nicht nur kochen, nicht nur warmherzig und genußfähig sind, sondern sich ihren eigenen Reim auf die Welt machen, also was zu sagen haben. Körper und Wesen des hochleistenden Küchenmeisters ist mit demjenigen des Kriegers verglichen worden. Die Küche eines großen Restaurants gleicht ja in Spitzenzeiten einem Schlachtfeld. Pfannen, Töpfe, Mulden, alle möglichen Gerätschaften werden rasch, präzise und rationell herumgewirbelt, und das von vielen, und selten ist Ordnung, Planung, professionelles Vorgehen und Chaos so nahe beieinander. Die ganz Großen führen dann auch ihre Brigaden (sic) mit militärischer Genauigkeit. Von Ducasse, einem französischen Speiseartisten, der es für kurze Zeit auf zwei straff gesteuerte 3-Sterne-Häuser an verschiedenen Orten brachte, wird berichtet, er überwache Kochvorgänge und -abläufe mit Hilfe neuer Kommunikationstechniken vom Flugzeug aus. Carème kommandierte seine Truppe von der Küche und im Service mit einem Degen an der Seite. Das Habit war geknöpft wie eine Uniform.

Frank Wilson, ein amerikanischer Wissenschaftler, geht in seinen Schriften der Theorie nach, das menschliche Hirn wäre ohne die Entwicklung der Hand nicht zu dem geworden, was es heute ist, und er schließt daraus, daß vielseitige Handtätigkeit unmittelbar intelligenztreibend sei. Er stellt Überlegungen über therapeutische Chancen an, die eine Rückkehr zu Handtätigkeiten über den Knopfdruck hinaus erwarten lassen, oder denkt über ein handbetontes Bildungswesen nach. In diesem Zusammenhang befaßt er sich auch mit Handberufen, darunter dem hier in Rede stehenden Genre: »Küchenchefs müssen heute stark und phantasievoll sein. Erstens, Küchenarbeit verlangt herkulische Kräfte und absolute psychische Unbeugsamkeit. Zweitens, das Überleben in der [amerikanischen, *der Verfasser*] Geschäftswelt setzt einen gesunden Killerinstinkt voraus. Drittens: – und das ist die einzige Eigenschaft, für die das Publikum ständig zahlt – in der Welt der Gourmet-Tempel kann sich nur etablieren, wer einen kühnen Geschmack hat und ein gesundes Empfinden für Theater und Ritual. Die geringsten Defizite in einer dieser Kategorien des »praktischen Lebens« bedeuten im Reich der gehobenen Kochkunst den sicheren Untergang in wenigen Monaten, wenn nicht Wochen. Das ist keine Welt für empfindsame Naturen oder zuvorkommende Lebensart – es ist ein Dschungel.«

Glanz und Elend deuten sich da an. Geschenkt wird nämlich nichts, die Renditen in der Gastronomie sind schmal, also entweder hoher eigener Arbeitsanteil und eine engagierte Familie oder »Mehrfachverwertungen«, also Restaurant und Weinhandel oder Pastetenproduktion, oder Fernsehkochen oder angehängtes Bistro, et cetera. Und solches erfordert ein Weiteres an Selbstorganisation und unternehmerischer Umsicht.

Die meisten sind auf diesem Pfad, sie verlassen die große Straße zum Ruhm, »zur historischen Dimension« und entwickeln ein kaltes Auge für ihre eigene Kasse. Wer wollte dafür kein Verständnis haben! In der Regel verlieren sie dann den Stern im »Roten Führer«. Die geteilte Aufmerksamkeit führt zu allerhand kaum merklichen Defiziten. Das

Programmierte der aufgetischten Teller fällt den Gästen nicht gleich auf, und Blumen, die die Köpfe hängen lassen oder feine Staubschlieren am Fensterglas sieht man nach, weil man ja sonst immer hier gut gegessen hat. Aber es ist der Beginn einer feinen Erosion zu einem anderen, mehr ökonomischen Konzept. Und natürlich verabschieden sie sich von der Avantgarde, von der kleinen Truppe jener, die kompromißlos der Qualität der eingesetzten Produkte nachgehen, die Bauern, Gärtner und Metzger fördern und fordern, die den Verfeinerungen der technisch-industrialisierten Produktion nicht erlegen sind – also Speisemeister, die eine Kultur leiblicher Freude vorantreiben wollen. Diese »Großen«, die Wohlfahrt (s. Seite 84ff.) oder Bourgeuil oder Müller (s. Seite 81ff.) oder Winkler, die mit einem Eifer, den man Besessenheit nennen könnte, wenn damit nicht das ebenfalls zugehörige Spielerische und Kreative zu verschweigen wäre, Tag für Tag, Jahr für Jahr famose Speisen mit Präzision und Eleganz auf den Tisch bringen. Die Antriebe für solche Leistung sind mehr als Geschäftsfleiß und Ruhmstreben. Diese Meister muß etwas bewegen, was nicht weniger als Kunstwille ist. Das sind Konsorten der Babette, dieser von der großen Tania Blixen zum hohen Typus stilisierten Köchin, der das Nächstbeste zu geben unerträglich, das Äußerste unabweisbare Herzenssache ist.

Eine deutsche Liebe: das Ei

Von Sarah Paulsen

Jedes Osterfest besuchten wir meine Großeltern; meine Großmutter war eine feingliedrige Dame, deren Lübecker Herkunft an dem spitzen Stein, über den sie beim Sprechen stets stolperte, zu erkennen war. Von ihr bekamen wir Nougat-Ostereier von *Niederegger*, die in echte, buntgefärbte Eierschalen gefüllt waren. Diese Eier wurden nicht versteckt, sondern in die Eierbecher auf dem Frühstückstisch gestellt, und jedes Jahr gaben wir Kinder uns überrascht. Wenn ich ein solches Nougatei schälte, blieben immer kleine Partikelchen der buntgefärbten Schale an dem Nougat kleben, das durch die Wärme der Hand zu schmelzen begonnen hatte. Meine Mutter schnitt uns diese Eier immer in Scheiben, die dann mit einem Zahnstocher von der blau-weiß gemusterten Untertasse aufgepickt wurden.

Nach dem Tod meiner Großmutter mußte mein Großvater unsere Ostereier besorgen und verstecken. Und statt des Nougateis stand ein hartgekochtes Ei im Eierbecher, er hatte es mit Filzstift, den Pinsulanern, die für uns Kinder bereitstanden, bemalt. Einfache, ungelenke Muster zogen sich um das Ei. Ich bewahrte es mehrere Wochen im Osternest auf, bis es streng zu riechen begann und meine Mutter es wegwerfen wollte. Ich weinte, das Ei wurde mit etwas Ostergras in einer Blechdose luftdicht verpackt und in meinen Schrank mit dem Spielzeug gestellt. Hin und wieder öffnete ich den Deckel, um mir das Ei anzuschauen. Der Geruch des Eis war keineswegs atemberaubend übel, so wie man es erwartet hätte, er biß nicht in der Nase, er kitzelte nur ein wenig. Das Ei wurde mit den Jahren immer leichter, der Geruch verlor sich, bis nur noch ein Hauch im Ostergras hing.

Mein Großvater war in einer Berliner Kneipe aufgewachsen. Aus dieser Jugend hatte sich seine Vorliebe für Bier erhalten, das ich bei ihm perfekt einzuschenken lernte, indem er mir für jedes Glas mit einer gut proportionierten Tulpe dreißig Pfennig schenkte. Zu seinem Bier gehörte nicht nur ein Korn, sondern auch deftiges Essen, Sauerfleisch, Buletten, Salz-Dill-Gurken und Soleier. Diese hartgekochten, in Salzlake eingelegten Eier waren meiner Großmutter zuwider, sie stellte sie aber trotzdem her. Mein Großvater schälte und halbierte das Solei, löst das Eigelb heraus und strich in die zurückbleibenden kleinen Kuhlen Senf, den er Mostrich nannte, streute Salz, Pfeffer und etwas Essig hinein und fügte das Ei wieder zusammen. Dann nahm er eine Hälfte nach der anderen und ließ sie ganz im Mund verschwinden.

Überhaupt aß er ausgesprochen gerne Eier; jeden Morgen gab es ein weichgekochtes Frühstücksei, und auf Reisen nahm er immer hartgekochte Eier mit, die er mit Salz aus einem kleinem Plastikbeutelchen bestreute. Vielleicht begründete sich seine Begeisterung für Eier darin, daß sie in den Kriegs-und Nachkriegsjahren von den Frühstückstischen verschwanden; in alter Herrlichkeit und ungekannter Fülle kehrten sie dann in den Fünfzigern wieder: Keine gesellige Herrenrunde ohne Russische Eier, die in speziell dafür gefertigten Platten serviert wurden. Zur üppigen Buttercremetorte ein Eierlikörchen, auf das Schnitzel ein Spiegelei, zum Labskaus sowieso, ein halbes Wachtelei auf dem Kanapee als Inbegriff der kulinarischen Eleganz – Eier wurden in rauhen Mengen konsumiert.

Ermöglicht wurde der geringe Preis bei hoher Produktionsrate nur durch die Haltung der Legehennen in winzigen Käfigen. Die Qualität sank, die Legebatterien wurden immer größer, Skandale um verunreinigte Eiernudeln und regelmäßig wiederkehrende Salmonellenfälle führten dazu, daß kaum jemand noch unbekümmert Cremes aus rohen Eiern servieren mochte. Zudem rächte sich die Fettlebe der Fünfziger: Gefäßerkrankungen wurden zur häufigsten Todesursache, und daran war auch der hohe Eierkonsum schuld. Kurzum: das Ei verlor an Beliebtheit, Eierpartys mit Fliegenpilzen aus hartgekochtem Ei, Tomatendeckel und Mayonnaisekleckse n waren plötzlich unmodisch.

Aber das Ei verschwand weder von den Frühstückstischen noch aus den Küchen – es ist ein essentielles Lebensmittel. Es sättigt, enthält unterschiedliche Eiweißarten, Fett, Mineralien und wichtige Vitamine.

Schlägt man Eiweiß steif, vervielfältigt es sein Volumen, die gelblich-klare Gallerte wird weiß und schaumig. Die derart gebundene Luft läßt jede Speise, Biskuits, Mousse und Baisers, locker und luftig werden. So scheinen kalorienreiche Desserts voller Zucker und Fett auf wundersame Weise täuschend leicht und in jeden fast vollen Magen noch gut hineinzupassen. Eigelb hingegen bindet beim Erhitzen Saucen und Cremes, verdichtet sie zur gewünschten Beschaffenheit. Das Ei bietet also wichtige Mittel, um Speisen die gewünschte Konsistenz zu geben, um sie entweder fester oder lockerer werden zu lassen.

Eiklar und Eidotter bilden dabei Gegensätze, wie überhaupt das Ei Kontraste verbindet: Als Frühstücksei, Spiegelei oder Rührei zubereitet ist es ein scheinbar simples Lebensmittel, der Junggesellenklassiker schlechthin. Es ist dennoch in unendlich vielen Rezepten unverzichtbarer Bestandteil, denen es Raffinesse und Substanz gibt. Kaum ein Kuchen läßt sich ohne Eier herstellen, für einen Biskuitteig können bis zu zehn Eier auf nur 150 Gramm Mehl verbacken werden, wobei das Eigelb die Bindung gibt und das steifgeschlagene Eiweiß so viel Luft einschließt, daß der Kuchen ohne jede Zugabe von Backtriebmitteln locker wird.

Jede Eßkultur der Welt kennt das Ei, hat unterschiedlichste Zubereitungsarten hervorgebracht. So wurde in China eine ganz eigene Methode der Konservierung entwickelt: Bei den »tausendjährigen Eiern« werden die rohen Eier mit einer Paste aus Asche, Kalk und Salz umhüllt und hundert Tage vergraben, um dann als Delikatesse zu gelten. Das Eiklar wird gelb und das Eigelb grün, die Konsistenz wird fester. Diese Eier werden von westlichen Touristen tapfer gegessen, um ein authentisches kulinarisches Erlebnis vorweisen zu können. Es gibt sie aber mittlerweile auch in den Asia-Läden zu kaufen, wagemutige Gourmets müssen nicht mehr nach China reisen, um diese Soleier des fernen Ostens zu probieren.

Es scheint, als ob Eier schon immer gegessen worden wären, und auch Tiere fressen liebend gerne Eier, Marder rauben sie aus den

Nestern, und die Eierschlange verdankt ihren Namen einer kulinarischen Vorliebe. Schon in den archaischen Kulturen war es Symbol für Fruchtbarkeit, die Muttergottheiten wurden mit unzähligen, in Reihen angeordneten Brüsten dargestellt, die an Eier erinnern. Und immer noch wird der Frühling zu Ostern mit den buntbemalten Eiern gefeiert, die auch in der christlichen Symbolik Zeichen des Beginns und Werdens sind.

Tatsächlich sind Eier ja auch nichts anderes als ein Anfang, eben eine Eizelle, ein potentielles Leben. Sie enthalten neben der tatsächlichen Eizelle alle Nährstoffe, die ein Küken bis zum Schlüpfen benötigt; das einzige, was dem befruchteten Ei noch zugeführt werden muß, ist Wärme. Die Straußeneier sind sogar die größten bekannten Zellen, vielleicht das eindrücklichste Bild dafür, daß jedes Sein mit einem Ei beginnt. Charlie Chaplin nahm auf der Höhe seines Ruhmes seine geisteskranke Mutter mit auf eine Straußen-Farm. Der Farmer war natürlich ausgesprochen geschmeichelt durch diesen prominenten Besuch und reichte der Mutter Chaplins, einer verblühten Vaudeville-Schönheit, ein Straußenei. Sie nahm es, schaute es sich an, rief zornig, man solle doch den armen Straußen nicht ihre Eier wegnehmen, und warf das Ei in das Gehege, wo es natürlich auf dem Boden zerschellte. Ihr verwirrter Geist muß wohl eine moralische Verirrung darin gesehen haben, dem Tier das Ei zu rauben, um es zu verspeisen. Tatsächlich ist es erstaunlich, daß Eier völlig selbstverständlich gegessen, andererseits aber als Symbole des Beginns verehrt werden.

Im Mittelalter wurden Eier in der Kirche mit sogenannten Eierweihen gesegnet und galten als magisch und heilend. Damit begann auch der Brauch, die Eier zu färben. Hartgekochte Eier erhielten aufgrund ihrer langen Haltbarkeit sogar den Rang einer Währung; die Abgaben an die Gutsherren erfolgten unter anderem in Form des »Eizehnts«. Eine Art »Eier-Boule« war sehr beliebt: Jeder Mitspieler brachte einige hartgekochter Eier mit, die dann um die Wette auf dem Boden gerollt wurden, und derjenige, dessen Ei am weitesten kam, erhielt alle anderen.

Auch in der Kunst diente das Ei nicht nur als Bindemittel für Tempera. Neben dem ikonographischen Bedeutungsgehalt hat es besonders das Kunsthandwerk durch seine Form angeregt – am bekanntesten sind wohl die Fabergé-Eier, die Ostereier des russischen Zaren, kleine Kostbarkeiten aus Gold und Edelsteinen; sie sind aufklappbar und enthalten Miniaturkunstwerke, die sich teilweise auch durch einen Mechanismus bewegen können. Die erste Taschenuhr der Welt war das Nürnberger Ei. Der Name trägt in erster Linie der Form Rechnung, mag aber an das Weltei erinnern, das die Ewigkeit auch der Zeit symbolisiert.

Der Architekt und Designer Arne Jacobsen erzählte einmal in einem Interview, daß sein berühmter »Egg-seat« nicht nur den Namen, sondern auch seine Existenz einem Frühstücksei verdanke. Als er nämlich ein solches gegessen habe, sei ihm die perfekte ovoide Form aufgefallen und er habe aus dieser heraus seinen Sessel entwickelt. Zum Beweis zeichnete Jacobsen dann einige Linien auf ein Ei, und sein »Egg-seat« wurde sichtbar. Mag das auch nur eine nett erfundene Anekdote sein, eines ist jedenfalls sicher: Das Ei hat eine ideale Form – kein Designer könnte sie besser entwickeln. Nimmt man ein Ei aufrecht zwischen Daumen und Zeigefinger, ist es beinahe unmöglich, das Ei zu zerdrücken. Die Kalkhülle ist so geformt, daß sie ohne weiteres den Druck der brütenden Henne auf ihrer Spitze tragen kann, dem Küken aber aufgrund ihrer Zerbrechlichkeit dennoch ein leichtes Schlüpfen ermöglicht.

Für Arne Jacobsen war das Frühstücksei Anstoß für eine erfolgreiche Idee. In Klaus Manns Roman *Mephisto* kristallisiert sich an dem Verzehr eines Frühstückseis jedoch die Problematik einer Ehe. Der ehrgeizige Emporkömmling Hendrik Höfgen sieht seine Ehefrau Barbara, die aus großbürgerlichen Verhältnissen stammt, ein Ei auf die ihr gewohnte Weise essen: sie schlägt ein weichgekochtes Ei in ein Glas, verrührt es mit Tomatensaft und Öl, würzt es mit Salz, Pfeffer, scharfer englischer Soße und löffelt es dann. Dieser Anblick führt zu einem Zornesausbruch seinerseits, in dem er diese Marotte als Zeichen der Arroganz deutet, und im sich entfaltenden Streit wird klar, daß sich Höfgen seiner Ehefrau der kleinbürgerlichen Herkunft wegen unterlegen fühlt.

Essensangewohnheiten sind immer auch Ausdruck der Sozialisation; allerdings ist heute ein gewürztes Ei im Glas sicherlich kein Anzeichen mehr für einen höheren kulinarischen Bildungsgrad. Aber eine sorgsame Auswahl der Eier nach ihrer Herkunft, der Haltung der Legehennen, nach Frische und vor allem Geschmack ist anzuraten. Dabei sollte man die Schale nach Unebenheiten der Form und kleinen Erhebungen untersuchen. Sie sind ein untrügliches Indiz, daß die Henne unter streßauslösenden Bedingungen gehalten wird. Ob man nun braune oder weiße, kleine oder große Eier bevorzugt, ist Geschmackssache. Auch die Farbe des Eidotters sagt nichts über die Qualität des Eis aus, sondern nur über die Art des Futters. Da der durchschnittliche deutsche Konsument eine dunkelgelbe Färbung bevorzugt, wird dem Futter Beta-Karotin zugefügt.

Vielmehr lohnt es sich, dem Ei einmal die volle Aufmerksamkeit zu schenken und dem zarten Geschmack nachzugehen. Sollte man ihn beschreiben, ist man ratlos: er ist so selbstverständlich, daß er zur Charakterisierung anderer Lebensmittel dient.

Vielleicht kann man seinem Geheimnis auf die Spur kommen, wenn man sich ein Rührei zubereitet. Dafür sollte man das Ei nur leicht verklöppeln, in einer Pfanne bei kleiner Hitze Butter zergehen und das Ei langsam stocken lassen und nur mit ein wenig Salz und Pfeffer abschmecken. Eigelb und Eiweiß sollten sich zwar zu einer hellgelben Grundfarbe verbinden, die jedoch von klareren, tiefgelben Eigelbpunkten und weißen Eiweißinseln durchzogen ist. Die Eiweißflecken sind, wenn man das Ei in die Pfanne gegeben hat, zunächst transparent, trüben sich aber durch Wärme rasch ein, und die Farbe des Eis verändert sich von einem klaren Gelb hin zu einer hellen, sonnigen Tönung, bei der man an Frühling und Ostern denkt. Aus dem zähflüssigen Ei läßt die geringe Hitze eine cremige, zarte Beschaffenheit entstehen, die zu dem milden Eigeschmack perfekt paßt. Das sanfte und dennoch leicht mineralische Aroma kann man, nachdem es sich sämig auf den Gaumen gelegt hat, noch lange spüren.

Alle meine Vögel

Vom Spatzen in der Hand zur Pute im Pferch

Von Heinz-Ludwig Arnold

Für Pavarotti und Dietmar Robrecht

Überall auf der Welt lebt Geflügel und ernährt die Menschheit. Vor allem die Hühner liefern auf dem gesamten Planeten wunderbar verwandelbare Proteine, und keine Religion verbietet, wie etwa bei Rind und Schwein, ihren Verzehr. Die meisten anderen gefiederten Leidens- und Genußgenossen dienen eher an feierlichen Tagen für festliche Tafeln. Drum sei hier ein Loblied auf alle meine Vögel gesungen, oder jedenfalls auf fast alle.

Spatzen freilich habe ich nur ein einziges Mal gegessen, in China 1985, vorgängig während eines üppigen Banketts in Shanghai. Sie waren trocken, dunkel, ein Vögelchen Federlos, im Stück gebraten, samt allen Knöchelchen – ich dachte an Sardinen, die man ja auch gleichsam mit Haut und Haaren verspeist.

Die Chinesen lieben die Spatzen, weil sie alles lieben, was der Steigerung ihrer sexuellen Potenz gilt, auch wenn der gebratene Sperling nicht dazugehört, eher die heiß begehrten pulverisierten Nashornhörner; und in vielen chinesischen Bars sieht man hinter der Theke große Gläser mit in alkoholische Essenzen eingelegten Mäusen, Ratten, Schlangen, Lurchen usw., deren Extrakt als Liebeselixiere gereicht wird.

Die Spatzen, die ich in Shanghai aß, waren kein Genuß, ich habe zwei nur aus Neugier gegessen. Die Gier jedenfalls blieb aus oder jedenfalls unbefriedigt.

Auf die andere scheinbar subtile Lust, etwa auf Vogelzungen, auf Schwalbennestersuppe, auf allerlei Kleingeflügel- und Scheinleckereien asiatischer – oder italienischer und französischer – Herkunft und Übung verzichte ich gern.

Inzwischen verzichte ich freilich auch auf das Fleisch des Riesenvogels auf der anderen Seite der Skala, die **Pute**, seit sie in Massenlagern konzentriert wird und schon deshalb enggepfercht stehen muß, weil sie sonst wegen ihrer überzüchteten Brüste unentwegt auf den Schnabel fallen würde. Sie gilt, obgleich en vogue, in meiner Küche inzwischen als ungenießbar. In Deutschland habe ich übrigens noch nie eine gute Pute gegessen: immer zu trocken und zu langweilig. Die einzige gute, ja die allerbeste Pute meines Lebens briet mir Frau Levine in Cincinnati, 1979, angeblich zum Dank für meinen für sie doch wohl überaus langweiligen Vortrag über die Literatur der deutschen Arbeiterklasse. Tatsächlich verdankte ich diese Ehre wohl der Vermittlung der wunderbaren amerikanischen Köchin Marilyn Harris, die inzwischen eine begehrte Funk- und Fernsehköchin geworden ist und einige weit verbreitete Kochbücher veröffentlicht hat.

Marilyn übrigens hat uns daheim gezeigt, wie man innerhalb einer guten Stunde eine Ente dermaßen von allen Knochen befreien und mit einer Farce prall füllen kann, daß sie sich, gebraten und in dünne Scheiben geschnitten, servieren läßt. So weit, daß mir dies gelang, habe ich es freilich mit meinen Küchenkünsten nie gebracht.

Nein, meine lieben Vögel reihen sich von der Wachtel bis zur Gans, nennen sich Taube und Wildtaube, Fasan und Perlhuhn, Rebhuhn, Haushuhn, Wildente und Flugente. Vor dem Genuß des inzwischen auch in unseren Breiten angekommenen Vogels Strauß stecke ich freilich noch den Kopf in den Sand.

Die **Wachtel** *(Coturnix communis)* lebt überall auf der Welt, wo sie auch Weizen findet, obgleich sie den Körnern verschiedenster Art die dickeren Kerbtiere vorzieht. Brehm nennt sie »weder einen schönen noch einen begabten Vogel«, dem Geselligkeit abgehe. Der Hahn ist ein rauflustiger, geiler Bursche, der sich gegen die Henne stürmisch, ja brutal zeigt und sie mißhandelt, wenn sie seiner Begehrlichkeit nicht willig folgt, und es geht die Mär, daß er alles trete, was sich bewegt. Gegen den aufkommenden Wind fliegt die europäische

Wachtel im Oktober oder November gen Süden, nach Nordafrika, um auf den dortigen Steppen zu überwintern. Doch der Weg übers Mittelmeer ist gefährlich, an seinen Küsten drohen Schlingen und Netze – in ihnen fangen sich viele Tausende. Den Anrainern zum Genuß.

Ich habe Wachteln vor allem immer in Portugal gegessen, wo das Stück für knapp eine Mark zu haben war. Innen gepfeffert und gesalzen, mit ein paar Rosmarinzweiglein und einer Knoblauchzehe gefüllt, brate ich sie in Olivenöl und etwas darin ausgelassenem durchwachsenen Schweinespeck an, lösche mit Wein und schmore sie bei niedriger Temperatur gut durch, damit ihr Fleisch vom Knöchelchen falle. Ein halbes Dutzend gibt eine läßliche Mahlzeit, wenn man weißes Brot zum Tunken und roten Wein zum Trinken dazugibt.

Von den **Tauben** interessieren in unseren Breiten vor allem jene, die lateinisch als *Columbidae* bekannt sind: Felsen-, Turtel-, Ringel- und Hohltauben, die auch Holz-, Wald-, Kohl- und Wildtaube genannt werden; in den Städten leben die Türkentauben. Von der Felsentaube *(Columba livia)* stammen unsere Haustauben ab – in erster Linie und der Felsentaube sehr ähnlich die Feldtaube –, die zum Beispiel als Brieftauben gehalten oder als Fleischtauben gezogen werden. Manche Haustauben sind später wieder verwildert und haben sich mit den Wildtauben vermischt, als halbwilde Stadttauben übervölkern sie manche Städte und werden zur Plage. Am schmackhaftesten ist die Feld- und Wildtaube, Feldflüchter, die sich auf den Feldern am Getreide gütlich tun und gleichwohl regelmäßig in die Schläge der Bauern zurückkehren. Einmal im Jahr, wenn ›mein‹ Bauer an die 50 Tauben schlachtet, bekomme ich einen Anteil von 15 bis 20 Tauben – Anlaß, einen kleinen Kreis von Freunden zu versammeln.

Ich rechne beim Mahle ein bis zwei Tauben pro Person, je nach Größe von Taube oder Appetit, bei gefüllten Tauben weniger als bei ungefüllten.

Die ungefüllten Täubchen werden innen gepfeffert und gesalzen und bekommen ein Stückchen Zwiebel, Apfel und Knoblauch in den Leib. Ich fülle sie mit einer Farce aus Taubenlebern (die ich, weil es zu wenig davon gibt, mit etwas Kalbsleber ergänze), pikant gekochten Taubenherzen und Taubenmägen, etwas geweichtem Brötchen, alles durchgedreht und gemengt mit Eiweiß, Beifuß, Majoran und etwas gequetschtem Knoblauch. Manchmal umwickele ich die Täubchen mit Speck; fettere Tauben brate ich in Olivenöl und etwas Speck an, lösche mit Rotwein und schmore sie in etwa einer Stunde bei verhaltener Temperatur (maximal 160 Grad) so durch, daß sich ihr Fleisch leicht vom Knöchelchen löst.

Hat mich ›mein‹ Bauer mit vielen Tauben versorgt, leiste ich mir den Luxus, die Brüstchen vom Brustbein zu lösen, zu enthäuten, leicht zu peffern und zu salzen und in der Pfanne in Butter mit ein wenig Olivenöl und feinstgewürfelten Schalöttchen rundum saftig zu braten und den Bratensaft bald mit ein wenig Rotwein und zwei Fingerhüten Armagnac zu löschen. Dazu reiche ich Baguette, mit der man die Soße tunken darf.

Das **Rebhuhn** *(Perdix cinera)*, auch Feldhuhn, habe ich manchmal beim Spaziergang durch die Fluren um Göttingen herum schon aus seinen Verstecken aufgescheucht, und immer stob es paarweise davon, in eckigem, ja mechanischem Fluge flach übers Land, wechselnd zwischen raschem Flügelschlag und unbewegten, ausgestrecken Fittichen. Aber das ist schon lange her.

Üblicherweise hütet das Rebhuhn sein Revier, das dann von den Jungen übernommen wird. Es ist, wieder nach dem alten Brehm, gewitzigt und geschickt, gesellig, friedliebend, treu und aufopferungsvoll; der Hahn ist, im Gegensatz zur Wachtel, äußerst zärtlich gegen die »Gattin«, und beide hegen fürsorglich das Gelege und die Küken: »der Vater bewacht, warnt und verteidigt, die Mutter ernährt, führt und hudert sie« – eine Familienidylle also, die freilich von den bösen Nachbarn aller Art bedroht wird; alle vierfüßigen Raubtiere bedrohen die Brut, und die Raubvögel allesamt, auch Krähen und Häher, sind ständig auf der Jagd nach jungen und alten Rebhühnern. Auch deshalb findet man sie (wie die Hasen, die den Rebhühnern im Winter den Boden für Nahrung aufscharren) in den Fluren im weiteren Umkreis der Stadt nicht mehr, ihnen fehlen zum Schutze die Büsche und dichten Hecken, die es auf den glattrasierten Feldern schon lange nicht mehr gibt.

Gegessen habe ich leider noch keines. Und natürlich auch keines zubereitet. Belassen wir es dabei und stören nicht das idyllische Familienleben der freundlichen Art.

Die **Fasanen** *(Phasianinae)* sind Verwandte der Hühner wie der Pfauen. Sie tragen samt und sonders edle Beinamen: Der lauffaule, aber rauflustige Silberfasan stammt aus Südchina und hält sich, wie fast alle Fasanen, die aus Asien stammen, bestens auch in unseren Gefilden – er schmeckt, wenn man ihn bloß in der Volière hält, freilich nicht anders als ein ordinäres Huhn; er braucht den freien Lauf. Das gilt im Grunde für alle Fasanen, weshalb nur jene wirklich schmecken, die nicht gezüchtet, sondern erjagt wurden.

Der größte Fasan ist der von Brehm so genannte Königsfasan; er wird, bei einer Schwanzlänge von 1,60 Metern, etwas über zwei Meter lang. Der prachtvollste ist der Goldfasan, das »Goldhuhn« der Chinesen; er soll identisch sein mit jenem Phönix der Antike, der noch heute sprichwörtlich wie neugeboren aus der Asche heraufzusteigen pflegt. Er wird an die 85 Zentimenter lang, davon mißt der Schwanz allein 60 Zentimeter. Er soll an Pracht nur noch vom Diamantfasan übertroffen werden, der freilich gut um die Hälfte größer und zugleich zierlicher gebaut ist.

Am schmackhaftesten und deshalb am häufigsten, und also auch am häufigsten bejagt, ist der etwas kleinere, der gemeine oder Edelfasan *(Phasianus colchicus)*, der aus Westasien stammt. Die Griechen sollen ihn auf ihrem Argonautenzuge aus Kolchis vom Rande des Schwarzen Meeres, dort, wo der Phasis einmündet, mitgebracht haben; vom Phasis hat er auch seinen Familiennamen *Phasianus*. Über die Römer, die ihn schon als Wilbret schätzten und züchteten, kam er nach Frankreich, Österreich, Böhmen und Deutschland. Im Süden lebt er gegenwärtig meist wild, während er im Norden eher in Fasanerien gehalten wird.

In der Freiheit zieht er, wie das Rebhuhn, die lichten, von Büschen und Dickichten durchwirkten Gegenden vor, er meidet den Wald. Er liebt wirres Gesträuch, Brombeerbüsche und andere dornige Pflanzengeschlinge, in das die Hunde und Menschen und am besten auch der Fuchs, sein ärgster Feind, nicht eindringen können. Am Tage suchen die Fasanen ihr Futter auf Wiesen und Feldern, nachts schlafen sie auf Bäumen oder Büschen; sie sind schlechte Flieger, aber flotte Läufer und gelten gemeinhin als dumme und entschlußunfähige Vögel. Der Hahn ist ein stattlicher, aber einfältiger Stolzierer, die Henne hält sich anspruchslos und bescheiden – in freier Wildbahn versorgt der Hahn nicht mehr als fünf Hennen, in Gefangenschaft die doppelte Schar. Mit der Aufzucht der Jungen hat der Hahn nichts zu tun. Das im Durchschnitt ein Dutzend Küken umfassende Gesperre wird allein von der Henne bis in den Herbst beisammengehalten. Erst machen sich die jungen Hähne davon, dann die Hennen.

Der Fasan – gegessen werden vor allem die Hähne – braucht vor dem Verzehr eine Ruhezeit von gut drei Tagen, in denen er im Gefieder abhängt und sein fasaniges Aroma gewinnt. Die einfachste Art der Zubereitung und meiner Erfahrung nach noch immer die beste ist die schon von Henriette Davidis bevorzugte: Man salze und pfeffere das gerupfte und ausgenommene Tier innen und außen, umwickele die Brust mit einer nicht zu dünnen, großen Scheibe glatten Specks und brate ihn in reichlich Butter 70 Minuten lang bei mittlerer Hitze im Ofen. Dazu wie üblich Sauerkraut, aber auch Rosenkohl und Feldsalat passen dazu.

Oder man löse wie bei den Täubchen auch den Fasanen die Brüste vom Bein und brate sie mit Äpfeln oder Pilzen oder mariniere sie vorher in Cognac, wende sie dann in gewürztem Mehl und brate sie in der Pfanne goldgelb.

Auch die **Perlhühner** *(Numidinae)* werden zur Familie der Fasanenvögel gezählt. Sie wurden schon von den Griechen geschätzt, waren damals die Opfertiere der Armen. Eigentlich gehören sie, wie ihr lateinischer Name verrät, nach Afrika. Im 16. Jahrhundert brachten europäische Siedler sie nach Mittelamerika, wo sie prächtig gediehen und bald auch verwilderten. In Amerika und Frankreich werden sie heute auch als Haushühner gehalten. In freier Wildbahn sind sie äußerst scheu und lieben deshalb Ebenen und

Hochebenen mit dichtem Niederwald und kleinen offenen Lichtungen, wilde und unzugängliche Gegenden im nordöstlichen Afrika. Sie leben in Familien von bis zu zwanzig Tieren, die oft wie im Gänsemarsch hinter einem alten Hahn herlaufen; bei Gefahr zerstreuen sie sich einzeln und werden dann vom Leithahn, der sich ihnen an herausragender Stelle zeigt, mit lauten, trompetenähnlichen Tönen wieder zusammengerufen. Sie schlafen auf hohen Bäumen oder in unzugänglichen Felswänden und beginnen gellend zu lärmen, wenn ein Feind sich nähert – und gejagt werden sie von vielen, von allen Wildkatzen, Schakalen und Füchsen, von größeren Raubvögeln und von Schlangen. In den Familien leben die Paare monogam und ziehen die Jungen aufs fürsorglichste gemeinsam auf. Sie fressen alles, was sich ihnen in ihrer Umgebung bietet: unter anderem Heuschrecken, Beeren, Grasspitzen, Körner und Wurzelwerk, das sie freischarren.

Da sie beim Braten leicht trocken werden, sollte man sie unbedingt bardieren, also mit Speck umwickeln. Und füllen. Eine dem Perlhuhn besonders gut anstehende Füllung: 75 Gramm Butter weichrühren, drei Eidotter, etwas geriebene Zitronenschale und einen Viertelliter Sahne hinzufügen, 250 Gramm geriebenes Weißbrot einrühren und das geschlagene Eiweiß unterziehen. In diese Masse mische man einige kleingeschnittene Trüffeln. Die Menge dürfte für etwa drei Perlhühner reichen.

Hühner sind sogenannte Scharrvögel *(Rasores)*, und in ihre Ordnung gehören natürlich auch, das ist nachzutragen, Wachteln und Rebhühner aus der Familie der Waldhühner.

Unsere diversen **Haushühner** stammen vom indischen bzw. malaiischen Bankivahuhn *(Gallus ferrugineus)* ab und sind in Europa seit dem 13. Jahrhundert vor unserer Zeitrechnung bekannt. Wir schätzen sie von der Wiege bis zur Bahre, will sagen: als Ei, als Küken, als Kapaun, also ein junger kastrierter und gemästeter Hahn, als ordinäres Hähnchen, als Poularde, das ist ein Masthuhn, und schließlich als fleischiges Suppenhuhn, und bereiten sie auf die unterschiedlichsten Weisen zu.

Ich habe zwei Favoriten: das gedämpfte Safranhuhn und das dicke Suppenhuhn.

Das Suppenhuhn lege ich in sehr heißes, aber noch nicht kochendes Wasser, das es ganz bedeckt. Im Wasser sind schon von Anfang an: eine Möhre, ein paar Stückchen Sellerie, eine Porreestange, etwas Petersilienwurzel, ein Stückchen hauchdünn abgeschälte Zitronenschale, ein Blatt Liebstöckel, drei Knoblauchzehen, ein Lorbeerblatt, eine Chilischote oder ein Dutzend Pfefferkörner (denn ich finde, Chili und Pfeffer beißen einander) und natürlich genügend Salz. Das Ganze aufkochen und bei geringer Hitze drei Stunden simmern lassen. Das Huhn wird herausgenommen und die Brühe durchs Sieb gegeben; das verkochte Gemüse, die Schoten und Körner sind Abfall. Das Fleisch fällt von den Knochen und wird portioniert, um es an die mit frischem Gemüse und kleinen Nüdelchen versehene reine Brühe zurückzugeben, die dann als schlichte Hühnersuppe serviert wird.

Mein Safranhuhn ist eine Poularde. 150 Gramm weiche Butter menge ich mit Salz und einigen guten Prisen Safran. Im Untertopf einer Couscoussière lasse ich gut einen Liter Wasser aufkochen, in den gelöcherten Obertopf lege ich die mit der gesalzenen Safranbutter dick eingeriebene Poularde, mit der Brustseite oben; den Topf verschließe ich mit Küchenkrepp so dicht, daß der Wasserdampf nicht entweichen kann. Nach etwa 80–90 Minuten Dampfgarung ist die Poularde samtweich, ihre Haut seidig und safrangelb und schmeckt göttlich. Das Wasser in der Couscoussière hat die Butter und den Safran aufgenommen und wird beiseite gestellt, auch eingefroren, um als Brühe die Risotti, für die meine Frau zuständig ist, besonders schmackhaft zu machen.

Enten *(Anatinae)* und **Gänse** *(Anserinae)* gehören mit den ungenießbaren, aber stolzen Schwänen *(Cygninae)* zur Familie der Zahnschnäbler *(Lamellirostres)*.

Auf meinem Tische sehe ich gern drei Arten: am liebsten, aber leider zu selten, Wildenten (die größere Stock-, lieber noch die kleinere Krikente), zumeist die (als Erpel) größeren Flugenten.

Wildenten, wie das meiste Geflügel innen gesalzen und gepfeffert, fülle ich immer mit einer Grundfarce aus durchgedrehten Enten-, notfalls anderen Geflügellebern, etwas Schweinefleisch, Brötchen und einem Stück Boskop, einem Ei, etwas Knoblauch und geriebener Zitronenschale; diese Füllung variiere ich mit Gewürzen: mal Thymian, mal Majoran, Salbei oder ähnlichem; mit Cognac, Sherry, Portwein, Calvados oder Whisky; mit Pilzen: Morcheln, Waldpilzen, selten den langweiligen Champignons.

In ausgelassenem Speck brate ich sie von allen Seiten an, lösche mal mit Rotwein, mal mit einem Exportbier, tue etwas Salz, ein Schalöttchen, eine kleine getrocknete Piripiri-Schote und, wenn ich Bier nehme, zwei bis drei runde Pumpernickelscheibchen hinzu, bedecke die Enten dann mit Speckscheiben und lasse sie im geschlossenen Topf bei 180 Grad im Ofen 45 Minuten schmoren; danach müssen sie, befreit von den schützenden Speckscheiben, bei offenem Topf noch weitere gut zehn Minuten bräunen.

Flugenten sind für mich wie kleine, aber feiner schmeckende Gänse, jedenfalls behandle ich sie so, immer auf dieselbe Art: Hals und Unterflügel ebenso wie Herz und Magen werden mit dem üblichen Suppengemüse (Möhre, Sellerie, Porree oder Zwiebelchen, Knoblauch, Petersilie, Piripiri) zum Entenklein-Süppchen. Vier bis fünf Boskop werden geachtelt, mit geweichten Rosinen und geblätterten Mandeln und einem knappen Eßlöffel Zucker verrührt und in die gesalzene und gepfefferte Ente gefüllt. Das mit Nadel und Faden fest verschlossene Tier lege ich dann mit der Unterseite in meinen Bräter, der ein bis anderthalb Zentimeter mit kochendem Wasser gefüllt ist. Mit dem kochenden Wasser begieße ich das Tier, füge nach etwa fünf Minuten knapp zwei Teelöffel Salz und eine trockene Piripirischote hinzu und begieße weiter, bis sich auf der Entenhaut das typische Schachbrettmuster herausbildet. Dann stelle ich die Ente über Nacht zum Ruhen beiseite. Am nächsten Tage erhitze ich die Ente auf dieselbe Weise wie am Vortage, lege sie auf die Brust und schiebe den Bräter geschlossen in den auf nur 150 Grad vorgeheizten Herd. Dort bleibt er zwei Stunden, danach brate ich die Ente, sie alle zehn Minuten begießend, eine Dreiviertelstunde lang offen, bis die

Unterseite dunkelbraun geworden ist, entfette den Bratensaft und drehe sie um, daß nun ihre schöne Seite, Brust heraus, nach oben zu liegen kommt und in einer weiteren Dreiviertelstunde britzebraun und servierfertig brät.

Genauso brate ich meine zwei jährlichen **Gänse** am oder um den Martinstag herum im November und noch einmal zu Weihnachten. Nur lasse ich dann die größere Gans ruhig drei Stunden bedeckt vor sich hin garen, bei 150 Grad.

Über die Füllungen von Gänsen gibt es geradezu ideologische Auseinandersetzungen. Die einen sind auf Maronen eingeschworen, die anderen verteidigen vehement die Füllung aus Backpflaumen, wieder andere schlagen die mit viel Beifuß gewürzte Kartoffelfüllung vor – einmal gar aß ich eine mit Reis gefüllte Gans (nie, nie wieder!). Der das Deftige liebende Günter Grass ließ in seinem Roman *Örtlich betäubt* den Siebenbürger Brühsam folgendes Rezept mitteilen: »Die kochfreudige Hausfrau in meiner Heimat nimmt dreihundertfünfzig Gramm Schweinemett, wiegt zwei Zwiebeln, drei Äpfel, die Innereien der Gans – bis auf die köstliche Leber – blättert Beifuß darüber – mengt drei vorher in warmer Milch geweichte Butterwecken dazwischen, reibt Zitronenschale und eine mittlere Knoblauchzehe dazu, schlägt darüber zwei Eier auf, bindet, damit die gutgewalkte und nur milde gesalzene Füllung schnittfest wird, mit drei gestrichenen Eßlöffeln Weizenmehl ab und füllt die Gans…«.

Diese Füllung habe ich einmal geprüft und für zu fett, zu massiv, zu wenig frisch befunden. Ich habe noch einige weitere Experimente angestellt, nach meiner Erfahrung ist die Apfelfüllung die mit Abstand beste, weil sie das ohnehin fette Fleisch mit fruchtigem Geschmack konterkariert und nicht, wie bei Maronen oder gar der Mastfüllung, dumpf macht.

Hals, Unterschenkel, der enthäutete Magen und das Herz ergeben mit Zwiebel, Porree, Möhre, Lorbeerblatt, Piripirischote und einer Zehe Knoblauch drei Stunden geköchelt eine herzhafte Gänsekleinsuppe.

Übrig bleibt die Gänseleber, zu der mein Gänsebauer einmal im Dezember, nach dem großen Gänseschlachten, noch ein weiteres

Kilogramm beisteuert; ich friere sie ein. In große Streifen geschnitten und in Butter gebraten gebe ich sie einige Male zum Feldsalat, den ich mit einer Dill-Vinaigrette anmache.

Und schließlich die Flomen der Gans! Sie werden kleingeschnitten und bei hoher Hitze flüssig gekocht. Nach einiger Zeit, damit sie nicht zu dunkel werden, gebe ich zwei große gewürfelte Zwiebeln und einen in kleine Stückchen geschnittenen mittelgroßen Boskop ins siedende Fett, dann auch meine unvermeidliche kleine Piripirischote und salze etwas. Zum Schluß, damit das Gänseschmalz fest werde, füge ich etwa ein Viertel der Flomenmenge an schierem Schweineschmalz hinzu. Das kommt den Winter über, solange es eben vorhält, stets zum Harzer Käse auf den Tisch.

Ach ja, das Bratenfett. Ich spare es auf und gebe es in Maßen an den Kohl, den ich zu Enten und Gänsen gern esse: Rosenkohl, Rotkohl und, seltener, Grünkohl. Aber dazu gibt es wieder andere Geschichten...

GASTROSOPHIE

Die Kunst des Ausgehens

Von Alois Martin

Nicht jeder Schritt vor die Tür verdient den Namen Ausgehen. Sonst wäre ja schon der Schritt vor das Schlafzimmer ein Ausgehen. Das kann nicht sein. Zwar wird mit ihm die Sphäre des Privatesten verlassen, der Mensch betritt die Öffentlichkeit und landet kurz darauf beim Bäcker. Aber nur Pedanten würden den morgendlichen Semmelkauf als Ausgehen bezeichnen. Wir müssen es also enger fassen (obgleich sich bei erwähnter Besorgung eine Frage stellt, die sich beim Ausgehen im engeren Sinn wieder stellen wird: »Jogginghose, ja oder nein?«). Zum Ausgehen, behaupten wir, gehört der Eintritt in ein öffentliches Lokal. Dies läßt sich um so ruhiger versichern, als die Zeiten, da man Gasthäuser jeglicher Art nicht betreten konnte, ohne seinen Ruf zu gefährden, einer verflossenen Epoche angehören, welche uns nicht zu interessieren braucht.

Was tut man im Lokal? Nicht nur die so genannten Ausgeh-Führer, sondern auch Frauenzeitschriften, Männerjournale und Lokalseiten der Tageszeitungen geben die Antwort. Ihr Vokabular – und damit, steht zu befürchten, auch ihr Horizont – ist eingeengt auf vier Wörter: Abhängen, Abtanzen, Schlürfen und Lümmeln. Die Autoren jener Antwort wie auch deren Leser scheinen auf Anhieb zu verstehen, was gemeint ist, und mit solchem »Tip« vollauf zufrieden zu sein. Gourmet-Magazine übrigens gehen nur scheinbar einen eigenen, seriöseren Weg. Auf ihren Seiten wird vom Schlürfen höchstens im Zusammenhang mit Austern die Rede sein, und dennoch zweifeln wir daran, daß diese Spezies der Medienwelt eine vollendete Idee vom Ausgehen hat. Bei ihr heißt Ausgehen Essengehen. Eine ärmliche Definition.

Das Ausgehen mit den Begriffen Abhängen, Abtanzen, Schlürfen und Lümmeln für hinreichend beschrieben zu halten ist nicht nur ärmlich, es ist miserabel. Wie sich Gott der Schöpfer oder die Evolution (diesen Streit immerhin wollen wir hier nicht entscheiden) nicht mit der Amöbe zufrieden gaben, welche ihren Abend damit zubringt, lappige Scheinfüßchen, Pseudopodien genannt, ausfließen zu lassen, sondern sich zu Höherem aufschwangen, dem Hauskaninchen etwa oder dem unablässig tätigen Börsenmakler, so kann doch auch Abhängen, Abtanzen, Schlürfen und Lümmeln nicht alles gewesen sein. Höhere Formen des Ausgehens muß es geben. Doch woran wäre das Höhere zu messen? Am gehabten »Fun«? Der Zahl der »flachgelegten« Frauen (von sich selbst »Mädels« genannt)? Dem aufgewandten Gelde? Kein Mensch kann das ernstlich glauben. Indem wir von der »Kunst des Ausgehens« sprechen, hoffen wir Möglichkeiten und Maßstäbe aufzuzeigen.

Sei du selbst

Was überhaupt ist gegen das Abhängen, Abtanzen, Schlürfen und Lümmeln einzuwenden? Verurteilen wir das Lümmeln, weil es gegen die guten Manieren verstößt? Ach, die Manieren … Wären, wie in der Welt der Burschenschaften, gute Manieren nur ein Mittel der Abgrenzung vom Plebejer, ohne jede Spur von Ironie und Demut, ohne Charme, nur Herrschaftsmittel also, dann interessierten sie uns keinen Deut. Dienten sie nur dazu, der Karriere zu nützen – »So bestehen Sie das Assessment Center« –, sie wären uns langweilig. Wir wollen schließlich weder den Snob noch den Handel treibenden Kaufmann als die Erfüllung menschlicher Möglichkeiten ausgeben. Nein, wir lümmeln ja selbst ganz ungeniert. Halten uns nicht immer nur gerade, sondern lehnen uns auch mal gemütlich zurück, wenn's spät wird. Wir stützen den Ellenbogen auf. Wir schlürfen zwar nicht, täten es aber gerne und wischen immerhin die gute Suppe mit einem Stück Brot auf. Und ist, wer lümmelt, nicht einfach ganz er selbst? Also ein guter Mensch? »Sei du selbst« – oft auch übersetzt mit »Höre auf deinen Bauch« – mag als Devise des Lebens wie des Ausgehens Menschen genügen, die glauben, in Zeitschriften wie *Allegra* oder *Max* sei gesagt, was zu sagen ist. Wer aber auch nur fünf Minuten durch die bitter-süße Geschichte des Abendlandes spazierte, weiß, daß die Devise »Sei ganz du selbst« angesichts einer ziemlich angeschlagenen (katholisch), gründlich ruinierten (protestantisch) oder ganz verdorbenen (Schweizer Eidgenossenschaft) Natur des Menschen zu allerhand Peinlichkeiten führen muß. Vorsichtiger ausgedrückt: Das Lümmeln bringt uns nicht weiter. Der Mensch, ausgestattet mit Herz und Verstand, solle beides bilden, so unser Gegenvorschlag. Auch an der Theke. Besser solle er werden mit der Zeit. Besser heißt – es wird nach den voraufgegangenen Zeilen keinen überraschen –, nicht kompetenter, fitter oder durchsetzungsfähiger. Sondern edler. Und warum sollen nur schwere Lebenskrisen, Schwangerschaften oder Selbsterfahrungs-Seminare diesem Ziel dienlich sein? Warum nicht auch der Aufenthalt in der stillen Bar am Mittwochabend?

Herz und Verstand zu kultivieren, dazu sei das Ausgehen da? Wer sich an diesen großen Worten stößt, setze kleinere: Neugierde, Aufmerksamkeit, Höflichkeit, Gastfreundschaft und verstehe so, was gemeint ist. Wenn sich die ganze Aufmerksamkeit allerdings auf die Geschmacksnuancen des Sassicaia konzentriert und das Gegenüber dabei zur Staffage wird, bleibt der Mensch doch wohl hinter seinen besten Möglichkeiten zurück. Die da wären: den Wein zu würdigen und den Menschen uns gegenüber zu verstehen. Gut zu werden, darum geht es. Dieser Kampf – denn das ist es – ist heute freilich meist allein zu kämpfen. Weder vom Service noch von den Leuten am Nebentisch ist dabei viel Hilfe zu gewärtigen.

Das Ausgehen ist schwer geworden

Alles begann vor etwa zwanzig Jahren, mit den Studentinnen der Kunstgeschichte, die in den angesagten Cafés bedienten. Beklagenswerterweise herrschte in den hübschen Köpfen tiefe Verwirrung, denn die jungen Damen kamen zur Arbeit und an unsere Tische mit folgender Wertehierarchie: »Erstens rüberbringen, daß ich nicht wirklich bedienen muß, denn ich stamme aus einer guten Familie. Mein Pappi ist Zahnarzt. Zweitens: Geld verdienen. Drittens: bedienen.« Das war ein Denkfehler, der, wie so oft in der Geschichte, zu einer gesellschaftlichen Revolution führte. Heute erleben wir in einer Bar folgende Szene: Die hübsche Garderobiere wird von einer Schar balzender männlicher Gäste umlagert. Was uns, beträten wir die Bar, die Abgabe des Mantels zu einer lästigen Aufgabe werden ließe, hätten wir doch gegen die Herren anzutreten und dabei (wir kennen die Menschen) zu fürchten, daß die Schöne sich lieber beflirten ließe als uns zu bedienen. Hier wird Service zu einem Problem. Der Service ist heute, das will unsere Beobachtung belegen, nicht mehr autonom, sondern ganz offen, ja erklärtermaßen nur ein Element im Kräftespiel von Profitstreben, Erotik und Selbstdarstellung. Die Frau oder der Mann im Service werden zu komplexen Wesen, multifunktional, und der Gast kann nicht mehr sicher sein, ob er gerade als Gegner, als Geldgeber, als Mann oder Frau oder eben als Gast gesehen wird.

Die Befindlichkeiten, die Herkunft, ja selbst das Geschlecht der Bedienung – wir wollen nicht genötig werden, dazu Stellung zu nehmen. Es gibt Berufe, die sind so. Wie es uns nicht interessieren muß, ob der Priester in der Sonntagsmesse einen schweren Schädel, affektive Verwirrungen oder Glaubenszweifel hat, so soll uns auch die heute üble Laune der Bedienung nichts angehen müssen (dürfen vielleicht schon). Beide Berufe sind dazu da, etwas darzustellen. Der Barmann ist wie der Priester oder der Soldat als Individuum ohne Belang. Wer sich anschickt, andere zu bedienen, ergreift, für die Zeit, in der er im Dienst ist, einen Beruf, der ihn zum Archetypen werden läßt. Ins Konkretere gewandt heißt das etwa: Service hat geschlechtslos zu sein. Warme Teller hat er zu bringen und bei der Wahl des Weines zu helfen. Eine erotische Positionierung herauszufordern, das hat er nicht. »Wird das Fräulein mich cool finden?«, »sind meine Schultern breiter als die des Kellners?«, zu solchen Fragen wollen wir durch das Gewese des Personals nicht bewegt werden. Wer sich für das Individuum hinter der Rolle interessiert, für das hinreißende Mädchen, das bedient, oder den gescheiten Kopf, der den Martini rührt, der soll am Bühnenausgang warten, bis die Sperrstunde geschlagen hat.

Ein Barmann hat keine Ohren

Ist es denn so zufällig, fragen wir uns in diesem Zusammenhang, wenn immer mehr Lokale ganz bewußt und ausschließlich hübsche, junge Menschen zum Service zulassen? Die gestandene Kellnerin, der erfahrene Oberkellner, sie sterben aus, und sogar in den sogenannten Luxus-Restaurants wird man von Jungvolk bedient, das mangelnde Fachkompetenz und abwesende Lebenserfahrung mit antrainierter Freundlichkeit wettzumachen hofft. Was kaum gelingen kann. Niemand wolle mehr den Service zu seinem Beruf machen, klagen die Wirte; nur ein vorübergehender Job solle er sein. »Krokodilstränen!«, denken wir uns, wenn wir sehen, daß es Lokale gibt, die es sich erlauben können, Inserate auszuhängen, auf denen als Ideal der blonde, blauäugige, muskulöse Barmann suggeriert wird. Riefenstahl-Staffage, Pech für den Molukken an der Spüle. Keine frohe Runde von Anlageberaterinnen wird ihm ins Gästebuch schreiben: »Auch beim nächsten Besuch wieder Stefan, den Kellner mit dem sexy Hintern!«

Strenge Bande also für das Personal und ein Freibrief für die Gäste? Weit gefehlt. Wer ausgeht, betritt den öffentlichen Raum. Dort trifft er auf Menschen, die – es schadet nicht, es manchem ins Gedächtnis zu rufen – eine Würde haben. Der Ausgehende trifft auf den Service wie auch auf Artgenossen. Beide haben ein Recht auf gute Behandlung. Keine dümmere, keine widerlichere Sitte als die, die in manchen wirklich antiquierten Zirkeln noch geübt wird, nämlich dem Service keinen Blick und erst recht kein »Bitte« und »Danke« zu gewähren. Auf solch gute Erziehung kann die Menschheit verzichten. Wenn es gilt, daß der Service nicht zuallererst seine Individualität zu demonstrieren hat, gilt es genauso, daß der Gast den Service als menschliches Individuum zu behandeln hat. Das Gleichgewicht dieses Paradoxes, das sich solchermaßen zwischen beiden ergibt, wäre das gastronomische Gelingen schlechthin. Das Wort Marie-Antoinettes »Ich will, daß jeder erfreut und zufrieden von mir weggeht«, könnte sich der Service ebenso gut zur Devise machen wie der Gast. Die Mutter, die ihr Baby am vollbesetzten Wirtshaustisch wickelt und der Bedienung dann das Paket in die Hand drückt, hat offenbar andere Grundeinstellungen.

Der ideale Service wäre der, dem es – spürbar – Freude bereitet, die ausgesprochenen wie die erahnten Wünsche des Gastes zu erfüllen. Kaum ein größeres Glück, als Aufmerksamkeit, Dienstbereitschaft, Sorge und Phantasie auf die eigene Person konzentriert zu spüren, einen Abend lang. Solches Glücksempfinden des Gastes wird – als Zugeständnis an die Mentalität der Zeit sei es gesagt – nicht ohne wirtschaftliche Folgen bleiben. Man versteht: Nur (erlernte) Freundlichkeit allein genügt nicht – ja, sie treibt sogar Blüten, die wir liebend gerne mit Stumpf und Stiel ausgerottet sähen. So standen neulich eine Frau und ein Mann an einer Bar, ins herzliche Gespräch vertieft. Da mischt sich unversehens der beiden nur höchst flüchtig bekannte Barmann ein. Weit kam er nicht. Die Dame war's, die sich zu wehren wußte: »Ein Barmann hat keine Ohren«, wurde dem gegelten Schönen bedeutet. Da war Ruhe. Noch schlimmer: Wenn die jungen Damen, die den Service in einem Lokal zu verantworten haben, das auf seine gerafften Vorhänge und den großen Weinkeller sichtbar stolz ist, mit dem nächsten Gang an unseren Tisch treten und die Silberclochen heben mit dem munteren Ruf: »Jetzt wollen wir mal schauen, ob da auch was drunter ist!« Nicht ganz so lustig, aber doch auch bezeichnend ist die sich mehr und mehr verbreitende Frage, ob man denn nicht »zur Verdauung« einen Schnaps trinken wolle. Auch das wohlgemerkt nicht in einer Wirtschaft des Bahnhofsviertels, sondern in einem Glanz-und-Gloria-Restaurant. Wer nicht einmal mit dem Lebensgefährten die Verdauung erörtern würde, fühlt sich fremd in solcher Welt. Wenn es stimmt, daß auch die Welt des Ausgehens ein Spiegel der Gesellschaft ist wie sonst vielleicht die Mode, die Arbeitswelt oder die Politik, kann einen Sorge anfliegen. Guter Service passe sich den Gästen an, sagt man uns. Mit anderen Worten: Schuld ist der Gast. Daß es am Oberkellner sei, dem Verfall der Sitten Widerstand zu leisten, so weit wollen wir in unseren Forderungen gar nicht gehen. Aber muß die Bedienung sich den Leuten in vorauseilendem Gehorsam so weit anpassen, daß sie mit Litergläsern Caipi eine harmlose Feierabendrunde in eine Ballermann-Dependance verwandelt? Es ist ein Unterschied zwischen anpassen und aufstacheln, nicht?

Der Salon ist geschlossen

Bleibt der letzte wahre Ausgeher also allein in der letzten wahren Bar, während nebenan »beim Italiener« der deutschstämmige Kellner die deutschen Gäste auf Italienisch anschwatzt und zu später Stunde alles auf den Tischen tanzt? Macht die Kunst des Ausgehens heute einsam? Das kann vorkommen, und man sei gewappnet. Aber die Regel soll es nicht sein und schon gar nicht das Programm. Denn das Ausgehen ist – das ist sein Wesen – dazu gemacht, auf andere Menschen zu treffen, Freundschaften zu stiften und sei es nur, indem es ihren Beginn, den Moment herzlichen Verständnisses, ermöglicht. Der ideale Ort solchen Ausgehens war vielleicht der Salon. Der Salon ist abgeschafft. Wir trauern niemandem nach und glauben nicht an die Möglichkeit platter Restaurationen. Wir tragen den Zeiten Rechnung. Aber wer sagt, daß man nicht auch am Wirtshaustisch oder an der Bar dem Vorbild jener Gräfin Thun nacheifern kann, von der es hoffnungstiftend heißt: »Die Gräfin besitzt die Kunst, eine Gesellschaft zu erhalten und zu machen, daß sie einander selbst unterhalte … Bei vielem Witz und einer vollkommenen Kenntnis der Welt besitzt sie das uneigennützigste Herz. Sie ist die erste, die die guten Eigenschaften ihrer Freunde entdeckt, und die letzte, die ihre Schwachheiten merkt. Eine ihrer größten Vergnügungen ist, Vorurteile unter ihren Bekannten aus dem Weg zu räumen und Freundschaften zu stiften und zu befördern. Sie hat einen unbesiegbaren Zustrom von heitersten Lebensgeistern, die sie so geschickt zu benützen weiß, daß sie die Fröhlichen ergötzt, ohne den Traurigen zu mißfallen.«*

Woran liegt's, daß das heute so schwer ist? An der Authentizität. Heute sind alle echt. Echt schlecht drauf, echt verliebt, echt im Streß. Und dabei bleibt es auch, den Abend lang. Es geschieht keine Verwandlung. Aber ist genau das nicht wahres Glück: um einen Tisch versammelt zu sein und dort unmerklich ein anderer, Besserer zu werden? Ohne Anstrengung geschieht das nicht. Wer sich unter Menschen begibt, hat Pflichten; das gilt, ob man im Restaurant sitzt oder nach Hause eingeladen wurde. Jeder am Tisch muß wissen, daß er einen Kontrakt gezeichnet hat, als er die Einladung annahm. Die Gastgeber sind verantwortlich für gutes Essen, feinen Wein, mildes Licht und Menschen, neben denen man sitzen kann. Der Gast für seine Laune. Vielleicht sogar für Geist und Herz. Alle zusammen versprechen sich: Annehmlichkeit, Charme, Leichtigkeit. Wer Migräne hat oder Streß im Job und das allen zeigen will, ist ein Bankrotteur.

Gutes Essen allein genügt nicht. Der Abend wird erst wirklich froh durch das Wort. Durch viele Worte. Das Geplauder will gelernt sein. Und geübt, immer wieder. Genau wie das Zuhören. Und das Führen eines Gesprächs. Wenn nur einer spricht, wird das nichts. Wenn er nur von sich spricht, wird es dreimal nichts. Ein Tischgespräch muß schweben, nicht lasten. Kein Thema darf Thema des Abends werden. Alles verdient Aufmerksamkeit, nichts Pedanterie. Am Gastgeber ist es, zu lenken, Ideen und Menschen. Unter seinem Schutz muß der Schüchterne mutig werden und der allzu Mutige bescheiden. Diskret müssen alle werden. Das kann, allerschlichtest, heißen: Man dämpft die Stimme. Und, etwas subtiler, man tritt dem anderen nicht zu nahe, tut alles, ihn nicht zu verletzen, ohne ihn durch plattes Schmeicheln zu erniedrigen. Wahrhaftigkeit mit Charme und Güte verbandelt, das wäre das Ideal. Anders gesagt: Zivilisiertes Verhalten in Vollendung. Der Weg dahin ist weit in einer Welt, die bevölkert

* Ulrich Im Hof, *Das Europa der Aufklärung*, München 1995/2, 105. Dort zitiert nach: V. Braunbehrens, *Mozart in Wien*, München 1986/2, 167.

ist von jungen Anwälten, die lange, lange vom letzten gewonnenen Prozeß sprechen, und alten Ehepaaren, die alles, alles so viel schlechter finden als früher; von Halbwüchsigen, die es jedem zeigen, wie langweilig sie alles finden; von Liebespaaren, die nur Augen füreinander haben; von Professoren, die schon lange keinem mehr zuhören, weil alle ihnen zuhören müssen; von Müttern, die nur noch Baby-Talk beherrschen. Und von all denen, die es verlernt haben zu fragen. Nur eine Frage beherrschen sie noch: »Was machen Sie so?«, was übersetzt heißt: »Was bist du wert?«

Es gibt bei uns viele, die nicht wirklich hart arbeiten müssen. Wie, wenn sie sich wenigstens vornähmen, gute Gastgeber zu werden? Künstler also. Denn ihr Werk wäre ein Ort, an dem es nichts Banales und Gemeines gibt. Wo Klatsch verpönt ist. Wo gedacht wird, aber nicht wie beim Meeting im Büro, sondern auf amüsante Weise. Wäre es nicht gerade für die Gastgeberinnen eine Aufgabe, einen jeden zum Sprechen zu bringen? Auf verführende Weise zuzuhören? Einen jeden wichtig zu nehmen, wenigstens einen Moment lang, und alle zusammen leicht? Belebende Spannung aufzubauen? Junge und Alte zusammenzubringen und beide zu erziehen? Streng zu sein mit einem Lächeln und alle in die Pflicht zu nehmen? Wer in einem solchen Haus meinte, einen anderen Gast herabsetzen zu können, hätte seinen Kopf verwirkt. Die Gastgeberin brächte ihn selbst zur Türe.

Schule des Charakters

So wäre das Ausgehen nicht die Pflanzschule verbitterter oder überdrehter Hagestolze, sondern Schule des Sozialen wie des Charakters. Die Grand Tour des 17. und 18. Jahrhunderts war der erste große Ausgang des jungen Herrn. Heute dürfen gottlob auch junge Damen ausgehen, und die Privilegien der Geburt gelten nichts mehr. Jetzt sichert der richtige Turnschuh das gesellschaftliche Ansehen, wir leben in einer großen Zeit. Die, die sich aufs Leben vorbereiten, gehen aus und geben sich fürs erste mit dem Café oder der Disko zufrieden.

So wird ihnen das Ausgehen zur Schule der Zivilisation. »Schön wär's!«, ruft der Misanthrop und hat Lust zu mahnen.

Erste Mahnung: Füße vom Tisch! Auch uns schmerzt das Gebein nach langem Tag, auch wir wissen um die beeindruckende Lässigkeit der Geste, wenn man den Fuß wie nebenher auf den Nachbarstuhl, die Bank oder den flachen Tisch legt. Doch machen wir selbst mitten in solchen Gelüsten noch die winzig kleine Anstrengung weiterzudenken, gelangen wir geschwind zu der Frage: Was möchte der Mensch wohl meinen, der sich nachher im Smoking auf jene Stelle setzt, wo gerade noch mein cooler Sneaker ruhte? Und der erst, dessen Glas kaum zwanzig Zentimeter vom dünstenden Schuhwerk weg zu stehen kommt? Er dächte, dessen sind wir sicher, »Hammel, gscherter!« und hätte so unrecht nicht. Zweites Beispiel, zweite Mahnung: Hände aus den Haaren! Chignons, Haarnadeln und falsche Zöpfe – alles verschwunden. Statt dessen trägt die Damenwelt heute die Haare offen oder zu einer Tracht geordnet, die wir die Duschfrisur nennen möchten. Diese Coiffure zeichnet sich aus durch eine charmante Unordnung. Liegt es in der Natur der Unordnung, daß sie immer wieder neu in Unordnung gebracht werden will? Es scheint so, denn unablässig fahren die Mädchenhände in den Schopf und lösen den Haargummi. Dann wird das Köpflein keck und kühn zurückgeworfen, damit die Flechten aufatmend fallen und neu sich ordnen können. Dann greift's wieder hinein, das Mädchen, zwirbelt flink und knotet, schlingt den Gummi und greift neu geordnet wieder zum Bierglas oder zum Knie des GZSZ-Stars an seiner Seite. Was während des ganzen Vorgangs und in den Tellern und Gläsern auf dem Tisch hinter der Ordnerin der Flechten rieselnd und stäubend sich ereignet, wollen wir uns nicht ausmalen. Das Mädchen allerdings dürfte es gerne einmal erwägen.

Erhebt sich der Einwand? Denkt einer, wir seien zimperlich, führten Eiertänze auf und Perlenspiele? »Was verschlägt's«, so fragt er, »wenn ein reizendes Mädchen sich das Haar ordnet?« – »Nichts, nicht viel«, erwidern wir ihm bescheiden. Sind wir denn so töricht, an einem Einzelfall uns aufzuhängen? Nein, wir schlagen uns gleich ins Allgemeine, welches immer ungerecht und dennoch wahr. Wir fassen vielfach Erlebtes und Bedachtes zusammen und behaupten: All die Jungen, Schönen, Erfolgreichen, die all die angesagten Lokale bevölkern, sie behaupten die unbeschränkte Herrschaft eben des Jungen, Schönen, Erfolgreichen. Er ist (oder sie, denn die geschlechtliche Ausformung tut hier nichts) der Herrenmensch des Nachtlebens, der sich nicht in Regeln fügt, sondern sie macht. Wir treffen hier auf den hermetischen Kreis der erwählten Rasse, eine société close, entschlossen zur Diktatur wenigstens von 21 Uhr bis 2 Uhr früh. Nur wer sich nicht unter andere einfügt, wer das Andere, auch nur irgendwie Fremde, ausschließt, allein zum Herrschen, aber zu keinem Dienst, zu keiner Pflicht sich gerufen sieht, was ist der, wenn nicht faschistoid? Welchen Namen haben die sich verdient, denen zwei Dinge vor allem abgehen: Selbstironie und Barmherzigkeit, jene Göttinnen milder (und sehr effektiver) Subversion? Es ist die Hitlerjugend der Clubs und Bars. Wer sich auch nur das mindeste Gespür für Gesten bewahrt hat, der lernt nachts das Gruseln. Kürzlich beobachtet: Eine ausnehmend hübsche junge Dame, TV-Moderatorin, wie es heißt, schickt sich an, das Lokal zu verlassen. Sie erhebt sich fröhlich mit den Freunden plaudernd von ihrem Platz. Nun gilt's, die Jacke überzuziehen und letzte Wichtigkeiten zu tauschen. Dabei stört die Handtasche. Die junge Dame knallt sie mitten auf den Tisch zweier ebenso junger, aber längst nicht so mondäner Damen in der Nähe. Ohne Kommentar, ohne entschuldigendes Lächeln, ohne Bitte. Wie sich die beiden friedlichen Weintrinkerinnen wohl vorkamen? Der gemeine Ost-Skin hat zwar keine Handtasche, ist auch längst nicht so hübsch und bestimmt nicht so wortgewandt wie besagte Moderatorin, hat nur sein Oi und seinen Baseballschläger, aber ansonsten müßten sich die beiden gut verstehen. Lockeres Toleranzgezirpe vor der Kamera interessiert uns nicht – das Nachtleben ist der Testfall.

Gehen hier wirklich die Errungenschaften der Zivilisation verloren? Oder entsteht da einfach nur eine neue Zivilisation, und müssen wir uns mit Recht sagen lassen: »Hab' dich nicht so«? Eine neue Zivilisation? Schon möglich. Aber es muß erlaubt sein, sie zu qualifizieren, das heißt am bisher Gekannten zu messen. Das Ergebnis: Steinzeit. Keulenträger in Adidas, Höhlenbewohnerinnen in Prada. Doch nicht Kampf sollte das Ausgehen bedeuten, nicht Durchsetzung des Ichs, sondern: angenehmes Zusammensein mit anderen Menschen. Eine freundliche Schule, die uns vieles lehrt: das gescheite Trinken, das Entzücken und die Disziplin der Sinne, den Flirt, das Gespräch, die verhaltene Verzweiflung wie das heitere Lächeln. In dieser Schule gibt es nutzreiche Übungen. Diskretion etwa, das nicht Auftrumpfende, nicht Bedrängende. Oder, gleich daneben, die Distanz. Ermöglicht nicht erst sie Begegnung, indem sie sich selbst achtungsvoll aufhebt? Gute Manieren schließlich, die so manches sein können: freundlicher Dienst am anderen, Mittel des belustigten Sichzurücknehmens und, es muß leider sein, auch des Angriffs und der Verteidigung. Denn es herrscht Krieg. Nicht nur auf der Autobahn, sondern auch an den Tischen. Geben wir auf, hissen wir die Serviette? Niemals! Was ist unsere Strategie? Lächelnder Widerstand.

Die Weigerung

Wir wissen von Leuten, die sagen: »Sex nur vor 22 Uhr – ich muß morgens früh raus.« Wir sehen die Leute, die man nur freitags und samstags sieht, denn unter der Woche brauchen sie ihren Schlaf. Wir leiden unter den Leuten, die nur einmal im Jahr trinken und es nicht können. Ihnen fehlt die Übung. Und warum? Weil sie morgen ein wichtiges Meeting haben. Das Resultat fehlender Übung: Kotzen, Grölen, Bluseliften. Sie glauben's nicht? Gehen Sie aufs Oktoberfest. Wir stehen vor Leuten, die seit zwei Jahren nicht mehr getanzt haben und sich aufs Parkett wagen. Nicht schüchtern, nicht scheu, sondern ausgelassen. Schon nach zehn Minuten in raumgreifender Ekstase. Es muß ja schnell gehen, alles auf einmal, denn so bald wird man nicht mehr »zu heißen Rhythmen abtanzen«. Die nächsten zwei Jahre bewahrt man die Fassung und sichert die Karriere.

Damit wir uns recht verstehen: Es gibt Menschen, Mütter und Väter etwa, die gar keine großen, wahren Ausgeher sein können, weil sie Verantwortung tragen für hilflose Wesen. Diesen zuliebe müssen sie tatsächlich um zehn zu Hause sein, denn der Babysitter will ins Bett. Der wahre Ausgeher ist ein ungebundener Mensch. Einsam, längst ernüchtert, aber nicht verbittert, sondern immer hoffend. Weil er für niemanden Verantwortung trägt, ist er in Gefahr, unreif zu bleiben und kindisch zu werden. Ihr soll er wehren, indem er ernste Verantwortung übernimmt, wenigstens für sich selbst. In der Öffentlichkeit des Gasthauses zwar von fern, aber wirklich mit den öffentlichen Dingen befaßt, achtet er sich selbst als Teil der Gesellschaft. Deswegen schlürft er nicht. Zwischen ihm und denen, die ernstere, echtere Pflicht zu tragen haben, lümmeln die, die für niemanden sorgen müssen als für sich selbst, deren einzige Sorge aber darin besteht, das Geld auf dem Konto und die Prestigeobjekte auf dem Schreibtisch zu mehren. Der karrieregeile Single wird nie ein wahrer Ausgeher werden. Unser Herzenswunsch an ihn: Bleib daheim oder in der angesagten Bar und wisse: Hier sitzt dein Gegner. Und zwar lange. Indem er sein Geld in die Wirtschaft trägt und nicht ins Bett geht, verweigert der Ausgeher den Konsens mit der Karrieregesellschaft. Natürlich wird er das ändern, wenn er einmal für Frau, Mann, Kind Verantwortung trägt. Solange er aber allein ist, wird er sitzenbleiben, wenn die Fleißigen gehen. Er wird sich zurücklehnen, ein wenig, und lächeln. Wenn er Glück hat, sitzt neben ihm eine Dame, die auch lächelt. Beide zusammen stille Revolutionäre, die keine Barrikaden brauchen und tumben Schützern der Verfassung gar nicht auffällig werden. Sie tun einfach nicht mit. Der Ausgeher plant keine Laufbahn, hortet kein Geld und will auch nicht ins Fernsehen. Er verweigert sich dieser Gesellschaft und sitzt dabei mitten unter ihren stolzesten Gliedern. Was, wenn er Sympathisanten findet?

Warum sich das Ausgehen nicht verbieten lässt

Doch warum eigentlich geht er aus? Nur der gutgelaunten Subversion willen? Da jede Handlung um eines Zieles willen geschieht – was ist das Ziel des Ausgehers? Was sucht er im Wirtshaus? Viele gehen aus, weil sie eine Frau suchen oder einen Mann. Präziser: einen Männerkörper, einen Frauenkörper. Sex. Sex macht Spaß. Aber wer will schon immerzu Spaß haben? Dem eigenen Bekunden nach die smarten Vierundzwanzigjährigen, die auf der Single-Seite der Zeitschrift *Prinz* als ihr Lebensmotto angeben: »Fun!« Hier und wenn die Damen der Glamourgesellschaft allen einer Frau möglichen Sexappeal in einem tiefen Dekolleté und keck vorgestelltem Spielbein verkörpert sehen und wenn Erotik übersetzt wird mit »Flirtfaktor«, ist klar: zu wenig. Verarmung auch hier, wo der Flirt sich selbst zerstört, weil er nicht mehr Spiel ist, lächelndes Als-ob mit jener *grâce*, die ungeschuldete Gnade und Anmut zugleich meint, sondern um eines allzu klar definierten Zieles willen betrieben wird: Fleisch zu Fleisch zu bringen. Wo er sich nicht verwandeln darf in etwas ganz Neues, das Gespräch, die Freundschaft und tanzend wieder zurück, sondern übergehen muß zum Akt. Wo das Warten nicht mehr köstlich ist, sondern lästige Investition. Der wahre Ausgehende will alles erkunden, nicht nur das Eine, und weiß dabei, daß es am Ende ganz einfach sein wird: Er hat sein Zimmer verlassen und wird dort draußen den Menschen seines Herzens finden.

Deswegen läßt sich das Ausgehen nicht ausrotten. Jeder, der denken will und fühlen, also wirklich leben, muß hinaus. Gleich, ob er unter die Reisenden geht und ferne Länder beschaut oder ob er Rekluse wird, der doch nichts anderes tut, als den Weg in das weite Innere anzutreten. Deswegen gibt es hier kein Entweder-Oder. Deswegen ist die Frage, wer der eigentliche Feigling sei, der, der ausgeht, oder der, der zu Hause bleibt, obsolet. Der Stubenhocker fürchtet die anderen; der, der jede Nacht um die Häuser ziehen muß, fürchtet sich selbst. Die Alten waren gegen das Ausgehen, zürnten den Bällen und Gesellschaften, forderten Stille und Einsamkeit. Aber Pascals Verdikt über die, die nicht in ihrem Zimmer bleiben können, Newmans »I can meet my end alone«, sie genügen nicht. Sie haben wohl den Charme der strengen Klarheit, aber wir sind Tändler. Wollen allein sein und brauchen den anderen. Die, die hinausgezogen sind in die Wüste, hinauf auf die Säule gar, die sind nicht lang allein geblieben. Weil bald alle ausgingen, sie zu besuchen. Dort haben sie miteinander gesprochen. Menschen können das Ausgehen nicht lassen. Warum? Weil das Alleinsein nicht nur köstlich ist. Selbst der Einsiedel der Grande Chartreuse muß seinen Nachbarn sehen, so ist die Regel, und sein Kloster darf überhaupt nur sein als Gegenstück zur Stadt mit den vielen Wohnungen und nächtlichen Lokalen. Also hinaus. Dort ist der Ausgehende beschützt vor sich selbst, dort zeigt er sich dem anderen. Damit er erkannt werde. Das ist der Wunsch: Daß mich einer erkennt und ich mit ihm allein sein kann.

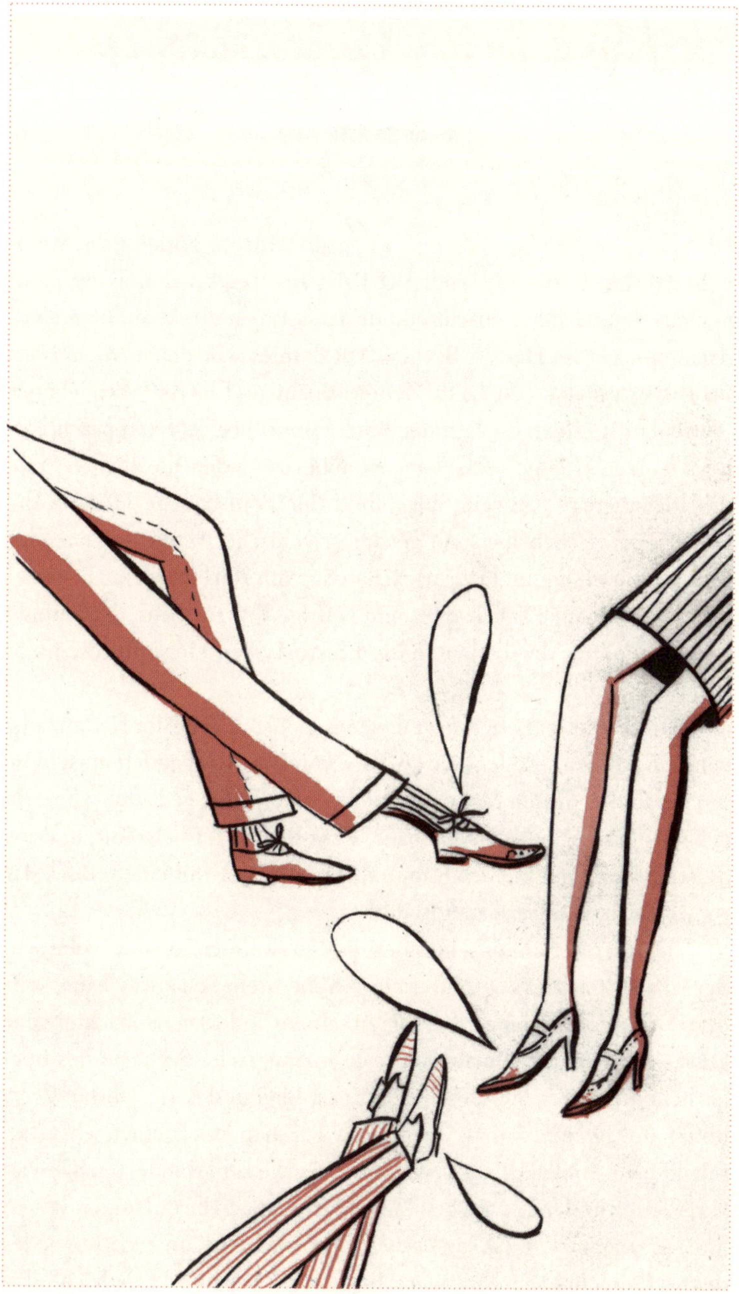

Rund um den Gendarmenmarkt

Von Ulrike Ackermann

»Berlin Mitte!« kündigt die weibliche Stimme in der ratternden U-Bahn an. Steigt man nun die Treppen aus dem U-Bahnschacht empor, landet man direkt auf dem Gendarmenmarkt im Herzen Berlins. Mit dem ehrwürdigen *Hilton Hotel* im Rücken – noch zu DDR-Zeiten erbaut und letzter verbliebener Plattenbau am Platze – fällt der Blick unmittelbar auf den prachtvollen Deutschen Dom. Auf der gegenüberliegenden nördlichen Seite des Platzes ragt wie sein Spiegelbild der Französische Dom in die Höhe. Dazwischen liegt ein an die griechische Antike erinnernder Musentempel, das im klassizistischen Stil von Karl Friedrich Schinkel erbaute ehemalige Schauspiel- und heutige Konzerthaus. Zusammen bilden sie eines der bedeutendsten historischen Gebäudeensembles von Berlin.

»Meines Vetters Logis liegt in dem schönsten Teile der Hauptstadt, nämlich auf dem großen Markte, der von Prachtgebäuden umschlossen ist, und in dessen Mitte das kolossal und genial gedachte Theatergebäude prangt. Es ist ein Eckhaus, was mein Vetter bewohnt, und aus dem Fenster eines kleinen Kabinetts übersieht er mit einem Blick das ganze Panorama des grandiosen Platzes.«

Nicht der Vetter aus seiner berühmten Berliner Novelle wohnte in der Charlottenstraße 56, direkt gegenüber dem Schauspielhaus, sondern E.T.A. Hoffmann selbst. Bis zu seinem Tod 1822 beobachtete der Dichter aus seinem Eckfenster »die mannigfache Szenerie des bürgerlichen Lebens« auf diesem Platz. Zu Beginn des 18. Jahrhunderts boten die beiden damals turmlosen Kirchen noch einen eher bescheidenen Anblick. Erbaut waren sie für die zugewanderten Schweizer, Pfälzer und französischen Hugenotten, die in ihrer Heimat wegen ihres »reformierten Glaubens« verfolgt wurden. Um 1700 war jeder dritte Einwohner Berlins ein Hugenotte. Kurfürst Friedrich III.–

selbst ein »Reformierter«, brachte aber nicht nur ihrem Glauben Sympathie entgegen, sondern nahm sie aus ganz weltlich-pragmatischen Gründen in Berlin auf. Für die Stadterweiterung der Friedrichstadt kamen ihm die vielen guten Handwerker überaus gelegen, und die erhobene Verbrauchssteuer brachte zusätzliches Geld in die Hofkasse. Für die Namensgebung des Platzes war ein großer Stall in der an den Platz grenzenden Markgrafenstraße verantwortlich, der die Pferde des *Régiment Gens d'Armes* beherbergte. Nach französischen Vorbild hatte sich der Soldatenkönig Friedrich Wilhelm I. eine Truppe zum Schutze seiner Majestät aufgebaut, die sich vornehmlich aus den Réfugiés – wie man die Hugenotten in Brandenburg nannte – zusammensetzte. Die Gens d'Armes nutzten den Platz zwischen den beiden Kirchen zum Reiten – den Bürgern diente er als Marktplatz. Erst Ende des 18. Jahrhunderts wurden den Gotteshäusern die pompösen Kuppeltürme zugefügt – und waren gleichsam Namensgeber: Obwohl keine der beiden Kirchen je Bischofssitz war, wurden sie fortan Deutscher und Französcher Dom genannt, in Anlehnung an das französische Wort *dome* für Kuppel. Fast zeitgleich – der Reitstall der Gens d'Armes war längst abgerissen – entstand zwischen den beiden Kirchen das Französische Comödienhaus. Der Architekt Carl Gotthard Langhans, dem auch das Brandenburger Tor zu verdanken ist, baute daraus das quer zwischen den beiden Domen liegende Schauspielhaus. Nach einem verheerenden Brand wurde der Geheime Oberbaurat Karl Friedrich Schinkel mit dem Wiederaufbau beauftragt. Er schuf dann einen imposanten klassizistischen Bau, der mit einer großen Freitreppe zum Platz hin abschloß. Seinen Ruf erlangte der Platz erst nach 1815. Zu verdanken war es nicht nur dem Schauspielhaus und den zahlreichen Gaststätten und Lokalen, die sich um den Platz herum etabliert hatten, sondern auch den Bewohnern der umliegenden Häuser. Hier lebten Handwerksmeister, Staatsbeamte, Angehörige der Universität und der Akademie oder Schauspieler. Der große Marktplatz war ihr Treffpunkt und diente gleichzeitig der Versorgung der Berliner Anwohner.

»Der ganze Markt schien eine einzige, dicht zusammengedrängte Volksmasse, so daß man glauben mußte, ein dazwischen geworfener

Apfel könne niemals zur Erde gelangen. Die verschiedensten Farben glänzten im Sonnenschein, und zwar in ganz kleinen Flecken, auf mich machte dies den Eindruck eines großen, vom Winde bewegten, hin und her wogenden Tulpenbeets, und ich mußte mir gestehen, daß der Anblick zwar recht artig, aber auf die Länge ermüdend sei, ja wohl gar aufgereizten Personen einen kleinen Schwindel verursachen könne, der dem nicht unangenehmen Delirieren des nahen Traums gliche«, beschreibt E.T.A. Hoffmann das Marktgeschehen. Der Dichter war jedoch nicht nur stiller Beobachter des regen Treibens, sondern selbst angesehener Protagonist des öffentlichen Lebens auf diesem Platz. Zu seinen Stammlokalen zählte das *Café Stehely* im Gebäudekomplex der Charlottenstraße/Ecke Jägerstraße, das erste Lesecafé Berlins – in dem sich heute das *Café Möhring* befindet. Der geschäftstüchtige Schweizer Konditor war nicht nur wegen seines Zuckerwerks überaus beliebt. Er abonnierte eine große Auswahl politischer Zeitungen und Zeitschriften, vornehmlich aus dem Ausland und überwiegend republikanischer Gesinnung. Im *Café Stehely* trafen sich Literaten, Schauspieler, Künstler und Universitätsprofessoren und führten hitzige Debatten über die politische Lage im Lande – ein Mittelpunkt des fortschrittlichen Berliner Bürgertums des Vormärz. Theodor Fontane ging dort ebenso ein und aus wie Heinrich Heine. Mitte der vierziger Jahre des 19. Jahrhunderts verlagerten sich dann die politischen Auseinandersetzungen aus den Lesecafés und Salons auf die Straße, wie die Barrikadenkämpfe um demokratische Veränderungen in Preußen am 18. und 19. März 1848 zeigten. Während der Kämpfe trug man die Verwundeten in die Kirche; die Bevölkerung ehrte ihre Toten nach der Niederschlagung des Aufstands mit ihrer Aufbahrung vor dem Deutschen Dom. Getroffen haben sich die geistigen Wegbereiter der Märzrevolution auch im *Lutter & Wegner*, das seinen Sitz in der Charlottenstraße 49 hatte, wo heute das *Hotel Four Seasons* residiert. In der legendären Weinstube – eine Kombination aus Restaurant, Probierstube und Weinhandlung im Keller – wurde an rustikalen Holztischen politisiert, polemisiert, komponiert, gedichtet, gezankt, gelacht und natürlich viel gezecht. Eichendorff, Chamisso, Carl Maria von Weber und der große Schauspieler Ludwig Devrient tranken hier regelmäßig ihr Glas. Und E.T.A. Hoffmann unterhielt allabendlich die Tafelrunde mit seinen Gespenstergeschichten. Die Kellergewölbe dieser Weinstube hat Jacques Offenbach in seiner Oper *Hoffmanns Erzählungen* verewigt. Und dort entstand der Name Sekt für den Schaumwein. Als nämlich Devrient – noch ganz erfüllt von seinem Auftritt in Shakespeares *Heinrich IV.* im gegenüberliegenden Schauspielhaus – wie üblich nach der Vorstellung ins Lokal stürzte und rief: »Bring er mir Sack, Schurke!« Sack – Saek ausgesprochen – ist bei Shakespeare der Sherry. Der Ober, der die Vorliebe seines Stammgasts für moussierenden Wein kannte, servierte das Übliche, und eine neue Bezeichnung war geboren.

Bis zum Ausbruch des Zweiten Weltkriegs war es um den Gendarmenmarkt herum immer lebendiger geworden. Mitten im Banken- und Zeitungsviertel Berlins gelegen, siedelten sich neben Restaurants zahlreiche Ballhäuser, Nachtlokale und Cafés rund um den Platz und in den Nebenstraßen an. Bis Hitlers Sirenen die Nächte durchschnitten, Bomben alles ausradierten, was Kultur, Kunst und Lebensfreude geschaffen hatten. Der Deutsche und der Französische Dom lagen in Schutt und Asche, von den umliegenden Häusern war ebenfalls kaum etwas übriggeblieben. Auch *Lutter & Wegner* war völlig zerstört. 1948 sang auf dem Gendarmenmarkt das Alexander-Ensemble der Roten Armee. 35 000 Berliner saßen zwischen den Ruinen dessen, was vor nicht allzu langer Zeit der Aufmarschplatz der Nazis gewesen war, und lauschten den schwermütigen russischen Melodien. Die Trümmer um den Gendarmenmarkt sollten noch 40 Jahre überdauern. Erst 1976 beschloß die SED den Wiederaufbau des Platzes, der inzwischen in Platz der Akademie umgetauft worden war. Aber erst 1984 wurde der Schinkel-Nachbau aus Gips und Beton zur feierlichen Einweihung des Konzerthauses freigegeben. Den pompösen Treppenaufgang des Hauses nutzte zu DDR-Zeiten das Musikkorps der Volksarmee, um abends – angestrahlt von Scheinwerfern – ein Militärkonzert zum Besten zu geben. 1987 wurde der Französische Dom eröffnet, und seit 1989 steht das von Hitler seinerzeit ausgelagerte Schillerdenkmal wieder an seinem alten Platz vor dem Konzerthaus. Die Randbebauung des Platzes machte ebenfalls Fortschritte. Doch die Zugänge zum Platz waren buchstäblich mit Brettern vernagelt. Wolfgang Grewe hat von seiner Pförtnerloge in der Charlottenstraße 53/54 seit 1974 die Wandlungen des Gendarmenmarkts minutiös verfolgen können: »Das, was heute an Gastronomie vorhanden ist, war natürlich bis zur Wende nicht da. In der Vergangenheit war das ganze Viertel nach 19 Uhr eine tote Stadt, es herrschte absolute Ruhe.«

Genuß und Lebensart, verbunden mit wachem Bürger- oder gar Geschäftssinn, waren im Arbeiter- und Bauernstaat verpönt gewesen. Öffentliche Plätze nutzten die kommunistischen Regenten statt dessen, um die Macht des Staates zu demonstrieren. Man erinnere sich: Cafés oder Restaurants waren in der Hauptstadt der DDR überaus rar. Diktatorisch wurde der öffentliche Raum von der staatstragenden Partei beschlagnahmt, um zu verhindern, daß sich Menschen treffen, reden, austauschen oder Pläne schmieden konnten. Nach dem Fall der Mauer dauerte es noch einige Jahre, bis der Gendarmenmarkt wieder lebendig wurde. Obwohl schon kräftig westliches Geld nach Berlin floß, siedelten sich anfangs nur zögerlich Geschäfte, Restaurants oder Bars rund um den Platz an. Selbst Jahre später hat man hier noch vergeblich nach Zeitungen, Telefonhäuschen oder Geldautomaten gesucht, den traditionellen Kommunikationsmitteln der bürgerlichen Gesellschaft. Und die Orte, bei einem schönen Glas Wein oder gar einem anspruchvollen Menü den Anblick des prachtvollen Platzes zu genießen, waren überaus dünn gesät. Erst 1996, mit der Eröffnung der *Galeries Lafayettes* in der Französischen Straße/Ecke Friedrichstraße, kam Leben in dieses Quartier. Dazu hat in besonderem Maße das 1997 wiedereröffnete *Lutter & Wegner* beigetragen. 190 Jahre nach seiner Gründung hat es heute seinen Sitz in der Charlottenstraße 56, zwei Straßenecken vom ursprünglichen Standort entfernt, an der Taubenstraße, just in jenem wiederaufgebauten Haus, in dem E.T.A. Hoffmann damals logierte.

Josef Laggner, der umtriebige Geschäftsführer aus Österreich, hatte bereits vor dem Fall der Mauer in der Schlüterstraße im Westen ein *Lutter & Wegner* etabliert. Trotz der Skepsis seiner westlichen

Stammgäste war er davon überzeugt, mit einer Wiedereröffnung am Gendarmenmarkt reüssieren zu können. Sein Erfolg gab ihm recht. Mittags wie abends tummeln sich die bunt gemischten Gäste bei ihm, und es ist kaum möglich, einen freien Platz zu ergattern, ob drinnen oder auf der das Hauseck einschließenden Terrasse. Von Stuck aufgeteilte Kassettendecken erinnern daran, daß das ehemalige Restaurant aus vielen kleinen Zimmern bestand. Blanke Holztische und Stühle mit Herzchen sind nach den Originalen getischlert. Die Jugendstil-Leuchten kommen aus Wien, die Paneele aus Prag. Laggners Konzept greift die Tradition des Hauses auf: Restaurant, Weinstube und Weinhandlung. Das Restaurant als gehobenes Wirtshaus, die Weinstube für jene, denen der Wein wichtiger ist als ein großes Essen. Und natürlich die Weinhandlung, ein wunderbarer Ort, um vor Sonnenuntergang ein schönes Glas zu nehmen. »Wir sind Verkostungsstelle und Trattoria, schneiden Schinken und Käse auf in der Weinhandlung, bieten 60 verschiedene Weine offen an. Den Wein, den die Gäste getrunken haben, können sie auch zu ganz normalen Ladenpreisen mit nach Hause nehmen«, erzählt Josef Laggner mit Stolz. Wahrlich ein Platz, um Hof zu halten. Alle Welt läuft hier vorbei. Der Direktor des Schauspielhauses grüßt herzlich über die Straße, auch er ist natürlich Stammgast bei Laggner. Die umliegenden Botschaften und das in Fußweite liegende Außenministerium sorgen neben den Touristen für regelmäßige Mittagsgäste. Geschäftsleute konferieren weiter, während sie ein zartes Zanderfilet im Safran-Gemüsesud verspeisen. Wer es deftiger mag, kann sich für das Spanferkelkotelett auf Blattspinat und Rosmarinkartoffeln entscheiden. Der Koch arbeitet vornehmlich mit deutsch-österreichischen und regionalen Produkten, je nach Saison; Beelitzer Spargel wird gereicht, Fische aus der Möritz und der Havel. Abends und besonders in warmen Sommernächten – wenn die Geschäfte erledigt, die Sitzungen oder das Konzert beendet sind – genießt man unter freien Himmel oder in der Weinstube die imposante Auswahl der edlen Tropfen, begleitet von einem Käseteller. Mehr als 600 verschiedene Weine lagern im Keller von *Lutter & Wegner*, wobei den deutschen Weißen und Roten der Vorrang gegeben wird.

Der Gendarmenmarkt ist nach Zerstörung, Wiederaufbau und seinem Dahinsiechen zu Zeiten der SED-Regentschaft endlich wieder zu einem Platz des guten Lebens und vor allem der leiblichen Genüsse geworden – die ihren Preis verlangen. Den Blick auf den – wie einige sagen – schönsten Platz Europas oder zumindest der Hauptstadt lassen sich die umliegenden luxuriösen Hotels, Restaurants und Bars großzügig bezahlen. Wolfgang Grewe, der Pförtner noch aus DDR-Zeiten, sagt deshalb einschränkend: »Die Gaststätten hier haben tatsächlich ein sehr hohes Preisniveau. So daß sich der Normalverdiener des abends hier nicht so vergnügen wird. Das dürfte wohl seine Haushaltskasse sprengen.«

Biegt man in die Toreinfahrt direkt hinter der Weinstube *Lutter & Wegner* ein und geht linker Hand die Haustreppe in den ersten Stock hinauf, trifft man mittags auf die sogenannten Normalverdiener. Sie können hier – zusammen mit den Studenten – in der Cafeteria der *Musik-Hochschule Hanns Eisler*, die wenige Schritte entfernt in der Charlottenstraße beheimatet ist, zu überaus günstigen Preisen speisen. Weil diese Küche großzügig von der Stadt subventioniert wird. Großen Zulauf hat das Lokal, weil es für Kantinenverhältnisse ein erstaunlich hohes Niveau bietet. Die Cafeteria gab es bereits zu DDR-Zeiten, sie wurde 1993 umgebaut und modernisiert. Seit 1994 leitet Thomas Berge die Kantine. Drei verschiedene Essen werden täglich angeboten, außerdem gibt es frisch zubereitete Salate, Bouletten und Bratkartoffeln. Schwerpunkt der Küche ist eine frische und leichte Kost. 700 Essen gehen täglich über die Theke. »Hier sind ja ringsherum viele Büros, wo die Angestellten natürlich nicht die Verdienstmöglichkeiten haben wie Leute, die zu *Lutter & Wegner* gehen. Deshalb ist das ganz gut aufgeteilt: Die Führungsetage geht dann zu *Lutter & Wegner* oder ins *Hilton* oder sonstwo. Die mittlere bis normale untere Ebene geht dann auch schon hier essen. Weil es vom Preis her konkurrenzlos günstig ist«, erzählt Thomas Berge.

Läuft man die Charlottenstraße in südlicher Richtung weiter, passiert man zunächst die *Newton Bar*, direkt gegenüber von *Lutter & Wegner*, auf der anderen Seite der Taubenstraße. Sie wird ebenso wie der

Internationale Club im Auswärtigen Amt von Geschäftsführer Laggner betrieben. Die elegante Cocktailbar im Stil einer ledergepolsterten Club-Lounge öffnet bereits vormittags als Café. Die Wände der Bar schmücken großformatige Schwarzweißphotographien von Helmut Newton, der in Berlin aufwuchs. ›Gesehen und gesehen werden‹ ist hier denn auch das allabendliche Motto für die Schönen der Nacht. Unweit davon, wenn man von der Charlottenstraße westwärts in die Jägerstraße abbiegt, verbirgt sich hinter der diskreten Restaurantaufschrift *Guy* ein Innenhof, der Italien zur Ehre gereicht. Helmut Guy, ehemals Schauspieler, hat hier eine Oase der Ruhe geschaffen. Wenn draußen die Hitze flirrt, sitzt man hier angenehm kühl an einem langgestreckten Brunnen und kann – neben gehobener Küche – zwischen 150 Weinen auswählen, die offen im Ausschank sind. Auch der Außenminister läßt sich hier des öfteren blicken.

Flaniert man die Charlottenstraße weiter gen Süden kommen an der Ecke Mohrenstraße die Süßmäulchen auf ihre Kosten: an der längsten Pralinentheke der Welt zeigen *Fassbender & Rausch*, welche Potentiale im Kakao liegen können. 1863 gründete Heinrich Fassbender seine Schokoladenfabrik in der Mohrenstraße. Alsbald wurde er königlicher Hoflieferant für Schokolade und Konfekt, getreu seinem Werbespruch: »Junge, Junge, denk' an die Zunge!« Auch *Felix & Sarotti* hatten hier ihr erstes Geschäft. Die Mohrenstraße stand seit Beginn der zwanziger Jahre Pate für den berühmten Sarotti-Mohren, das Markenzeichen des Unternehmens.

Biegt man nun rechts in die nächste Parallelstraße, die Kronenstraße, ein, stößt man auf die kleine Filiale des Münchner *Tantris*. Das Restaurant *Portalis* eröffnete erst 1999, was Küchenchef Volker Drkosch nicht davon abhielt, alsbald einen *Michelin*-Stern zu erobern. Sein Nachfolger Thomas Kellermann, ebenfalls einige Jahre Sous-Chef von Hans Haas im *Tantris*, kochte zwischenzeitlich auf Sylt. In Berlin verwöhnt der 31jährige nun seine Gäste mit außergewöhnlichen Kreationen. Nicht aufwendige Dekorationen liegen ihm am Herzen, sondern der Geschmack betört ganz unmittelbar die Sinne. Sein Hummer im Sud auf einem feinen Artischockenmus und der nachfolgende Seeteufel auf einem Rhabarber-Fenchelkompott lieferten dafür den besten Beweis. Das butterzarte Täubchen aus der Bresse begleiteten Pfifferlinge und ganz köstliche Ravioli, die mit in Rotwein eingekochten Eschalotten gefüllt waren. Höhepunkt war das vom Mai-Bock stammende Filet mit Sommertrüffeln und der dazu gereichte 96er Pauillac. Den jungen Rehbock lieferte ein Jäger aus Brandenburg, dessen Kinder auch gleich die Holunderblüten im Wald pflückten. Daraus kocht Kellermann einen Sirup, mit dem er den Prosecco zum Aperitif verfeinert. Auf dem Dessertteller, aufgeschlagen in einem feinen Schaum, veredelt der Sirup die Kirschvariationen. Man ahnt, daß der eigenwillige und innovative junge Koch noch für angenehme Überraschungen sorgen wird – gerade weil er sich gängigen Trends wie der Crossover-Küche oder den derzeit so beliebten asiatischen Pointen widersetzt.

Nimmt man den Rundgang um den Gendarmenmarkt wieder auf und läuft die Mohrenstraße in östliche Richtung am imposanten Gebäude des *Hotel Hilton* vorbei, gelangt man in die Markgrafenstraße, die den Platz begrenzt. Gleich rechts um die Ecke in der Taubenstraße befindet sich die *Brasserie*. Ihre angenehme Pariser Bistro-Atmosphäre lädt dazu ein, in roten Ledersesseln mittags ein preiswertes und zugleich schmackhaftes Business-Menü zu genießen. In der Abendsonne eignet sich die Terrasse bestens, um sich auf ein Glas Crémant aus dem Elsaß zu treffen. Auch ein Italiener darf natürlich nicht am Platze fehlen, das *Trenta Sei* in der Markgrafenstraße 36. Dicht an dicht, in moderner heller Atmosphäre sitzt man hier bei Pasta oder Fisch – aber ohne den herrlichen Blick hätte das Restaurant sicherlich weniger Zulauf.

Mittags eilen die Beschäftigten der Ministerien und Botschaften in ihrer Pause über den Platz und mischen sich mit den Mitarbeitern der umliegenden Fernsehsender und mit Konferenzteilnehmern, die im *Hilton* oder *Four Seasons* tagen. Pro7, SAT.1 und n-tv haben ihre Häuser in der Nachbarschaft. Ein summendes Sprachengemisch liegt in der Luft, an dem natürlich auch die Touristen beteiligt sind. Orgeltöne aus der geöffneten Flügeltür des Französischen Doms vermengen sich mit den Klängen der Geige und des Akkordeons der Straßenmusiker. Das einzige Restaurant direkt auf dem Platz ist das *Refugium*, im

Souterrain eines Seitenflügels des Französischen Doms untergebracht – neben dem Hinteraufgang, der zum Hugenottenmuseum führt. Im Sommer wird hier auf der eindrucksvollen Terrasse bedient, die geradewegs zwischen Konzerthaus und Dom gelegen ist.

Bewegt man sich nun vom Gendarmenmarkt in den östlichen Teil der Jägerstraße, so trifft man – unweit der Residenz der Französischen Botschaft – auf das *Vau*. Man sollte ihm – ganz exklusiv – einen ganzen Abend widmen. Die Adresse Jägerstraße 54 hatte bereits im ausgehenden 18. Jahrhundert einen sehr guten Ruf. Gastgeberin war damals eine junge Jüdin, die 1790 als erste unverheiratete Frau einen Salon gründete. Die Salonnière Rahel Levin – nach ihrer Heirat hieß sie Varnhagen – versammelte Intellektuelle und Dichter um sich, Politiker und Diplomaten, adelige Damen und Herren, Tänzerinnen oder Sängerinnen. Das Verlegerehepaar von Cotta zählte ebenso zu ihren Gästen wie Bettine und Achim von Arnim, Heinrich von Kleist, Ludwig Tieck, Franz Grillparzer, Alexander und Wilhelm von Humboldt oder die ebenfalls beliebte Salonnière Henriette Herz. Eine erste Adresse damals, für das geistige und literarische Leben Berlins. In gewisser Weise setzt Kolja Kleeberg, der Küchenchef des Restaurants *Vau*, das seit 1997 im Parterre des Hauses logiert, diese Tradition auf kulinarischer Ebene fort. Josef Viehhauser, der gastronomische Berater des Hauses – er führt in Hamburg das *Le Canard* – war überaus vorausschauend. Er hatte Kleeberg nach Berlin geholt, um aus der Jägerstraße 54 das erste Haus am Platze zu machen. Prompt erkochte der heute Achtunddreißigjährige ein halbes Jahr nach Eröffnung des Restaurants den begehrten *Michelin*-Stern. Dies ist um so bemerkenswerter, als die Jägerstraße in der Anfangsphase des *Vau* eine dunkle Gasse war, verlassen und leer bis auf eine Botschaft und eine Polizeiwache. Trotz des sehr anspruchsvollen Preisniveaus findet sich hier heute ein buntgemischtes Publikum zusammen: 30 Prozent sind treue Berliner Stammgäste, die regelmäßig mittags oder abends ins *Vau* (das V bezeichnet den Anfangsbuchstaben von Viehhauser) kommen, Literaten, Schauspieler, Geschäftsleute und öfters auch der Bundeskanzler, der seinen runden Stamm-Tisch hat. Der Rest sind wohlhabende Touristen und die internationale Laufkundschaft aus den umliegenden Hotels *Four Seasons, Hilton* oder *Dorint*. Und natürlich Menschen, die einfach gerne und gut essen. Rund 60 Gäste finden an Zweier- und Vierertischen Platz in dem langgezogenen, hellen Raum. Keine Musik stört die sachlich gehaltene Atmosphäre des Restaurants. Einzig die leicht verschwommen gezeichneten Nachtszenen vom Gendarmenmarkt an den Wänden und die frischen weißen Orchideen auf den Tischen können den Blick vom Teller ablenken. Kolja Kleeberg kocht mit großer Leidenschaft, will sich jedoch nicht auf das Handwerk in der Küche reduzieren lassen. Als gastgebender Koch versteht er sich und wünscht sich lärmende, fröhliche Tische wie in Frankreich. Seine illustre Gästeschar – von jungen Leuten in Jeans bis zu ehrwürdigen Herren im grauen Zweireiher – weiß die angenehm unprätentiöse Atmosphäre offensichtlich zu schätzen.

Was ist die Küchenphilosophie eines Kochs, der über den Umweg der Schauspielerei an den Kochtopf gelangte? Er arbeitet mit den besten Produkten der Saison, kombiniert gerne neu, etwa Estragon und Pflaume, Rosmarin und Kirschen, Thymian und Pfirsiche. Er zitiert aus der Berliner Küche, aber auf leichte Weise, wenn er Eisbeinscheiben mit Flußkrebsen auf den Tisch bringt. Für jene, die eher das gefiederte Tier oder den Fisch bevorzugen, hat Kleeberg natürlich auch etwas anzubieten: Der soufflierte Kartoffelschmarrn mit einem Klecks Crème fraiche und Imperial-Kaviar war ein köstlicher Einstieg ins Menü. Gefolgt von einem Rucola-Süppchen mit Entenleber – eine kleine Sensation. Die angenehme Schärfe des Rucola harmonierte bestens mit dem dazu gereichten warmen Rosmarinbrötchen. Der nachfolgende St. Petersfisch aus dem Atlantik war zart und frisch und ging eine wunderbare Geschmacksliaison ein mit dem in Balsamico glacierten und mit Estragon verfeinerten Spargel. Kleebergs Liebe zu den Kräutern kam hervorragend in seinem Bärlauch-Risotto zur Geltung, das neben den gebratenen Baby-Artischocken die Beilage zur Taubenbrust aus der Bresse und den geschmorten Schenkelchen war. Ein Brie de Meaux mit gerösteten Macadamia-Nüssen und Früchtebrot leitete allmählich das Ende dieses köstlichen Menüs ein – eine warme Pfirsichtarte beendete es ganz sanft. Die Weine des Hauses – neben den Klassikern aus Frankreich, schönen deutschen und österreichischen Entdeckungen – begleiteten die Speisenfolge aufs angenehmste.

Satt und zufrieden spaziert man wieder die Jägerstraße rechts entlang auf den Platz hinaus. Geht man die Markgrafenstraße noch ein paar Schritte nördlich, biegt man nach links in die Französische Straße ein. Fast ist der Gendarmenamarkt nun umrundet. Linkerhand liegt jetzt der Französische Dom und schräg gegenüber das *Borchardt*. Es zählt zu den Alteingesessenen am Gendarmenmarkt. 1853 gründete August Wilhelm Borchardt hier sein Delikatessen- und Kolonialwarengeschäft inklusive einer Weinhandlung. Drei Jahre nach dem Fall der Mauer eröffnete das *Borchardt* in diesem Haus: Der Saal war restauriert und das von Wilhelm Wiegand 1873 geschaffene Mosaik an den Wänden freigelegt worden. Das um französisches Flair bemühte Restaurant ist heute zu einem Ort des ›who is who‹ geworden. Selbstbewußt und gleichermaßen wachsam speist man in dem eindrucksvollen Saal und lehnt sich, Blicke suchend, auf dunkelrotem Samt zurück. Bei jedem Neuankömmling recken sich die Köpfe der Gäste – die anwesende Prominenz könnte noch überboten werden. Gezielt wird ignoriert oder nonchalant gegrüßt. Das Essen spielt die geringste Rolle. Wer es mag, kann hier Gesellschaft goutieren. Verläßt man diesen Ort der Wichtigkeit, kommt man – die Französische Straße westwärts nehmend – wieder zur Charlottenstraße. An dieser Ecke prangt das *Four Seasons*. Von außen geradlinig und modern, überrascht das von der kanadischen Luxushotelgruppe 1996 eröffnete Haus innen mit exklusiven Stilmöbeln. Holzgetäfelte oder mit Stoff bespannte Wände und rosa Marmor prägen die gediegene, souverän großbürgerliche Atmosphäre. Angesichts dieser Pracht fühlt man sich ins Wien am Ende des 19. Jahrhunderts zurückversetzt. Keines der 200 Zimmer und Suiten ist kleiner als 42 Quadratmeter, die luxuriösen Marmorbäder – ob in der Suite oder im Einzelzimmer – sind mindestens 12 Quadratmeter groß. Die eleganten, mit schmucken Antiquitäten eingerichteten Zimmer sind eine Oase fürs Wohlbefinden, so daß man schnurren möchte. Nach entspannender Nachtruhe im 2 Meter breiten, angenehm gefederten Bett kann der Gast ein Landhausfrühstück zu sich nehmen und sich wieder ins

Getümmel des Gendarmenmarktes oder in die Arbeit stürzen. Denn jedes Zimmer kann auf Wunsch in Minutenschnelle in ein Hightech-Büro verwandelt werden. Ein außergewöhnlich umsichtiger und freundlicher Service sorgt rund um die Uhr für eine angenehm entspannte Atmosphäre. Angespornt von der positiven Entwicklung der letzten Jahre hat das *Four Seasons* Niels Kramer als Küchenchef für das Restaurant engagiert, der im hohen Norden der Republik bereits einen Stern erkochte. Sein Baumkuchen aus Fois Gras und sein Loup de mer auf Gazpacho sind überaus vielversprechend. Er wird die bereits anwesende Sternekonkurrenz am Platze fruchtbar beleben.

Einen Markt, der all die köstlichen Ingredienzien für die gute Küche bietet, gibt es zwar – wie zu E.T.A. Hoffmanns Zeiten – noch nicht auf dem Platz. Er existiert jedoch schon unterirdisch in Gestalt der üppigen Gourmetabteilung der *Galeries Lafayette*. Die kleine Schwester des Pariser Edelkaufhauses hat hier in den Friedrichstadtpassagen 1996 ihre Tore geöffnet. Für deutsche Verhältnisse immer noch eine Seltenheit, wird die Eßlust hier hemmungslos gefeiert. Berge von Artischocken empfangen den Kunden, bunte Obstlandschaften erfreuen das Auge, der Duft von frischen Kräutern steigt in die Nase, vermischt sich mit anderen Wohlgerüchen, die aus den Töpfen der auf der ganzen Verkaufsfläche verteilten kleinen Bistros steigen. Eine üppige Auswahl frischen Geflügels wird feilgeboten; in den Vitrinen locken aufgetürmte luftgetrocknete Würste und Schinken oder Pasteten aus den unterschiedlichen Regionen Frankreichs. Weiter geht es zur Fischtheke: die Dorade, der Loup de mer, Seeteufel, Seezunge und Steinbutt sind versammelt, alle noch klaren Blickes, wie es sich gehört. Auch der Hummer und die Coquilles Saint Jacques dürfen natürlich nicht fehlen. Zwei bis drei Mal pro Woche liefern zwei riesige LKW die frische Ware direkt aus Paris. Wie überhaupt fast alles, was hier feilgeboten wird, aus Frankreich kommt. Natürlich auch die rund 700 Weine und 180 Cuvées von Sekt und Champagner, die der aus der Bourgogne stammende Sommelier Jean-Marie Coirreaud betreut. Der größte Teil seiner Kundschaft kommt hierher, um ein Stück Frankreich zu genießen. Und die Kunden, zu 95 Prozent Deutsche, scheinen Sommelier Coirreaud darin recht zu geben. Mehr als 15mal im Jahr wechselt die Weinkarte, die jeweils für ein bis drei Wochen lang gültig ist. Die kleinen Speisen an der Bar, die man während der Verkostung zu sich nehmen kann, sind ganzjährig auf der Karte. Gestärkt von einem schönen Gläschen, wähnt man sich, wenn man die Runde in dem Gourmetparadies fortsetzt, an der Käsetheke tatsächlich nicht mehr in Deutschland. Besonders die riesige Ziegenkäseauswahl läßt das Herz übergehen – vom uralten kleinen Crottin bis zum blütenweißen Chèvre frais und der Ziegenbutter ist alles vorhanden. In Frankreich gibt es rund 360 Käsesorten, und hier liegen 220 davon für die Kundschaft bereit. Schlendert man weiter, entdeckt man in mehreren Regalen Fischsuppen unterschiedlichster Hersteller. Die Essig- und Öl-Auswahl versammelt das Beste, was Frankreich zu bieten hat: vom Weißweinessig mit Trüffelsaft bis zum Macadamia-Nußöl. Steinpilzsenf ist zu haben, der mit Wein und Cassis veredelte Téméraie-Senf oder Moutarde Violette de Brie, ein roter Senf mit Traubenmus. Zwischen all den Herrlichkeiten kann man sich an Bistrotischen niederlassen und vor Ort die Qualität der Produkte prüfen. Es scheint, daß Frankreich hier recht gut ankommt. Was nicht zuletzt der hugenottischen Tradition besonders in Berlin Mitte zu verdanken ist. Die Anwesenheit der damals aus Frankreich Vertriebenen verwandelte den Gendarmenmarkt in einen Ort des blühenden und guten Lebens. Heute fehlt ihm dazu nur noch ein lebendiger, oberirdischer Wochenmarkt, den die Bürger erneut zu schätzen wüßten. Pläne werden in dieser Richtung schon eifrig geschmiedet. Damit würde der Gendarmenmarkt tatsächlich wieder in seiner alten Pracht erstrahlen. Und E.T.A. Hoffmann hätte seine Freude daran gehabt.

Bayerische Küche in München

Von Dominik Wichmann

Eigentlich erzählt die Karriere des Kartoffelbrotes schon die ganze Geschichte über das bayerische Essen in München. Es ist eine Geschichte voll von Widersprüchen, denn wie anders kann man den Umstand bezeichnen, daß jenes Kartoffelbrot über Jahrhunderte hinweg das Grundnahrungsmittel der ärmsten Schlucker Münchens war und heute das Markenzeichen eines vergleichsweise teuren Wirtshauses dieser Stadt ist?

Täglich um halb acht Uhr morgens steht Hans Landersdorfer an der Arbeitsplatte seiner Küche. Er mischt Mehl, Kartoffelflocken, Hefe, Salz, Wasser und Weißbier zu einer breiigen Masse. Dann knetet und wälzt er den Teig, füllt ihn in eine kühle Schale und läßt ihm seine Ruhe. Immer mittags und abends, etwa eine Stunde bevor die Gäste in sein kleines Restaurant in der Münchner Altstadt drängen, heizt er seinen Ofen auf 250 Grad, holt den Teig aus der Schale und drückt ihn auf ein Backblech. Zehn Minuten später serviert ihn sein Kollege Robert Innerhofer den Gästen, die wiederum Stunden später ihren Bekannten und Freunden von diesem famosen neuen Lokal in der Münchner Altstadt berichten. Von der guten Dorade, dem Kalbskopf, dem Schmorbraten, selbstverständlich von der angenehmen Atmosphäre. Und eben von diesem unglaublich guten Brot, welches so gut schmecke und das der Koch angeblich aus Karoffelflocken backe.

Wie absurd: Da schlemmen sich die Gäste von der Vorspeise über das Hauptgericht zum Nachtisch und erinnern sich nach alledem vor allem: an ein Stück Brot. Man könnte hinter dieser Erhebung eines Grundnahrungsmittels in den Adelsstand der Gastronomie kluges Marketing vermuten. Fragt man jedoch den Koch Hans Landersdorfer und seinen Geschäftspartner Robert Innerhofer nach den Gründen für den Hype, dann fällt ihre Antwort nicht so wie die eines Marketingprofis aus: »Es ist halt einfach, und es schmeckt. Und woanders, da kriegt man es nicht.«

Nun zu konstatieren, daß sich in den Lokalen Münchens etwas Grundlegendes verändert haben muß, liegt deshalb nahe, weil sich in keiner anderen deutschen Stadt die Gastronomie noch vor wenigen Jahren so vehement gegen die Einflüsse des Regionalen wehrte wie hier. Lange lautete das Credo modernen Kochens: Je exotischer desto besser. Und so schämten sie sich nicht, die Jakobsmuscheln mit Erdbeerschaum zu übergießen, den Zander auf einem Honigbett zu dünsten und dazu einen Kir Royal zu saufen. Alles Bayerische litt unter dem Image des Schweinernen und war in einer Zeit, in der es abzuheben galt, als schwer und überkommen verschrien.

Doch die Vergangenheit ist in Pension gegangen. Vorbei die lauten Jahre, als die Republik nach München blickte, weil man die Stadt als Surrogat für Sinnlichkeit begriff. Wo sie soffen, wo sie fraßen. Wo sie koksten und es in den Phantasien der davon Ausgeschlossenen auf den Kühlerhauben alter Autos trieben. Wo sich die Szene selbst in Szene setzte, André Heller rezitierte und sich dabei gegenseitig auf die Schulterpolster klopfte.

Das Essen trug all dem Rechnung, ist seine Art der Zubereitung doch seit jeher nichts anderes als eine Metapher der Kultur. Und so erfanden sie die neue Küche und nannten sie *Nouvelle Cuisine:* Ohne Fundament und auf den Kredit des schönen Scheins gebaut. Gedünstet und gedämpft über dem Fegefeuer der Eitelkeiten einer ganzen Stadt. 1994 war die Show zu Ende. Weil er mit den falschen Leuten kokste, nahmen die Behörden dem großen Eckart Witzigmann seinen Tempel namens *Aubergine*. Das Lokal, einst Münchens erstes Dreigestirn am Sternenfirmament, mußte schließen und seinem Maitre in die Erinnerung der Gäste folgen. 1994 gab es zum letzten Mal die Farce vom Keulenfleisch der Taube.

Ende.

Ende?

Mitnichten! Das Neue hatte längst begonnen, nur wollte es niemand bemerken. Vielleicht, weil das Neue im Gewand von etwas Uraltem dahergeschlichen war. Vielleicht auch, weil es seine Identität nicht aus dem lauten Wettern gegen das Bestehende schöpfte. Vielleicht aber auch deshalb, weil sich der Protagonist des Neuanfangs weniger zur Inszenierung eignete als die zahlreichen Zampanos der Münchner Vulgärschickeria. Karl Ederer ist ein blondgelockter Fünfziger, ein Aufsteiger. Rein äußerlich: ein Schrat, ein Kauz. Schweigsam, bisweilen zynisch. Vom Städtchen Cham in Bayerns Norden zog es ihn vor Jahren in die Welt hinaus. Er marinierte Fische in Paris, briet Wachteln in der Schweiz, war im *Aubergine* ein Vasall des Witzigmann, eröffnete am Rand des maroden Münchner Schlachthofviertels sein erstes Restaurant, bekam rasch den ersten Stern und spricht heute mit so viel Abscheu über die Achtziger, als böte ihm jemand eine verdorbene Zutat zum Probieren an: »Das war doch alles bodenlos.«

Ederers Nase witterte als erste die süße Fäulnis am Ende der Dekade und ihrer Dekadenz. Er folgte deshalb schon sehr früh einer Losung Eckart Witzigmanns und gab der Neuen Küche ihr verlorengegangenes Fundament zurück. Schmorte wieder. Backte. Garte. Formte Fleischpflanzerl und nannte seine Wirtschaft einfach Gasthaus: *Gasthaus Glockenbach*. Die Leute kamen in Scharen. Die Gäste waren wieder jung. Vor allem aber waren sie zur Freude Ederers auch willig, für ein paar ordentliche Fleischpflanzerl einen noch ordentlicheren Betrag zu zahlen.

Das Bayerische, das Bodenständige, wurde Anfang der neunziger Jahre immer mehr zum Synonym für das Authentische, das Echte und Vertraute (obwohl es vielen gar nicht mehr vertraut war). Doch die gute bayerische Küche war damals schwer zu finden, denn zu lange hatte in München alles Bayerische einen zu schlechten Stand, um sich gegen das vermeintlich Fortschrittliche zu behaupten. Gute Wirtshäuser hatten reihenweise schließen müssen. Andere wechselten den Pächter und grillten fortan Souvlaki. Und Ederer? Er mimte den Kulturbeauftragten der Bayerischen Küchentradition, war damit der neue Clown der Münchner Schickeria und machte Anfang des vergangenen Jahres im Rausch des Erfolgs ein nach ihm benanntes zweites Gasthaus auf: das *Ederer* in den Fünf Höfen.

Schade eigentlich. Schade, daß Karl Ederer heute all das praktiziert, was er noch vor wenigen Jahren so sehr verurteilte. Schade, daß er die selbstverständliche Normalität bayerischer Küche mit einem klebrigen Sirup prätentiösen Elitismus überzieht. Und das nur, um den Spesenrittern des um die Ecke seines Restaurants gelegenen Kreditinstituts auch weiterhin die Illusion von Bodenständigkeit zu servieren: »Leben Sie. Wir kümmern uns um die Details.« All das ist schade, doch nicht wirklich schlimm.

Denn der Druck der Gäste nach Authentizität hat in der Stadt München zu einer Wiederbelebung zahlreicher bayerischer Lokale geführt, wie man sie noch vor ein paar Jahren nicht für möglich gehalten hätte. Warum die Gäste sich vermehrt nach Heimat sehnen, hat viele Gründe, von denen sicherlich die wenigsten mit dem Essen zu tun haben. Das Ergebnis dieser Sehnsucht aber materialisiert sich selten so deutlich wie in den Großküchen der Stadt. Das bayerische Essen als Idee und Weltanschauung zugleich ist wieder allgegenwärtig. Und weil sich die landeseigene Küche fortentwickelt und zunehmend differenziert, finden mittlerweile selbst Geschäftsessen wieder in den Wirtshäusern statt.

Die wiedergewonnene Popularität bayerischer Küche hat dabei zu einer Ausprägung zweier wesentlicher und wesensverschiedener Entwicklungslinien geführt: Einerseits steigt der Bekanntheitsgrad klassischer bayerischer Wirtshäuser wie dem *Sedlmayr* am Viktualienmarkt und dem *Wirtshaus an der Großmarkthalle* auch bei jenen Gästen, deren Kleidung und Habitus den regelmäßigen Besuch solcher Gasthäuser nicht vermuten läßt: Junge, meist in den Medien oder in der Werbebranche tätige Angestellte mit dem entsprechenden szenekompatiblen Outfit sitzen dann neben dreimal so großen und schweren Schlachtern mit Bluthochdruck und speckiger Weste. Die Atmosphäre im *Wirtshaus an der Großmarkthalle* oder dem *Sedlmayr* ist im besten Wortsinne normal, daß heißt, dem Interieur des Lokals, der Attitüde des Personals und dem Essen mangelt es auf wohltuende Art und Weise an Kitsch. Mit ihren verschiedenen Räumen und Sälen wirken diese Lokale ihrer Umwelt gegenüber vollkommen autark. Und das ist es wohl, woran man ein gutes bayerisches Wirtshaus erkennt: nämlich daran, daß man nicht weiß, wie lange man schon darin sitzt, wenn man darin sitzt. Die einzig gültige Zeiteinheit liefert der Schaumring auf der Innenseite des Bierglases, jener Schaumring also, der nach jedem Schluck an der Stelle des alten Pegelstandes am Glas haften bleibt, so daß man, wenn man den Trunk beendet, genau feststellen kann, wie viele Schlucke man für den halben Liter benötigte und wieviel Zeit dabei ungefähr verstrichen sein dürfte.

Andererseits hat eben jene zunehmende Popularität der regionalen Küche auch eine Entwicklung befördert, die es zu bedauern gilt. Sie begann im Jahre 1989 auf der Speisekarte des Gasthauses *Wöllingers*. In den Jahren darauf ermutigte der Erfolg dieses Konzepts – vereinzelt auch als Wolpertingerisierung der bayerischen Küche bezeichnet – gleich mehrere Gastronomen, in dieselbe Kerbe zu schlagen. Es entstanden deshalb Wirtshäuser mit Namen wie *Zur Brezn*, *Wirtshaus in der Au* oder das *Wirtshaus zum Straubinger*.

Letzteres, das *Wirtshaus zum Straubinger*, illustriert diese Zweiteilung der bayerischen Küche sehr gut: Noch vor wenigen Jahren hieß das Lokal »Straubinger Hof« und zählte wegen seines hervorragenden Kochs Rudi Färber (mittlerweile der Pächter des *Sedlmayr*) zu den besten bayerischen Wirtshäusern Münchens. Es gab Speisen, die es in einem solchen Wirtshaus geben mußte, die Einrichtung war so schlicht wie die Speisekarte, und dem Ganzen fehlte es an jeglichem ideologischen Überbau: Die Wahrheit, sie lag einzig und allein auf dem Teller.

Das alles änderte sich, als die Brauerei ihren Pächter aus dem Gasthaus zwang, um dort der Erlebnisgastronomie die Tür zu öffnen. Die Fensterbänke wurden mit verschiedenen Utensilien des Landlebens drapiert. Seitdem liegen dort Heuballen, Wagenräder und Hufeisen herum. Die Wände bekamen einen cremig-gelben Anstrich, und das Personal sieht in seinen engen Lederhosen und den viel zu weit ausgeschnittenen Rüschenblusen und Jodel-Hemden aus wie das Ensemble eines Bayern-Pornos aus den Siebzigern, die heute gelegentlich noch im Nachtprogramm des Fernsehkanals SAT.1 gezeigt werden.

»Es geht in diesen Lokalen darum«, schrieb der Münchner Autor Andreas Bernard, »trotz ihres geringen Alters eine Atmosphäre des Urtümlichen, Gemeinschaftlichen herzustellen: durch die Gestaltung der Speisekarten genauso wie durch die Inneneinrichtung mit den langen Holzbänken und den Steinkrügen auf den Tischen, aus denen sich die Gäste Besteck und Servietten herausnehmen können.« Hier wird ein Bayern inszeniert, das es so allenfalls in den Fernsehsendungen des unerträglichen Alfons (»Fonsä«) Schubeck gibt. Eine heimattümelnde Welt, in der alles ein Schmankerl ist, alles verkitscht und verquirlt wird, so lange, bis die Marketing-Pampe aus Klischees und Alpentätärä derart beschaffen ist, daß man sie auch dem letzten Deppen verkaufen kann. Das Landhaus-Bayerische in manchen Speisekarten ist natürlich kein Phänomen sui generis, es hat vielmehr deutliche Parallelen in anderen Sparten – man denke nur an die bisweilen mißratenen Beispiele der Mundartdichtung. Oder wie anders soll man es nennen, wenn es im Gasthaus *Löwenschänke*, welches sich in der Anlage des *City-Hilton* befindet, heißt: »G'mischte Salod dea Sesson mid Soß' wiast mogst« (Mit anderen Worten: Gemischte Salate der Saison mit Dressing nach Wahl). Der Neobavarismus hat viele Wirtshäuser Münchens zu bloßen Filialen des Fremdenverkehrsamts degradiert.

In der Tat ist es vollkommen egal, ob man die Weißwurst, entgegen der sogenannten Tradition, nach zwölf Uhr mittags ißt oder vorher. Ob man sie paarweise oder einzeln bestellt, ob man die Pelle saugt, zuzelt oder schneidet. Es ist ebenso egal, ob man Semmel oder Brötchen sagt, ob man bayerisch spricht oder nur so tut. Auf all das kommt es nicht an, wenn man von der Bewahrung einer bayerischen Tradition spricht. Denn eines ist sicher: Das Konservieren, der Stillstand war noch nie ein Teil bayerischer Identität. Spricht man also von dem Erhalt einer Tradition, dann muß es darum gehen, auf der Basis des Bestehenden den Fortschritt zu gewährleisten.

Das bayerische Bier verdankt seine Entstehung der Erfindung des Untergärigen. Die aus Hopfen und Malz verkochte Würze gärt nicht an der Oberfläche der Gärgefäße, sondern wegen der Kälte am Boden. Das Bier schmeckt besser, hält länger und ist deshalb auch leichter zu transportieren. Wäre also der Verweis auf die bayerische Tradition schon vor ein paar Jahrhunderten erfolgt, dann tränken die Bayern noch heute obergäriges, ergo: norddeutsches, Bier. Ähnlich verhält es sich mit vielen Gerichten und diversen Zutaten.

Und genau aus diesem Grund ist die Wirtschaft von Hans Landersdorfer und Robert Innerhofer eigentlich eine bayerische Wirtschaft. Trotz des Curryschaums. Und wegen des Curryschaums. Immer kommt es darauf an, Bekanntes zu verfeinern, weiterzuentwickeln. Bärlauchsuppe. Schmorbraten. Kalbskopf. Speck. Rehrücken. Und: das Kartoffelbrot.

Als die beiden vor zwei Jahren in ihrem Gasthaus saßen und überlegten, welchen Namen sie ihm geben sollten, gab es viele Vorschläge: zum Beispiel »Restaurant in der Altstadt« oder »Die Zwei«. Bevor sich die beiden dann schließlich dafür entschieden, ihr Restaurant schlicht *Landersdorfer und Innerhofer* zu nennen, trennten sie sich zuvor noch von einer anderen Namensidee: »Neue Heimat«.

Die Maßstäbe des Restaurantkritikers

Von Jürgen Dollase

»Wir glauben, Erfahrungen zu machen, aber die Erfahrungen machen uns«, heißt es bei Eugene Ionesco wie eine Mahnung an Kritiker, doch ihren tatsächlichen und den wünschenswerten Horizont zu bedenken. Gerade die Qualität des Gastronomiekritikers steht und fällt mit der Komplexität seiner Erkenntnisse, quantitativ mit der Menge und Vielfalt seiner Quellen, qualitativ mit der Fähigkeit zu komplexer Durchdringung des Erlebten. Natürlich gibt es – und das nicht zu knapp – die Fälle, wo sich der Kritiker in harscher Ablehnung jeglicher Veränderung in Subjektivität suhlt und in engem Schulterschluß mit seiner Gemeinde deren Bedürfnisse bedient. Aber auf diesen Zustand trifft eigentlich nichts zu, was man – durchaus im Sinne klassischer Testtheorien – als Zuverlässigkeit und Wiederholbarkeit, als verläßliches und gültiges Urteil postulieren muß. Hier trägt man nur das Kleid des Kritikers, berichtet man über den Teller, ohne über seinen Rand zu schauen.

Die Kriterien dieser »Kritik« bleiben einer irgendwie und ungefähr verstandenen Klassik französischen Ursprungs verhaftet, meist angewandt als geschlossenes System wie etwa die Prüfkriterien einer Bäckerinnung. Das Problem dabei ist, daß die Regeln der Zunft auf dem Niveau von Ausbildung und Lehrbüchern sehr allgemein sind und bei weitem nicht ausreichen, Niveau und Komplexität besserer Küchen, geschweige denn kreativer oder fremder Küchen zu begreifen. So sind dann auch die nahezu ausnahmslos anzutreffenden Jubelarien bei schon etwas besseren Restaurants eine deutliche Illustration des Problems: Hier fehlen die Worte, das Handwerkszeug zum *kritein*, zum Unterscheiden, hier kommt es schon fast ausschließlich zu Wertungen, wo es doch ganz besonders interessant wäre, das »Warum« von Qualität und eine für alle Beteiligten nützliche, klare Erfassung des Besonderen zu ermitteln – ganz abgesehen davon, daß so überhaupt erst Kommunikation ermöglicht würde.

Man braucht also universelle Kriterien, die auch angesichts extrem kreativer, guter oder fremdartiger Küchen nicht versagen. Wenn man so will, braucht man den Blick zurück von den nie vergebenen 20 Punkten des *Gault-Millau*, also eine Vorstellung von kaum realisierbarer Qualität, die freilich von selten, aber immer wieder vorkommenden Momenten des zumindest zeitweilig als Optimum Betrachteten genährt wird. Es sind dies Kriterien, die auch bei Ducasse, Wohlfahrt oder Pacaud greifen und sich übrigens durchaus auf deren eigene, in der Regel sich selbst relativierende Einschätzung ihrer Arbeit stützen können. Grundvoraussetzung für ihre Ermittlung ist die Abkehr von einem rein statischen Qualitätsbegriff hin zu einem dynamischen, also einem sich mit der Entwicklung der Kochkunst stets selber entwickelnden, zu überprüfenden, verifizierenden Qualitätsbegriff. Daß dieser durchaus statische Elemente (zum Beispiel Frische und Produktqualität) beinhalten kann, ist kein Widerspruch. »State of the art«, die wirklich aktuellen »Regeln der Kunst«, wären also das Handwerkszeug, um zu einer Form der Kritik zu kommen, die – idealtypisch gedacht – Zuverlässigkeit mit Transparenz der Analyse durch Koppelung an nachvollziehbare Fakten verbindet und dadurch zu einer verbesserten, quasi konstruktiven Wirksamkeit für Konsumenten wie Professionals kommt. Für die einen könnte dies weniger Entäuschungen, für die anderen endlich einmal Reflex auf die Arbeit bedeuten. Die Forderung nach universellen Kriterien entpuppt sich freilich schnell als ein derart schwieriges Unterfangen, daß die Position des Gastronomiekritikers schon qua Komplexität und Arbeitspensum den Kritikern des klassischen Feuilletons vergleichbar ist. Die »Kriterien für die Benotung der Küche« im *Gault-Millau* klingen zunächst noch klar und einfach: »Bewertet werden Qualität und Frische der verwendeten Produkte, Kreativität und Professionalität bei der Zubereitung, Harmonie der Gerichte und der Menüfolge, exakte Garzeiten (und die) Präsentation der Gerichte.« Der folgende Blick auf die deutlich weiter gefaßten »State of the art«-Kriterien zeigt, welche Komplexität und Probleme tatsächlich dahinterstehen können.

Schon bei der Produktqualität sind Maßstäbe denkbar (und an anderer Stelle, zum Beispiel bei Ducasse, gefordert), die etwa die Verwendung von Fisch außerhalb der Küstennähe quasi verbieten. »Tagesfrische« oder »ein Steinbutt, der noch kein Eis gesehen hat«, existieren selbst in der Spitzenküche selten. Die Einsicht in den Sinn der Forderung dieses Optimums kann sich der Kritiker nur selber erarbeiten, und zwar mit Studien am Meer, eigentlich nur mit einem fangfrisch gekauften und mittags zubereiteten Fisch, mit dann eben *der* Textur und Frische von Farbe und Aroma, die nur so möglich wird. Fast immer ist in Deutschland die Qualität von Langustinen zu beklagen: Einmal in Quiberon oder Guilvinec lebend gekauft und zügig zubereitet, provoziert das Ergebnis sofort die Frage, warum man sie überhaupt über die Alpen transportieren muß. Noch differenzierter wird es bei der primären Produktqualität, also der Herkunft und/oder der Sorte/Rasse. Bresse-Huhn ist nicht gleich Bresse-Huhn, Lamm nicht gleich Lamm und Schwein nicht gleich Schwein. Hier wird es nötig, Informationen über Spitzenprodukte zu sammeln, also das Schwäbisch-Hällische Schwein mit dem korsischen zu vergleichen, das Milchlamm aus den Pyrenäen mit dem deutlich älteren »Pre-sale« vom Mont-St.Michel oder das ausgenommene Supermarkt-Bresse-Huhn mit einem vom Produzenten Mieral. Buchstäblich von allen Produkten müßte man sich ein Bild machen – sinnvollerweise auch noch im Eigenversuch –, um schließlich zu wissen, was jeweils ein Spitzenprodukt in bester Qualität ausmacht, das dann zum Maßstab wird. Das ist – pardon – keine Aufgabe, die man in ein paar Jahren erledigen kann, das braucht viel Erfahrung, nicht zuletzt auch mit schlechten Produkten. Allein die Anwendung dieser Kriterien führt übrigens schon dazu, daß man auch in 3-Sterne-Häusern zwar gute, aber nicht grundsätzlich finale Qualitäten konstatieren muß.

Der zweite Komplex betrifft die Produktbehandlung, also die diversen Zubereitungsarten und vor allem Garzeiten. Gagnaire sagte dazu, die *Cuisson* sei nach wie vor das größte Problem für ihn, jedes individuelle Stück am Tisch (und nicht in der Küche!) im optimalen Zustand zu präsentieren. Ducasse macht es auch nicht leichter mit der Erkenntnis und Forderung, daß jedes Produkt seinen präzise bemessenen Bestzustand hat und haben solle, sei es durch Reife oder durch Garzeit. Wieder scheinen eigene Erfahrungen für den Kritiker unerläßlich, hier aber ergänzt durch die Notwendigkeit, eine möglichst große Zahl von Spitzenrestaurants (in der Regel 2 und 3 Sterne beim *Michelin*, 18 und 19 Punkte beim *Gault-Millau*) zu besuchen, um den Stand der Dinge zu studieren. Auch die Kommunikation mit Köchen oder der Industrie kann hier hilfreich sein, etwa um Details über die Wirkungsweisen von Vakuum- und Niedrigtemperaturgarung zu erfahren. In diesem Komplex gibt es dann auch schon die ersten ästhetischen Komplikationen, wenn es zum Beispiel darum geht, Dinge nur in ihrer ursprünglichen Form zu verarbeiten oder sie auch in Füllungen oder Pürees zu vermischen. Oder ob man fast geschmackloses Jungtier-Fleisch indirekt gart oder besser ältere Tiere in klassischer Brat-Technik verwendet. Will man präzise sein, müßten solche Dinge in der Kritik erwähnt und im günstigsten Fall im jeweiligen Zusammenhang kulinarisch diskutiert werden – im Prinzip als unterschiedliche Lehrmeinungen.

Wer erst ein Dutzend guter Restaurants besucht hat, sollte keine Kritiken schreiben. Die Qualität des Urteils in diesem Bereich ist schlichtweg von einer Menge an Erfahrung abhängig. Genauer gesagt, ist dies eine Art qualifizierter Menge, die nicht nur eine breite Spitze, sondern auch eine größtmögliche stilistische Varianz beinhalten sollte. Der Vergleich der Techniken, Qualitäten oder Aromawelten verschiedener Köche ist ein ganz wesentliches Kriterium. Das klingt scheinbar selbstverständlich, entpuppt sich aber vor allem dann als wichtig, wenn das Urteil eines Kritikers offensichtlich durch Unkenntnis anderer Entwicklungen geprägt ist. Mangelnde Informiertheit und Offenheit sind weltweit die Hauptprobleme der Kritiker, nicht zuletzt befördert durch ihre persönlichen Vorlieben, die regelmäßig einen klaren Blick auf anderes verhindern. Dieser Vorwurf trifft übrigens beide »Seiten«: Wir finden sowohl »Klassiker«, die von der Klassik abweichende Modernität unterbewerten, als auch »Modernisten«, denen das Verständnis für die Klassik abgeht. Beides ist nicht hilfreich. Geschärft werden sollte hier vor allem der Blick für das Relative, nicht so sehr der für das Hierarchische. So erscheint die Einordnung asiatischer Küchen in ein Ranking vielfach schwierig, eine vergleichende Analyse zu europäischen Küchen aber erhellend bis lehrreich. Vor dem Hintergrund einer analytischen »State of the art«-Kritik haben Hierarchisierungen ohnehin bestenfalls eine grob orientierende Bedeutung.

Eine ganz entscheidende Quelle für die Ermittlung von Kriterien wird von Kritikern erschreckend wenig genutzt: die internationalen Kochmonographien, also die repräsentativen Rezeptsammlungen internationaler Spitzenköche. Was für den Wissenschaftler normal ist, kann auch hier nicht falsch sein, also die Kenntnis dessen, was weltweit passiert, und zwar schnell und umfangreich. Es erscheint bizarr, daß selbst deutsche Großkritiker hier völlig desinteressiert sind und sich einen Rückzug ins Unwissen erlauben, der nicht zuletzt ein Grund für eigenbrötlerische Einlassungen oder regelmäßige Fehlprognosen darstellt. Interesse an der Sache und eine daraus resultierende grundsätzliche Neugierde scheinen jedenfalls bisweilen zu fehlen. Dann entspricht man pikanterweise einem Koch, der nicht richtig bei der Sache ist. Speziell in Deutschland scheint darüber hinaus der oft ausschließliche Bezug auf nationale Quellen sehr problematisch. Natürlich fehlen in unseren Buchhandlungen fremdsprachige Werke weitgehend und deshalb, gerade angesichts der Tatsache, daß wir nicht der kulinarische Nabel der Welt sind, muß man sich einfach darum bemühen. Wer zum Beispiel die Entwicklungen in Nordspanien – nicht nur Adrìa, sondern auch Berasategui oder Arzak seien genannt –, den spanischen Patissier Balaguer, die verschiedenen Ansätze von Fusion-Küche im pazifischen Raum, amerikanische Amerikaner wie Trotter oder Thomas Keller, die Franzosen Bras, Marcon, Pourcel oder Roellinger und erstaunliche Dinge selbst in Holland nicht mitbekommt, weiß nicht, was in der kulinarischen Welt passiert, und wird – ganz konkret und leider sehr fatal – eine durchaus international orientierte, neue Kochgeneration nie richtig verstehen. Die Lektüre anderer Kritiken/Kritiksysteme (Führer) ist übrigens in jedem Falle wichtig. Ob man die Meinungen teilt oder nicht, sie sind Bestandteile des Systems – mit erheblichem Einfluß. Für eine Reflexion über Kriterien dienen sie jedoch im Moment noch oftmals als Negativbeispiele.

Die klassischen Kriterien der Gastronomiekritik werden also höchst komplex, wenn man sie konsequent anwendet. Sie verändern sich freilich zum Teil, wenn man internationale Entwicklungen in stilistischer und vor allem konzeptioneller Hinsicht betrachtet. Parallel zur Universalisierung des Produktangebotes (aber nicht zwingend von ihr bedingt) ist eine Explosion nach innen zu beobachten, eine Hinwendung zur Strukturierung der Gerichte unter physiologischen Aspekten – mit der Erkenntnis, daß unsere Wahrnehmungsmöglichkeiten bei weitem nicht ausgeschöpft sind: Warm-kalt-Kontraste, ein Spiel mit unterschiedlichen Texturen, zeitliche Abläufe des Eß-Aktes, Gekochtes und Rohes, Hartes und Weiches und vieles mehr sind Aspekte, die in dieser Form bisher kaum genutzt wurden und eine neue Qualität des Essens für einen veränderten Typ des Gourmets aufscheinen lassen, die man mit »strukturellem Essen« bezeichnen könnte. Die klassische Gourmandise wird von solchen Aspekten natürlich nicht verdrängt, sondern – und das sogar in ihrem eigenen Sinne – erweitert. Ihre Spuren findet man abermals unter der Qualität »State of the art«, den in keinem Buch je zusammengefaßten, sich dynamisch entwickelnden Regeln der Kunst als Summe der Entwicklungen der Spitzenküche weltweit. Diese Regeln können und dürfen nicht unberücksichtigt bleiben, vor allem wenn sie Ausdruck genuiner Weiterentwicklung und nicht nur stilistischer Varianz sind (was allerdings oft schwierig zu beurteilen ist). Sie bewußt oder unbewußt zu ignorieren erinnert dann doch stark an die Negierung technischen Fortschritts. Es sei allerdings auch deutlich darauf hingewiesen, daß damit keinesfalls etwas gegen kulinarische Klassik gesagt ist: Ein mit all diesen Erkenntnissen perfektionierter Bauchspeck, im Vakuum bei Niedrigtemperatur begonnen, dann zu bestechender Kruste vollendet, mit gegartem und nicht geschmolzenem Fett, in mehreren Etappen sorgfältig auf den Punkt gebracht, vereinigt ohne weiteres die genannten Entwicklungen. Insofern handelt es sich gleichsam um die bewußte Perfektionierung teilweise schon immer, aber mehr oder weniger zufällig ablaufender Prozesse. Typische »neue« Kriterien finden sich also etwa in folgenden Fragen: Sind die Aromen transparent eingesetzt, oder kommt es zu ungewollten Überlagerungen und Störungen? Findet sich ein geschmackliches Panorama, das eine zeitlich-räumlich differenzierte Wahrnehmung ermöglicht? Werden physiologische Aspekte der Wahrnehmung bewußt berücksichtigt, etwa mit Kontrasten oder zeitlichen Abläufen? Ist die Küche (inklusive Desserts!) degustativ angelegt, und setzt sie ihre Schwerpunkte (Mengen!) auf die Ermöglichung vielfältiger Eßerfahrungen? Gibt es »parallele« Geschmacksbilder von der europäischen Spitzenküche vergleichbarer Differenziertheit bei anderen Küchenkulturen, Ethno-Küchen oder Mischformen, also auch beim Fusion-Food? Hat die Küche innovativen Charakter oder innovative Elemente? Liegt eine klare, individuelle Handschrift vor? Dazu kämen dann noch stilkritische Überlegungen, Vergleiche zu anderen Küchen oder Überlegungen zu stilistischen Verknüpfungen und Auswirkungen auf die kulinarische Kultur insgesamt.

Es mangelt also weniger denn je an Möglichkeiten, eine Küche präzise, nachvollziehbar und umfassend zu beschreiben, um eine allseits nützliche Kritik zu etablieren. Aber das ist nicht immer einfach. Ein Beispiel: Das in einem mongolischen Feuertopf gegarte Lamm im chinesischen Restaurant *Lai Sin's* in Drijbergen in Holland ist gut durchgebraten, die Knochen sind mit Ruß bedeckt, und es schmeckt entsprechend herb parfümiert. Ist das schlecht? Kann man diese Zubereitung vergleichen mit einem indirekt gegarten Pauillac-Lamm und überhaupt mit unserem klassischen Verständnis von optimalen Garzeiten und -zuständen? Man kann, aber man muß nicht, was einen wesentlichen Unterschied macht.

Alles entscheidend ist zunächst das Begreifen des Gerichtes, unter Umständen durch Aufspüren einer inneren Logik und ganz und gar nicht unter schulmeisterlich-pedantischer Erbsenzählerei nach der Devise: Fleisch zu weit durch, Sauce zu bitter, Gemüse ungesalzen, also schlecht. Selbstverständlich gibt es gute Farcen, in denen das Hauptprodukt nicht erkennbar wird, die aber eben ohne das Hauptprodukt nicht denkbar wären, wo also die Frage nach der Überlagerung des Produktgeschmacks keine Rolle spielt. Und ob der rohe Fisch eines Sashimi wirklich nach nichts schmeckt oder nur die Feinabstufung der Qualitäten von rohem Fisch dem Kritiker nicht ausreichend geläufig sind, muß man erst einmal klären. Der Vergleich der inneren Logik eines Gerichtes mit der äußeren der (isolierten) Kriterien kann sich jedenfalls sehr schnell in Wohlgefallen auflösen: Kann man akzeptieren, daß im vietnamesischen *Les Baguettes Imperiales* in Brüssel die Saucen – ziemlich unklassisch – sehr fruchtig und immer leicht süß sind? Haben sie doch eine sehr schöne Komplexität und begleiten etwa den Hummer auf elegante, dessen Eigengeschmack bestens bedienende Weise. Da erlebt man bei europäischen »Klassikern« durchaus Schlechteres. Wenn die Gesamtschau Priorität hat und der Kritiker nicht mit der Axt seiner Lieblingsküche zuschlägt, ist es nur logisch, daß eine Küche auch dann von hoher Qualität sein kann, wenn sie nicht vollständig ins Schema der französischen Klassik paßt. Differenziertheit, Komplexität, die gezielte Verwendung von Spitzenprodukten, Individualität, Innovationsgrad und anderes mehr finden sich in vielen Küchen oder sind bei vielen Küchen denkbar, vorausgesetzt, sie befindet sich auf einem entwickelten Niveau (was ohne Schwierigkeit mit den Protagonisten zu klären ist, etwa mit dem japanischen Sushi-Meister aus Tokio, dem die Qualität etlicher Angebote in Deutschland partout nicht gefallen wollte …). Die Kritik bekommt in diesem Zusammenhang eine sehr viel konkretere Funktion, als es unsere Punkte und Sterne vorgaukeln. Sie ist weitaus mehr Analyse denn Bewertung, und dies mit dem wesentlichen Ziel, ein weitgehend nachvollziehbares Bild einer Küche vorzustellen, sicherlich am Ende eher hierarchisierend bei klassischen Küchen mit einem weitgehend anerkannten Kanon von Qualitätsmerkmalen, wohl eher präzise darstellend und vergleichend bei ungewöhnlicheren Dingen. Ein fiktives Szenario sollte man nicht vergessen: Gäbe es ausschließlich extrem individuelle Küchen, wäre Hierarchisierung äußerst problematisch. In jedem Falle muß die Kritik zu den Fakten vordringen, die sie aus einer als dynamisch anerkannten, steter Veränderung und Entwicklung unterworfenen »State of the art«-Vorstellung von kulinarischer Kultur abgeleitet hat. Unter solchen Prämissen – die wir aus anderen Bereichen der Kultur schon kennen – kann sie zu sehr viel seriöserem Gewicht kommen, sowohl in einer dienlich-empfehlenden Form, als auch als kritischer Begleiter der Kreativen. Beide Aspekte wurden bisher kaum bedient.

Rotweine aus Württemberg – oft besser als ihr Ruf

Von Bernd Kreis

»Die Württemberger Rotweine sind nicht nur viel besser als ich erwartet habe, sondern auch noch ganz anders«, schwärmte kürzlich Renate Frank, die Weinredakteurin von *Essen und Trinken* nach einer ausgedehnten Verkostung roter Württemberger. Dieses Erstaunen versinnbildlicht die Reputation der schwäbischen Winzer. Kein Außenstehender traut ihnen zu, daß sie mehr als nur rustikal-schlichte Vesperweinchen zustande bringen könnten. Sollte sich wider Erwarten trotzdem etwas Ansprechendes finden, wird Zufall vermutet. So gesehen, bewegt sich das Ansehen des Württemberger Weines außerhalb des Anbaugebietes nahe dem Nullpunkt. Hierzulande hört man dies natürlich nicht gern, denn die Geschäfte mit den schwäbischen Gewächsen laufen nach wie vor gut, wenn auch bisweilen schon Absatzschwierigkeiten auftauchen. Überhaupt hat es bisher für die Weingärtner oder Wengerter, wie in Württemberg die Winzer heißen, nur selten Grund zur Klage gegeben. Der Pro-Kopf-Weinverbrauch im Ländle ist nämlich seit vielen Jahren die Meßlatte für alle anderen Regionen.

Die Tradition will es, daß ein echter Schwabe ausschließlich Württemberger Viertele schlotzt. Aber Traditionen ändern sich, und mit der Infiltration außerschwäbischer Weine sind den Schwaben immer mehr Genießer davongelaufen. Noch immer wird auf Kritik, wenn sie überhaupt jemand wahrnimmt, mit Verständnislosigkeit, ja mit Hohn und Zorn reagiert. Zu lange haben sich schwäbische Winzer und deren Verbandsfunktionäre in wohligem Selbstgefallen geaalt. Zu sehr haben sie sich von der Realität entfernt. Aussagen wie »Gege onsern Trollinger isch doch a Mouton Rothschild a Scheiß« sind symptomatisch. Dabei sei weder der eine noch der andere kritisiert, doch allein die Tatsache, einen vollmundigen Bordeaux mit einem leichten Alltagswein vergleichen zu wollen, spricht nicht gerade für önologischen Weitblick. Die außerschwäbische Konkurrenz wird nicht einmal ernst genommen, und beharrlich wird im Ländle zu sehr auf Masse statt auf Klasse gesetzt. Dabei sind die Zeiten, als man erst einmal zwei Flaschen Weißwein kaufen mußte, um einen Roten zu erhalten, längst vorbei. Vielmehr wird in einigen Betrieben schon der Lagerraum knapp.

Was ist also passiert, wenn trotz der eher düsteren Lage die Experten von hochkarätigen Gewächsen überrascht werden? Die wachsende Kritik an den schwäbischen Weinen, die, freilich nur von außen kommend, bis in die zweite Hälfte der neunziger Jahre ätzende Ausmaße angenommen hatte, ist trotz der allgemeinen Ignoranz doch von einigen Produzenten ernst genommen worden. Heute engagiert sich neben den wenigen Betrieben, die schon immer Spitzenqualitäten produzierten, eine kleine Gruppe meist junger Winzer für die Erzeugung anspruchsvoller Weine. Sogar einige Genossenschaften sind dabei. Die Keime dieser Bewegung gehen weit in die achtziger Jahre zurück, als die Gruppe *H.A.D.E.S.* von sechs enthusiastischen Weingutbetreibern gegründet wurde. Die Gründer, Fürst zu Hohenlohe-Öhringen, Graf Adelmann, Drautz-Able, Jürgen Ellwanger, Sonnenhof und das Staatsweingut Weinsberg, zählen noch immer zur Schwabenelite. Sie haben bahnbrechende Arbeit geleistet. Es ging dabei um die Verwendung der hierzulande bislang unbekannten Barriquefässer für schwäbische Weine. Wenn auch die ersten Experimente, von vielen Önophilen mit tosendem Beifall gefeiert, im Rückblick zu den weniger bemerkenswerten Kuriositäten der Weinwelt gezählt werden müssen, hat man heute mit Siebenmeilenstiefeln den Anschluß an internationale Top-Standards erreicht. Im Sog dieser Avantgarde tauchten immer mehr dieser kleinen Fäßchen in schwäbischen Weinkellern auf. Nicht selten sind die ersten Versuche total schief gelaufen, bis die Winzer gelernt hatten, daß nur ein von Natur aus substanzreicher, kräftiger Wein den Aufenthalt im Eichenholz mit Qualitätszuwachs honoriert. Die Frage, wie man solche Qualitäten erreichen kann, mußte sich aufdrängen.

Einige Jungwinzer sind, auf der Suche nach neuen Wegen, in die weite Welt gezogen. Albrecht Schwegler aus Korb und Rainer Schnaitmann aus Fellbach sind zwei von ihnen. In Südafrika, Neuseeland und Italien haben sie hospitiert und allerlei Inspirationen mit nach Hause gebracht. Andere sind auf der heimischen Scholle dem Geheimnis auf die Spur gekommen: Maximale Quantität der Erträge und hohe Traubenqualität schließen sich gegenseitig aus.

Die Beschäftigung mit fremden Weinen hat zur Hinterfragung der eigenen Arbeitsweisen und Traditionen geführt. Schon ein simpler Vergleich des schwäbischen Lembergers mit dem österreichischen Blaufränkisch (es handelt sich dabei um dieselbe Rebsorte) konnte den Winzern die Defizite der heimischen Produktion vor Augen führen: zu hohe Hektarerträge und daraus resultierende Qualitätsdefizite. Die Württemberger Lemberger waren den pannonischen Vollblütern bis zur Mitte der neunziger Jahre hoffnungslos unterlegen. Eine weitere Ursache liegt bei der großen Verbreitung des Trollingers in den Württemberger Weingärten. Mit einem Anteil von zirka 25 Prozent der Gesamtrebfläche ist er der konkurrenzlose Platzhirsch unter den roten Sorten. Der Trollinger sichert seit Jahrzehnten die Einkommen der Weingärtner durch überreiche Erträge. Die hellen, kirschroten Weine dieser – in Südtirol als Vernatsch bekannten – Sorte sind in den besten Fällen unkomplizierte und sympathische Alltagsweine. Seitdem sich neuerdings einige Winzer sogar mit dem Trollingeranbau Mühe geben, erscheinen jedoch immer mehr, relativ hochwertige Trollinger, die als sommerliche Erfrischungen sogar verwöhnten Gaumen schmeicheln können. Obwohl der Trollinger auch bei erhöhter Sorgfalt nur vergleichsweise schlichte Weine hervorbringt, beansprucht diese Rebsorte beste Weinbergslagen. Nur dort besteht die Möglichkeit, daß die sonnenhungrigen Trauben zur Reife gelangen, was ohnehin ziemlich selten der Fall ist. Den edlen Rebsorten wie Lemberger oder Spätburgunder bleiben nur die Plätze in der zweiten Reihe.

Doch den qualitätsorientierten Winzern spielt der fallende Pro-Kopf-Weinkonsum ausnahmsweise in die Hände: Seit der typische Weinstubenbesucher nicht mehr sieben oder acht Viertele pro Abend niedermacht, sondern nur noch zwei, im Höchstfalle drei, fällt der Bedarf an den leichten Trollingern rapide. In den Spitzenlagen kann daher immer mehr Raum für die edlen Rotweinsorten freigemacht werden. Der Lemberger besitzt von allen roten Nobeltrauben Württembergs das größte Potential. Seine überragenden Qualitäten erregen seit Mitte der neunziger Jahre immer öfter Aufmerksamkeit. Die besten Lembergerweine sind dunkelrote, recht kräftige Tropfen von angenehm fruchtigem und trockenem Geschmack. Durch den behutsamen Ausbau in Barriquefässern erhalten sie zusätzliche Raffinesse. Besonders die Weine aus den kleinen Eichenfässern beeindrucken immer wieder. Sie zeichnen sich durch gute Lagerfähigkeit aus und begleiten insbesondere Rindfleischgerichte hervorragend.

Die zweite große Hoffnung gilt dem Spätburgunder, der mit dem kühlen Klima und den kalkreichen Böden Württembergs ideale Bedingungen vorfindet. Die besten schwäbischen Spätburgunder sind von großer Eleganz. Sie erscheinen schlanker als die der benachbarten Gebiete Pfalz oder Baden. Leider ist bislang nicht viel mehr als ein zaghafter Hoffnungsschimmer bei den schwäbischen Spätburgundern wahrzunehmen. Sobald sich eine größere Zurückhaltung bei den Erträgen durchsetzt, könnten sich die schwäbischen Spätburgunder zur ernsthaften Konkurrenz der badischen und Pfälzer Gewächse entwickeln.

Erstaunlicherweise gedeihen hier sogar die bordelaiser Sorten Merlot und Cabernet Sauvignon gut. Während der Cabernet-Anbau nur zu Versuchszwecken gestattet ist, darf Merlot, der bereits ausgezeichnete Ergebnisse zeitigte, seit dem letzten Jahr offiziell angebaut werden. Selbst Syrah und Nebbiolo wurden versuchsweise gepflanzt. Hier kann man noch keine seriöse Bewertung erwarten, doch die ersten Resultate verdienen einigen Respekt.

Besonders gut gelungen und ausgeglichen scheinen aber jene Rotweine, die aus mehreren Sorten zu den so genannten Cuvées zusammengestellt werden. Einer der besten Rotweine, die je im Ländle produziert wurden, der Granat von Albrecht Schwegler, ist aus den Sorten Lemberger, Merlot und Zweigelt komponiert. Der Begriff »Verschnitt« verursacht einen schalen Beigeschmack bei vielen deutschen Weinfreunden, doch diese Methode, die anfangs als Panscherei verächtlich gemacht worden ist, wurde von den Mitgliedern der Gruppe *H.A.D.E.S.* salonfähig gemacht. Sie findet täglich neue Anhänger, leider nimmt auch die Gewohnheit zu, diesen Weinen seltsame Namen zu verleihen. In der Regel müssen irgendwelche Urahnen der Winzer für die Benennungen herhalten, es werden Wappensprüche zitiert oder sonstige historische Persönlichkeiten genannt. Im schlimmsten Fall ist es sogar einer der übelsten Mordbrenner des Dreißigjährigen Krieges: der französische General Mélac.

Einige neu gezüchtete Rebsorten der Lehr- und Versuchsanstalt Weinsberg scheinen großen Raum zu gewinnen. Mit Nachdruck versucht man derzeit, den Weingärtnern das Anpflanzen der Sorten Acolon, Cabernet Cubin, Cabernet Dorsa oder Cabernet Mitos schmackhaft zu machen. Hinter diesen sonderbaren Bezeichnungen stehen Kreuzungen, die bordeauxähnliche Weine hervorbringen sollen. In den bisherigen Anbauversuchen konnten gewisse Analogien mit den französischen Edelweinen nachgewiesen werden, doch den schwäbischen Neubürgern fehlt es eindeutig an Schliff und Finesse. Das Erbgut des Dornfelders macht sich bei vielen der neuen Sorten negativ bemerkbar. Die Weine fallen zwar farbintensiv und fruchtig aus, Aroma und Geschmack sind jedoch langweilig, nicht selten sogar plump. Ihre Daseinsberechtigung werden diese Sorten bestenfalls in Cuvées finden, denen sie durch ihre körperreiche Art Fülle verleihen können.

Letztendlich liegt die Zukunft des württembergischen Rotweins bei den klassischen Rebsorten, allen voran beim Lemberger und Spätburgunder, obschon auch Merlot und Cabernet Sauvignon interessante Rollen übernehmen könnten. Ob die Zukunft strahlend oder düster aussehen wird, hängt allein von den schwäbischen Weingärtnern ab. Erfreulich viele von ihnen haben die Zeichen der Zeit verstanden und räumen inzwischen der Qualität Vorrang vor der Quantität ein. Dies gibt Anlaß zur Hoffnung, daß sich in Zukunft niemand mehr über erstklassige Rotweine aus Württemberg wundern muß.

Für weitere Informationen

Weingut Drautz-Able
Faißtstraße 23
74076 Heilbronn
Tel.: 0 71 31-17 79 08

Weingut Jürgen Ellwanger
Bachstraße 21
73650 Winterbach
Tel.: 0 71 81-4 45 25

Weingut Fürst zu Hohenlohe-Öhringen
Im Schloß
74613 Öhringen
Tel.: 0 79 41-9 49 10

Weingut Sonnenhof
Bezner-Fischer
Sonnenhof
71665 Vaihingen / Enz-Gündelbach
Tel.: 0 70 42-2 10 38

Weingut Graf Adelmann
Burg Schaubeck
71711 Steinheim-Kleinbottwar
Tel.: 0 71 48-66 65

Weingut Albrecht Schwegler
Steinstraße 35
71404 Korb
Tel.: 0 71 51-3 48 95

Staatsweingut Weinsberg
Traubenplatz 5
74189 Weinsberg
Tel.: 0 71 34-50 41 67

Weingut Rainer Schnaitmann
Untertürkheimer Straße 4
70734 Fellbach
Tel.: 07 11-57 46 16

Riesling von der Nahe – eine wunderbare Symbiose

Von Armin Diel

Alle Welt fragt sich, wieso die Nahe als Weinbaugebiet bis zum heutigen Tag immer noch relativ unbekannt ist, obschon sie mit 4600 Hektar Rebfläche rund 50 Prozent größer ist als der altbekannte Rheingau und sich in der Weinliteratur längst als »Herkunft einiger der besten Weißweine der Welt« (Hugh Johnson) etabliert hat. Es gibt in der Tat gute Gründe, die Nahe zu den absoluten Top-Regionen zu zählen, denn umgeben von Mosel, Rheingau, Rheinhessen und Pfalz liegt sie mitten im Speckgürtel des deutschen Weinbaugebietes.

Die historischen Fakten indes sind wenig bekannt: Zu Beginn des 19. Jahrhunderts umfaßte die Rebfläche des Weinbaugebietes entlang der Nahe gerade einmal 1000 Hektar und war damals zu 80 Prozent im sogenannten Mischsatz bestockt: Auf ein und derselben Parzelle standen meist Riesling und Silvaner sowie in kleinerer Anzahl Gewürztraminer und Elbling in buntem Sortengemisch. Sie wurden gemeinsam geerntet und auch als Rebsortencuvée ausgebaut.

Einhundert Jahre später hatte sich die Rebfläche zwar mehr als verdoppelt, doch machte der gemischte Satz nur noch die Hälfte des Rebbesatzes aus und verschwand bis 1950 ganz, während Silvaner und Riesling mehr und mehr das weinbauliche Geschehen an der Nahe dominierten. Das änderte sich jedoch bald schon wieder, als auch an der Nahe Massenträger wie Müller-Thurgau und neu gezüchtete Rebsorten in Mode kamen, da die Nachfrage nach lieblichen Weinen mit Klassikern wie Riesling und Silvaner kaum zu stillen war, weil sie nicht jedes Jahr Spät- oder Auslesen erbrachten.

Erst Ende der achtziger Jahre ebbte die Welle der Neuzüchtungen wieder ab, als die kulinarische Entwicklung in Deutschland den Bedarf an guten trockenen Weinen nachhaltig steigen ließ und die aufkeimende Gastronomiekritik der verunsicherten Weinnation ins Gewissen schrieb, daß dem kenntnisreichen Zecher gefälligst nach »Trockenem« zu gelüsten habe. Mancher ballte also lieber die Faust in der Tasche und ließ den sauren Igel den Hals hinunterkriechen, anstatt sich als Süßwein-Banause zu outen. Es war auch die Zeit, als der Glykolskandal alle fruchtig-süßen Weine unter den unzutreffenden Generalverdacht stellte, sie seien womöglich gepanscht.

Weil sie sich vorzüglich mit gutem Essen kombinieren lassen, schlug auch an der Nahe die Stunde der klassischen Burgundersorten, die vor allem im Badischen hochwertige trockene Weine erbringen: Weiß- und Grauburgunder sowie Blauer Spätburgunder sind seitdem die idealen Ergänzungssorten an der Nahe. Noch maßgeblicher für das gestiegene Ansehen war allerdings die Renaissance des Rieslings, der dort seit Beginn der neunziger Jahre die meistangebaute Rebsorte ist und in den Spitzenlagen der Region seine ideale Heimstatt gefunden hat.

Ziemlich genau einhundert Jahre zuvor hatte die Reblausseuche, die in praktisch allen Weinbauregionen Europas verheerende Spuren hinterließ, auch die Nahe heimgesucht und einen Großteil der Reben zerstört. Das Gros der Reben wurde entfernt und durch Reblausresistente Pfropfreben ersetzt. Überhaupt war die Region seinerzeit in Aufbruchstimmung – die Eröffnung der Weinbauschule in Bad Kreuznach im Jahr 1900 setzte ein deutliches Zeichen wie auch die Gründung der Preußischen Staatsdomäne in Niederhausen wenige Jahre danach.

Anfang des 20. Jahrhunderts wurden die Weine aus dem Nahetal in der Regel noch als »Rheinweine« verkauft, mit gewisser Berechtigung, denn schließlich mündet die in der Nähe von Hermeskeil entspringende Nahe bei Bingen in den Rhein. Erst in einer staatlichen Verfügung der dreißiger Jahre kam der Nahegau als eigene Weinbauregion vor. Das war auch nicht weiter tragisch, denn solange der überregionale Verschnitt erlaubt war, wurden Naheweine vorzugsweise im

Faß sowohl in die Pfalz als auch an die Mosel geliefert. Als willkommenen Verschnittpartner päppelte man die barocken Pfälzer damit etwas auf und verlieh manch leichtem Möselchen etwas mehr Körper.

Die heutigen Grenzen des Weinbaugebietes Nahe wurden erst nach einer Verwaltungsreform Ende der sechziger Jahre und durch das Weingesetz von 1971 definiert. Lange kursierte durch die Broschüren der offiziellen Weinwerbung das vermeintlich positive Image vom »Probierstübchen der deutschen Weinlande«. Damit nahm man Bezug auf die große Vielfalt an Bodentypen, die in der Tat frappierend unterschiedliche Weine hervorbringt: Am Oberlauf der Nahe findet man zwischen Monzingen und Traisen vorwiegend Porphyr, Melaphyr und Buntsandstein, im Mittelteil rund um Bad Kreuznach eher Löß und Lehm und an der unteren Nahe zwischen Langenlonsheim und Bingen Ton, Quarzit- und Schieferböden. Jedoch veränderte sich der positive Sinngehalt des »Probierstübchens« durch die schon beschriebene Flut neuer Rebsorten, die auch die Weinberge an der Nahe seit den sechziger Jahren überschwemmte. Im Verlauf der Achtziger dann hat sich aber gottlob der Riesling an die Spitze einer Qualitätsentwicklung gesetzt, die der Nahe endgültig einen wohlverdienten Platz im Reigen der deutschen Premiumregionen ermöglichte. Mit rund 30 Prozent der Rebfläche hat der Riesling heute seine Bedeutung für die Nahe deutlich gefestigt.

Interessant ist die bis vor einigen Jahren kaum bekannte Tatsache, daß es an der Nahe bereits vor einhundert Jahren eine Lagenklassifikation gab, die sich an der Grundsteuer der jeweiligen Parzelle orientierte. Sie gliederte sich in drei Stufen: 15 bis 120 Silbergroschen für die einfache Kategorie, 150 bis 240 Silbergroschen für die Mittelklasse und 360 bis 600 Silbergroschen für die Spitzenlagen. Die Ergebnisse wurden im Jahr 1901 in einer *Nahe-Weinbaukarte für den Regierungsbezirk Coblenz* dokumentiert – die wenigen dunkelrot eingefärbten Spitzenlagen waren darauf deutlich zu erkennen. Da auch vor einem Jahrhundert niemand freiwillig den höchsten Steuersatz zahlte, sich also kaum jemand für die teuerste Kategorie beworben haben dürfte, kann man getrost davon ausgehen, daß die damals vorgenommenen Einstufungen dem tatsächlichen Ertragswert der Weinberge entsprachen. Diese Nahe-Karte schlummerte lange im verborgenen, bis sie Mitte der neunziger Jahre von den Prädikatsweingütern der Nahe *(VDP)* wiederentdeckt und neu aufgelegt wurde. Ein Textband gibt überdies manch interessanten Aufschluß über die Entstehungsgeschichte der Karte. Etwa, daß »aus jeder Gemeinde ein wohl instruirter, mit den örtlichen Verhältnissen genau vertrauter tüchtiger Landwirt hier auf dem Bureau Auskunft ertheilte« und daß die Fertigstellung der Karte beinahe an den mangelnden Finanzen gescheitert wäre.

Die Spitzenerzeuger der Nahe machten sich die Lehren dieser historischen Karte im Stile einer französischen *AOC*-Regelung zu eigen und beschlossen strikte Selbstbeschränkungen: In ihrem Lagen-Statut von 1997 legten sie unter anderem fest, daß zukünftig nur noch Rieslingweine aus den besten Weinbergen mit Lagenbezeichnung angeboten werden dürfen. Umgekehrt heißt dies, daß alle anderen Rebsorten, selbst die mittlerweile so populären Burgundersorten, ohne Lagenbezeichnung vermarktet werden müssen, selbst wenn sie in einer der »Grand-Cru-Lagen« angepflanzt sein sollten. Darüber hinaus müssen die stets handgelesenen Trauben in jeder Qualitätsstufe von deutlich höherer Güte sein, als es das Gesetz verlangt, und die Erträge dabei extrem niedrig bleiben. Bevor die Weine im Folgejahr verkauft werden dürfen, durchlaufen sie neben der amtlichen Qualitätsweinprüfung eine zusätzliche, strenge Blindverkostung. Offen blieb bislang nur noch die Zuweisung von sogenannten Geschmackskorridoren für die jeweilige Qualitätsstufe, welche die parallele Vermarktung einer trockenen, einer halbtrockenen und einer edelsüßen Auslese aus ein und derselben Lage verhindert.

So löblich diese Qualitätsinitiative ist, so betrifft sie doch nur wenige Prozent der Weinbaufläche an der Nahe. Für die übrigen Erzeuger außerhalb des *VDP* sind diese Regeln nicht verbindlich. Doch folgen inzwischen immer mehr Nahe-Winzer dem Vorbild ihrer erfolgreichen Kollegen, weil sie vom Sinn dieser Maßnahme überzeugt sind und durch die freiwillige Beschränkung eine gewisse Straffung ihres oft unübersichtlichen Angebotes erreichen.

Ein Blick auf die Jahrgangstabelle der letzten Dekade zeigt, daß sich die Nahe-Winzer über die Ertragsgüte der letzten zehn Jahre nicht beklagen dürfen. Die neunziger Jahre waren eine einzige Erfolgsgeschichte: Mit gewissen Einschränkungen beim 91er bescherte ihnen die Natur einen guten Jahrgang nach dem anderen. Die Nahe-Winzer haben diese Phase exzellenter Jahrgänge auch dazu genutzt, ihre Weine am Markt zu besseren Preisen zu positionieren.

Deutlicher Beleg für das gestiegene Selbstbewußtsein der Naheregion sind auch die Versteigerungsresultate der Prädikatsweingüter. Im herrlichen Ambiente des *Museums Römerhalle*, welches in den siebziger Jahren rund um ausgegrabene Reste einer großartigen römischen Villa erbaut wurde, erreichten edelsüße Beerenauslesen und Eisweine in den letzten Jahren Preise, die man ansonsten nur von den traditionsreichen Versteigerungen in Kloster Eberbach und Trier kannte.

Schon vor Jahren ist es zum kollegialen Schulterschluß mit den berühmten Nachbarn von Mosel, Saar und Ruwer gekommen, mit denen sich die Nahe-Winzer alljährlich sowohl in München als auch in London präsentieren. Und mit den Kollegen des *VDP-Rheingau* führt man unter der Ägide des Londoner Versteigerungshauses *Christie's* gemeinsame Versteigerungen von Riesling-Raritäten durch.

Noch vor 50 Jahren repräsentierten einige wenige große Bad Kreuznacher Weingüter sowie die Staatliche Weinbaudomäne in Niederhausen den Nahewein fast allein. Kleinere Erzeuger spielten außerhalb des Anbaugebietes kaum eine Rolle, viele lieferten ihre Weine bei den damals an der Nahe noch bedeutungsvollen Genossenschaften ab.

In den beiden letzten Jahrzehnten hat sich an der Nahe jedoch ein bedeutender Strukturwandel vollzogen. Die vormals bestimmenden Güter haben ihre dominante Position zugunsten kleinerer, leistungsfähiger Familienbetriebe räumen müssen: Werner Schönleber in Monzingen, Helmut Dönnhoff in Oberhausen und Peter Crusius in Traisen sind ebenso erst in den beiden letzten Dekaden zu den Prädikatsweingütern gestoßen wie Stefan Rumpf in Münster-Sarmsheim und Martin Tesch in Langenlonsheim. Ganz neu im Eliteklub der Nahe-Winzer ist das Bockenauer Weingut Schäfer-Fröhlich. Erfreulich stabil präsentiert sich auch die vor einigen Jahren privatisierte, ehemalige Staatsdomäne, die heute unter Gutsverwaltung Niederhausen-Schloßböckelheim firmiert. Die neue Inhaberfamilie Maurer hat inzwischen viel Geld und Geschmack in die Gutsgebäude gesteckt, die alte Kelterhalle zu einer geräumigen Vinothek umgebaut und das frühere Direktorengebäude in ein hübsches Gästehaus verwandelt. Geradezu majestätisch liegt das Gut in einem der landschaftlich reizvollsten Teile der Naheregion, die gottlob bislang von den Verwerfungen des Massentourismus verschont blieb.

Bisweilen sagt man der Nahe immer noch nach, ihre Weine seien nicht spezifisch genug und bestenfalls ein Zwischending von Rhein und Mosel. Doch damit können die Nahe-Winzer allemal leben. In Kennerkreisen hat sich nämlich längst herumgesprochen, daß die besten Naheweine im Hinblick auf Fruchtdichte und Langlebigkeit den Vergleich mit keinem anderen Riesling des Landes fürchten müssen. Es stimmt, daß sie je nach Lage durchaus Charakterzüge der angrenzenden Gebiete aufweisen können: die Rasse der Mosel, die Eleganz des Rheingaus und die Opulenz der Pfalz. Was auf den ersten Blick wie ein Makel erscheinen mag, erweist sich bei genauerer Betrachtung als einzigartiges Privileg. Denn keine der benachbarten Regionen kann von sich behaupten, komplementäre Elemente des jeweiligen Nachbarn aufzuweisen. Und diese Typen-vereinende Symbiose macht womöglich den ganz besonderen Charme des Naheweines aus.

Den größten Erfolg der Neuzeit feierten die Nahe-Winzer mit dem allgemein als schwierig erachteten Jahrgang 2000. Nach frühem Austrieb und in rekordverdächtiger Zeit absolvierter Blüte bescherte der Juli auch der Naheregion ungewohnte Niederschlagsmengen. Zu guter Letzt stellte der feuchte Oktober, in dessen Verlauf es jeden zweiten Tag regnete, höchste Anforderungen an das Können der Winzer. Nur wer bei der Lese pingeligst aussortierte, konnte sich am Ende über exzellente 2000er freuen. Und genau dies bescheinigte der *Wine Spectator* den Winzern an der Nahe. »Niemand in ganz Deutschland brachte bessere 2000er Weine auf die Flasche«, applaudierte das größte amerikanische Weinmagazin.

GESCHICHTE

Das gute Essen bei Heinrich Heine

Von Gerhard Neumann

Diese kalte Passion, die uns in so flammenden Redensarten aufgetischt wird, erinnert mich immer an das gebratene Eis, das die Chinesen so künstlich zu bereiten wissen, indem sie kleine Stückchen Gefrorenes, eingewickelt in dünnen Teig, einige Minuten übers Feuer halten: ein antithetischer Leckerbissen, den man schnell verschlucken muß, und wobey man Lippe und Zunge an der heißen Rinde verbrennt, den Magen aber erkältet.[1]

Als Rainer Maria Rilke der Fürstin Marie von Thurn und Taxis am 11. 2. 1922 den endlichen Abschluß der *Duineser Elegien* meldete, jubelte er: »Alles in ein paar Tagen, es war ein namenloser Sturm, ein Orkan im Geiste [...], alles, was Faser in mir ist und Geweb, hat gekracht, – an Essen war nie zu denken, Gott weiß, wer mich genährt hat. Aber nun *ists*. Ist. Ist. Amen.« Und Goethe bittet Gott am Vorabend seines dreißigsten Geburtstages in seinem Tagebuch: »Lasse uns von Morgen zum Abend das Gehörige tun und gebe uns klare Begriffe von den Folgen der Dinge. Daß man nicht sei wie Menschen, die den ganzen Tag über Kopfweh klagen und gegen Kopfweh brauchen und alle Abend zu viel Wein zu sich nehmen. Möge die Idee des Reinen die sich bis auf den Bissen erstreckt den ich in Mund nehme, immer lichter in mir werden.«

Solche Sätze wird man bei Heinrich Heine vergeblich suchen.[2] Für ihn erscheint – im Gegensatz zu Goethe oder Rilke – der literarische Schöpfungsakt mit dem Eßakt auf merkwürdige und obstinate Weise verkoppelt. So schickt er sich einmal an, einer Dame seine Liebesgeschichte zu erzählen, besinnt sich dann aber anders. »Ich räche mich dadurch an den Prüden, die dergleichen Geschichten mit Wonne einschlürfen«, sagt er. »Es ist eine gute Geschichte, köstlich wie eingemachte Ananas, oder wie frischer Caviar, oder wie Trüffel in Burgunder, und wäre eine angenehme Lektüre nach der Betstunde; aber aus Rankiine, zur Strafe für frühere Unbill, will ich sie unterdrücken. Ich mache daher hier einen langen Gedankenstrich –«[3].

Nur im Tausch gegen das andere kann das eine gegeben werden: Gutes Essen ist, so könnte man mit Heine sagen, die Bedingung der Möglichkeit guter Literatur, ideell wie materiell; und nur durch die Literatur wird einem das Sinnenglück der Speise zuteil. »Haben Sie die Idee eines Mittagessens begriffen, mein Lieber?«, fragt Heine seinen Leser im ersten »Brief aus Berlin«. »Wer diese begriffen hat, der begreift auch das ganze Treiben der Menschen.«[4] Nach kurzer räsonierender Weiterfahrt aber durch das Berliner Viertel fügt er hinzu: »Jetzt laßt uns umkehren. Ich habe Appetit und sehne mich nach dem Café Royal.« Und dabei läßt Heine, wie ein Gourmet-Cicerone, die Berliner Gasthäuser Revue passieren: das Hôtel de Rome und das Hôtel de Petersbourg, »die zwey angesehensten Gasthöfe«. »Nahe bey ist die Konditorey von Teichmann«, heißt es dann schwärmerisch. »Die gefüllten Bonbons sind hier die besten Berlins; aber in den Kuchen ist zu viel Butter.« Und der Kenner und Gastrosoph Heine erläutert weiter: »Hier links drängt sich wieder das Gute; hier wohnt Sala Tarone, hier ist das Café de Commerce, und hier wohnt – Jagor![5] Eine Sonne steht über dieser Paradiesespforte. Treffendes Symbol! Welche Gefühle erregt diese Sonne in dem Magen eines Gourmands!«[6] Aber solche Kartographie wendet sich bei Heine auch ins Grundsätzliche; so, wenn er in der »Harzreise« proklamiert, er habe »in der Naturwissenschaft sein eigenes System«, nach dem er alles einteile: »in dasjenige, was man essen kann, und in dasjenige, was man nicht essen kann«[7]. Und nicht nur die christliche Welt ordnet sich Heine nach einer solchen Topographie der Restaurants, sondern auch die jüdische. Im »Buch Le Grand«, das den Obertitel »Ideen« trägt, behauptet Heine: »Ueber das Essen der alten Hebräer könnt' ich weitläufig mich aussprechen und bis auf die jüdische Küche der neuesten Zeit herabgehen – Ich citire bey dieser Gelegenheit den ganzen Steinweg – [...]«[8]. Der »Steinweg«, eine Straße in Hamburg, war für Heine zeitlebens Inbegriff der dortigen jüdischen Gemeinde; und vielleicht gerade darum, weil sich dort zahlreiche Restaurants mit jüdischem Essen befanden. Überhaupt ist es erst die Verortung in den Regionen und in der Geschichte, die dem Mahl in Heines Augen seine kulturbildende Kraft gibt. In der »Harzreise« schreibt er: »In der ›Krone‹ zu Clausthal hielt ich Mittag. Ich bekam frühlingsgrüne Petersiliensuppe, veilchenblauen Kohl, einen Kalbsbraten, groß wie der Chimborasso in Miniatur, sowie auch eine Art geräucherter Heringe, die Bückinge heißen, nach dem Namen ihres Erfinders, Wilhelm Bücking, der 1447 gestorben, und um jener Erfindung willen von Carl V. so verehrt wurde, daß derselbe anno 1556 von Middelburg nach Bievland in Seeland reiste, bloß um dort das Grab dieses großen Mannes zu sehen«[9] – ein Heinescher Scherz mit tieferer Bedeutung! Denn in der Tat stößt er mit diesem Argument in höchste Bereiche vor: Es gibt vielleicht im ganzen Werk Heines kein schöneres Zeugnis für diese komplizierte Verbindung zwischen Literatur und Essen in der menschlichen Kultur als das Gedicht aus dem Zyklus »Die Heimkehr«, in dem der Autor sich in einer sehr persönlichen Ruhmesphantasie als »lieber Gott« präsentiert, und zwar essend:

Mir träumt': ich bin der liebe Gott,
Und sitz' im Himmel droben,
Und Englein sitzen um mich her,
Die meine Verse loben.

Und Kuchen ess' ich und Confekt
Für manchen lieben Gulden,
Und Kardinal trink' ich dabei,
Und habe keine Schulden.[10]

Kardinal ist hier kein kirchlicher Würdenträger, sondern ein Getränk aus Weißwein und Orangensaft! Der Traum von der Schuldenlosigkeit gibt im übrigen einen Hinweis, warum Heine auf diese Frage des Essens als Äquivalent der Literatur in seinen Schriften immer wieder zurückkommt. Heine, der erste große Berufsschriftsteller der deutschen Literatur, vermochte nie mehr als die Hälfte seines Unterhalts durch Schreiben zu bestreiten. Er litt Not, und so schrieb er sich mit seinen Essensphantasien in die Geschichte der Menschheit hinein, die ja bekanntlich zu ihrem größten Teil – bis in die Mitte des 19. Jahrhunderts sogar in Mitteleuropa – eine Geschichte des Kampfes gegen den Hunger gewesen ist. Während Horaz sich am Tisch des Mäcenas Zeit für seine Dichtung nehmen und sie neun Jahre in der Schublade reifen lassen konnte, war der moderne Dichter auf schmerzhafte Diät gesetzt: Horaz, so schreibt Heine, saß vielleicht »an der Tafel des Mäcenas und aß Truthähne mit Trüffeln, Fasanenpudding in Wildpretsauce, Lerchenrippchen mit Teltower Rübchen, Pfauenzungen, indianische Vogelnester, und Gott weiß! was noch mehr, und alles umsonst. Aber wir [...] leben in einer andern Zeit, unsere Mäcenaten [...] glauben, Autoren und Mispeln gedeihen am besten, wenn sie einige Zeit auf dem Stroh liegen [...]«[11]. Freilich muß man sehen, daß dieser ›Kulturkampf‹ Heines um das Essen in einem sehr viel weiteren Zusammenhang steht: Dieser Kampf ist nämlich auch die Quelle der Auseinandersetzung des Materialisten, welcher der mit Karl Marx befreundete und mit ihm Gespräche führende Heine war, mit dem Idealismus der klassischen Epoche in Deutschland – repräsentiert durch den Dichter Schiller und die Philosophen Fichte und Kant; »zum Glück«, lobt Heine den letzteren in seiner *Geschichte der Religion und Philosophie in Deutschland*[12], »mische« dessen trockene Philosophie sich wenigstens »nicht in die Kochkunst« ein. Das 19. Jahrhundert war ja in der Tat ein zutiefst in sich zerrissenes: eine Philosophie des Idealismus auf der einen Seite; ein wuchernder Buchmarkt der ›Physiologien‹ aller Art auf der anderen Seite. So gab es in Frankreich eine *Physiologie du rire* von Baudelaire verfaßt, eine *Physiologie du mariage* von Balzac und, neben zahllosen anderen, wie den Physiologien des Geldes, des Walzers und der Polka, auch die hochrenommierte *Physiologie du goût*« des Feinschmeckers Brillat-Savarin von 1825. Ihr entsprach – oder *wider*sprach – in Deutschland *Der Geist der Kochkunst* des Feingeists und Italienliebhabers Carl Friedrich von Rumohr (1822). Physiologie gegen Geist, Materialismus gegen Idee – das war die gespaltene Devise der Zeit, über deren Unlösbarkeit Heines, des deutschen Juden in Paris, Dichtung errichtet war. Im sechsten Kapitel des »Buches Le Grand«, in dem es um die entscheidende Frage »Was ist eine Idee?«[13] geht, bekennt Heine lakonisch, seine Passion seien »Liebe, Wahrheit, Freiheit und Krebssuppe«; und in einem gern berufenen Zitat aus der »Harzreise« nennt er Göttingen, mit einer entsprechenden Kippformel, eine Stadt, »berühmt durch ihre Würste und Universität«[14].

Aber Heines Bildrepertoire des Essens, das er in seinen Dichtungen verwendet, und mit welchem er sexuelle, literarische, kulturelle, poetische und religiöse Zusammenhänge gleichermaßen bedenkt und kulturell situiert, setzt nicht ein Spiel mit ›verblaßten Metaphern‹ in Szene – wie: ›ich hab dich zum Fressen gern‹, wobei außer Kleists *Penthesilea* wohl niemand an Essen denkt! Heines Essensbilder stiften vielmehr ein umfassendes Theater des Wörtlichnehmens, »Wahrheit« *und* »Krebssuppe« also! Man denke etwa an Heines Charakteristik verschiedener europäischer Frauentypen, deren Beschreibung er seinem Herrn Schnabelewopski in den Mund legt: »Jedes Land hat seine besondere Küche und seine besonderen Weiblichkeiten [...]. Von hohem idealischen Standpunkte betrachtet, haben die Weiber überall eine gewisse Aehnlichkeit mit der Küche des Landes. Sind die brittischen Schönen nicht eben so gesund, nahrhaft, solide, konsistent, kunstlos und doch so vortrefflich wie Altenglands einfach gute Kost: Rostbeaf, Hammelbraten, Pudding in flammendem Cogniac, Gemüse in Wasser gekocht, nebst zwey Saucen, wovon die eine aus gelassener Butter besteht? Da lächelt kein Frikassé, da tändeln nicht jene tausendartig gestopften, gesottenen, aufgehüpften, gerösteten, durchzückerten, pikanten, deklamatorischen und sentimentalen Gerichte, die wir bey einem französischen Restaurant finden, und die mit den schönen Französinnen selbst die größte Aehnlichkeit bieten!«[15] Dann läßt Heine die holländischen Frauenzimmer Revue passieren: »Besonders ist die Zubereitung der Fische unbeschreibbar liebenswürdig. Rührend inniger, und doch zugleich tiefsinnlicher Sellerieduft. Selbstbewußte Naivität und Knoblauch. Tadelhaft jedoch ist es, daß sie Unterhosen von Flannel tragen; nicht die Fische, sondern die schönen Töcher des meerumspülten Holland.«[16] Vorbeispazierend an der Republik Hamburg erinnert sich Heine der dortigen schönen Mädchen und Frauen – »O Ihr Götter! in den ersten vier Wochen, wie sehnte ich mich zurück nach den Rauchfleischlichkeiten und nach den Mokturteltauben Hammonias! Ich schmachtete an Herz und Magen« –; und ganz zuletzt gerät er über die italienischen Frauen (oder Küchenkostbarkeiten) ins Schwärmen – »Italiens gelbfette, leidenschaftsgewürzte, humoristisch garnirte, aber doch schmachtend idealische Küche trägt ganz den Charakter der italienischen Schönen. O, wie sehne ich mich manchmal nach den lombardischen Stuffados, nach den Tagliarinis und Brokolis der holdseligen Toskana! Alles schwimmt in Oehl, träge und zärtlich, und trillert Rossinis süße Melodien, und weint vor Zwiebelduft und Sehnsucht! Den Makaroni mußt du aber mit den Fingern essen, und dann heißt er: Beatrice!« Diesen europäischen Herrlichkeiten entgegengesetzt heißt es aber dann lakonisch: »Von der deutschen Küche kein Wort.«[17]

Besonders in seiner Lyrik, die ihren neuen und eigenen dichterischen Weg zwischen dem ›Geist der Goethezeit‹ der Deutschen einerseits, der ›Physiologie du goût‹ der Franzosen andererseits sucht, praktiziert Heine eine Poetik der Kippfigur, eine Art Umwidmung klassischer und romantischer ›idealistischer‹ Zitate in die Materialität der Nahrung. Aus dem Schillerschen geflügelten Wort aus der *Braut von Messina* (»Das Leben ist der Güter höchstes nicht, / Der Übel größtes aber ist die Schuld«) macht Heine: »Das Leben ist der Güter höchstes, und das schlimmste Uebel ist der Tod.«[18] Und aus Schillers Ode »An die Freude«, die, wie man weiß, den Text zum Finale von Beethovens *9. Symphonie* liefert, entwickelt Heine in seinen »Hebräischen Melodien« eine Strophe über seine eigene jüdische Lieblingsspeise, Schalet, ein Sabbatgericht aus Bohnen, Graupen oder Kartoffeln und Fleisch:

Schalet, schöner Götterfunken,
Tochter aus Elysium!
Also klänge Schillers Hochlied,
Hätt' er Schalet je gekostet.

Schalet ist des wahren Gottes
Koschere Ambrosia,
Wonnebrot des Paradieses, [...][19]

Im Grunde könnte man behaupten, daß Heines komplexe Verschränkung von Poesie und Essen, von Spiritualität und Materialität, aus einer sein ganzes Werk durchziehenden Kulturtheorie erwächst, die von ihm aus dem zerrissenen Geist des 19. Jahrhunderts entwickelt wurde; aus der Forderung nach der ›Emanzipation des Fleisches‹, wie die Jungdeutschen sagten, in einer obsoleten Welt eines konservativen Idealismus. Dieser Kulturtheorie versichert sich Heine, indem er reisend schreibt oder indem er Reisen in die verschiedenen Weltregionen fingiert. Es ist eine Kulturwissenschaft, ja geradezu eine ›Ethnologie‹, die Poesie als materiale Welterkundung begreift. Heine, der ›Forschungsreisende in seiner eigenen Kultur‹, hat sie vor allem in seinen *Reisebildern* praktiziert: »Die Harzreise«, »Die Nordsee«, »Reise von München nach Genua«, »Die Bäder von Lucca«, »Briefe aus Berlin« – oder eben »Deutschland. Ein Wintermärchen«. Da heißt es dann:

Wir wollen auf Erden glücklich seyn
Und wollen nicht mehr darben;
Verschlemmen soll nicht der faule Bauch
Was fleißige Hände erwarben.

Es wächst hienieden Brod genug
Für alle Menschenkinder,
Auch Rosen und Myrten, Schönheit und Lust,
Und Zuckererbsen nicht minder.

Ja, Zuckererbsen für Jedermann,
Sobald die Schooten platzen!
Den Himmel überlassen wir
Den Engeln und den Spatzen.[20]

Ein flammendes kulturelles, ja, revolutionäres Manifest! »Was ist aber diese große Aufgabe unserer Zeit?«, fragt Heine in seiner »Reise von München nach Genua«.[21] Seine Antwort lautet: »Die Emanzipation.« Und er fügt hinzu – und es ist wieder das doppelte Spiel des idealistischen wie des materialistischen Interesses, das hier in Geltung tritt: »Laßt uns die Franzosen preisen! sie sorgten für die zwey größten Bedürfnisse der menschlichen Gesellschaft, für gutes Essen und bürgerliche Gleichheit, in der Kochkunst und in der Freyheit haben sie die größten Fortschritte gemacht, und wenn wir einst alle, als gleiche Gäste, das große Versöhnungsmahl halten, und guter Dinge sind, – denn was gäbe es Besseres als eine Gesellschaft von Pairs an einem gutbesetzten Tische? – dann wollen wir den Franzosen den ersten Toast darbringen.«[22]

So kann Heine vom »Leben als Gastmahl« sprechen, vom »Bankett des Lebens«, und ausrufen: »Ich habe gerochen alle Gerüche/In dieser holden Erdenküche«. Und die verschiedenen Formen und Funktionen des Gastmahls, als jenes Ritual, das kulturelles Leben – mag es hellenisch, nazarenisch oder hebräisch sein – mit Sinn belehnt, hat Heine in seinen schönsten Texten zum Thema gemacht. So läßt er, in der Nachfolge des großen platonischen *Symposions*, in dem, beim Genuß des Weins, über das Wesen der Liebe verhandelt wird, einen »Theetisch« in der Salonkultur des ›viktorianischen‹ 19. Jahrhunderts parodistisch zu einem ›philosophischen Mahl‹ werden:

Sie saßen und tranken am Theetisch,
Und sprachen von Liebe viel,
Die Herren, die waren ästhetisch,
Die Damen von zartem Gefühl.

Die Liebe muß seyn platonisch,
Der dürre Hofrat sprach.
Die Hofräthin lächelt ironisch,
Und dennoch seufzet sie: Ach!

Der Domherr öffnet den Mund weit:
Die Liebe sey nicht zu roh,
Sie schadet sonst der Gesundheit.
Das Fräulein lispelt: wie so?

Die Gräfin spricht wehmütig:
Die Liebe ist eine Passion!
Und präsentiret gütig
Die Tasse dem Herrn Baron.

Am Tische war noch ein Plätzchen;
Mein Liebchen, da hast du gefehlt.
Du hättest so hübsch, mein Schätzchen,
Von deiner Liebe erzählt.[23]

An anderer Stelle, nämlich in der Romanze »Spanische Atriden«, setzt Heine nicht das platonische Symposion, sondern ein Rachemahl in Szene, wo der treue Hund das Haupt seines hingerichteten Herrn dem grausamen König Pedro und seinen entsetzten Gästen vorlegt – » [...] ob wir wohlgespeist?«[24]; so konfrontiert Heine in der Romanze »Vitzliputzli« das schreckliche Menschenopfer der Azteken, das an den Soldaten des Cortez vollzogen wird, mit dem christlichen Abendmahl und seiner versteckten Anthropophagie (»Christus ist mein Leibgericht«):

»Menschenopfer« heißt das Stück
Uralt ist der Stoff, die Fabel;
In der christlichen Behandlung
Ist das Schauspiel nicht so gräßlich.

Denn dem Blute wurde Rothwein,
Und dem Leichnam, welcher vorkam,
Wurde eine harmlos dünne
Mehlbreyspeis transsubstituiret –

Diesmal aber, bey den Wilden,
War der Spaß sehr roh und ernsthaft
Aufgefaßt: Man speis'te Fleisch
Und das Blut war Menschenblut.

Diesmal war es gar das Vollblut
Von Altchristen, das sich nie,
Nie vermischt hat mit dem Blute
Der Moresken und der Juden.[25]

So wird dann aber schließlich, im »Rabbi von Bacherach«, einer der schönsten Erzählungen Heines, das sinnlich-fromme Pessachmahl im Haushalt des Rabbi gezeigt[26]: Nachdem das Tafeltuch über den Tisch gebreitet ist, legt die Hausfrau in die Mitte desselben »drey von den platten, ungesäuerten Brödten, verdeckt sie mit einer Serviette, und stellt auf diesen erhöhten Platz sechs kleine Schüsseln, worin symbolische Speisen enthalten, nemlich ein Ey, Lattig, Mayrettigwurzel, ein Lammknochen, und eine braune Mischung aus Rosinen, Zimmet und Nüssen.«[27] Dieses Mahl, das an den Auszug der Juden aus Ägypten erinnert, wird durch den von den Christen inszenierten Pogrom in Bacharach abgebrochen. Ihm antwortet, in einer Art irdischer Verdopplung, das Essen in der jüdischen Garküche der Schnapper-Elle im Frankfurter Ghetto. Dort ist es der spanische Renegat und Gegenspieler des Rabbi, Don Isaak, der sich der »wohlbekannten Düfte« der »Küche der Juden« erinnert: »[…] ich sah wieder das gedämpfte Hammelfleisch mit Knoblauch und Mayrettig«, heißt es da, »womit man die Todten erwecken kann, und die Suppe mit schwärmerisch schwimmenden Klöschen… und meine Seele schmolz, wie die Töne einer verliebten Nachtigall […]«[28]. Und Don Isaak bekennt dem Rabbi – und es ist, als ob Heine selbst mitspräche –: »[…] ich liebe

Eure Küche weit mehr als Euren Glauben; es fehlt ihm die rechte Sauçe.«[29]

In dem Gedicht »Disputazion«, in dem es um den Vorrang der christlichen oder der jüdischen Religion geht, um die Entscheidung zwischen dem Erlösungsmahl der Eucharistie und dem Gedächtnismahl am Pessach-Abend, wird zuletzt Gott selbst als Küchenmeister für das Bankett des Lebens ins Spiel gebracht: »Was Gott kocht, ist gut gekocht!«[30] Am Ende seines Lebens, beinahe wie ein ›letztes Wort‹ Heines zur ›Erdenküche‹, drängt sich ihm dann noch einmal das Bild der Nahrung als Lebenselement auf: »Wenn man nun einen Gott begehrt«, schreibt er im Nachwort zum »Romanzero«, »der zu helfen vermag [...] – so muß man auch seine [...] Außerweltlichkeit [...] annehmen. Die Unsterblichkeit der Seele, unsre Fortdauer nach dem Tode, wird uns alsdann gleichsam mit in den Kauf gegeben, wie der schöne Markknochen, den der Fleischer [...] seinen Kunden [...] unentgeltlich in den Korb schiebt. Ein solcher schöner Markknochen wird in der französischen Küchensprache *la réjouissance* genannt, und man kocht damit ganz vorzügliche Kraftbrühen [...]«.[31] Und in einem Brief aus dem September 1848, aus der ›Matratzengruft‹ in Paris, schreibt Heine die erschütternden Sätze: »Wenn ich auch nicht gleich sterbe, so ist doch das Leben für mich auf immer verloren und ich liebe doch das Leben mit so inbrünstiger Leidenschaft. Für mich gibt es keine schönen Berggipfel mehr [...], keine Frauenlippe, die ich küsse, nicht mal mehr ein guter Rinderbraten in Gesellschaft lauter schmausender Gäste; meine Lippen sind gelähmt wie meine Füße, auch die Eßwerkzeuge sind gelähmt [...]«.

Heine, der natürliche Sohn des ›entzweiten Jahrhunderts‹, wie Hegel das neunzehnte einmal genannt hat, vermocht des Wirklichen nur habhaft zu werden, indem er sich des Gegensatzes von Spiritualität und Materialität, von Geist und Nahrung immer wieder von neuem mit poetischen Mitteln versicherte: »Alle Dinge sind uns ja nur durch ihren Gegensatz erkennbar«, heißt es in einem Brief an Immermann vom 10. 6. 1823, »es gäbe für uns gar keine Poesie, wenn wir nicht überall auch das Gemeine und Triviale sehen könnten.« Und genau dies möchte er auch seinem Erzrivalen August Graf von Platen höhnisch ins Stammbuch schreiben (wie ein Gespräch mit Alfred Meißner von 1848 überliefert): »An Verständnis der Metrik hat ihn niemand übertroffen, es fehlten nur eben die Gedanken und Gefühle, die mit der Verskunst zu bekleiden waren. Er hatte die poetische Kochkunst gründlich erlernt – ihm fehlte nur der Braten und das Feuer.«

1 Heinrich Heine, *Historisch-kritische Gesamtausgabe der Werke*, hrsg. von Manfred Windfuhr, Hamburg 1975 ff. Hier Band 14/I, Lutezia II, hrsg. von Volkmar Hansen, Hamburg 1990, S. 45.

2 Zum Thema des Essens bei Heine vgl. Bernd Wetzel, *Das Motiv des Essens und seine Bedeutung für das Werk Heinrich Heines*, München 1972; Terence James Reed, Heines Appetit. In: *Heine-Jahrbuch 22* (1983), S. 9–30; Jocelyn Kolb, *The Ambiguity of Taste. Freedom and Food in European Romanticism*, Ann Arbor (The University of Michigan Press) 1995, Chapter Four, Heine and the Aesthetics of the Tea Table, S. 115–223.

3 Heinrich Heine, *Historisch-kritische Gesamtausgabe der Werke*, hrsg. von Manfred Windfuhr, Hamburg 1975 ff. (5,174)

Zitatnachweise aus der kritischen Gesamtausgabe mit Band- und Seitenzahl

4 (6,16)

5 Dieses Lokal befand sich Unter den Linden 23 und galt als vornehmstes und prächtigstes Restaurant Berlins.

6 (6,15)

7 (6,129 f.)

8 (6,203)

9 (6,92)

10 (1,1,279)

11 (6,207)

12 (8,1,91)

13 (6,205 f.)

14 (6,83)

15 (5,175)

16 (V,176)

17 (5,175 f.)

18 (6,175)

19 (3,1,128)

20 (4,92)

21 (7,69)

22 (7,1,70)

23 (1,183 f.)

24 (3,1,93)

25 (3,1,68 f.)

26 Gerhard Neumann, Der Abbruch des Festes. Gedächtnis und Verdrängung in Heines Legende »Der Rabbi von Bacharach«. In: *Erkennen und Erinnern in Kunst und Literatur.* Kolloquium Reisensburg 4.–7. Januar 1996. In Verbindung mit Wolfgang Frühwald hrsg. von Dietmar Peil, Michael Schilling und Peter Strohschneider, Tübingen 1998, S. 583–619.

27 Heinrich Heine, *Historisch-kritische Gesamtausgabe der Werke*, hrsg. von Manfred Windfuhr, Hamburg 1975 ff. (5,112)

28 (5,143)

29 (5,142)

30 (3,1,168)

31 (3,1,179)

Eine kompromißlos britische Mahlzeit

Von Joachim Kalka

Im Jahre 1889 erschien *The Wrong Box*, einer der drei Romane, die Robert Louis Stevenson zusammen mit seinem Stiefsohn Lloyd Osbourne (dessen Anteil an diesen Fiktionen man nicht unterschätzen darf) herausgebracht hat. Es ist eine groteske Kriminalkomödie, in der verschiedene gute Bürger, unversehens im Besitz eines Leichnams, versuchen, das mysteriöse und unheilvolle Objekt unbemerkt weiterzugeben; der Verlauf der ingeniös verschlungenen Handlung führt unter anderem dazu, daß ein junger Mann aus gutem Hause sich mittellos zu Fuß aus der tiefen Provinz nach London durchschlagen muß; erschöpft und abgerissen kommt er abends zu Hause an – in der John Street in Bloomsbury –, beschimpft seinen intriganten Bruder, der ihn in diese Lage gebracht hat, und ruft nach dem Abendessen. Es ist nichts im Hause. Der Ausgehungerte tobt: »Du Flachkopf! Sind wir nicht Hausbesitzer? Kennt man uns nicht in dem Hotel, wo Onkel Parker früher immer abgestiegen ist? Wenn du nicht in einer halben Stunde zurück bist, und wenn das Essen nicht gut ist…« Das Hotel macht keine Umstände, und bald sehen wir die Mahlzeit vor uns, die uns jetzt kurz beschäftigen soll: eine Mahlzeit also, wie sie ein gutbürgerliches Hotel in einen ebensolchen Privathaushalt in London um 1890 schickt (in einem Roman der Zeit, müßte man gewissenhaft hinzufügen, aber alles läßt eine realistische Schilderung vermuten).

»Der Raum sah einigermaßen wohnlich aus, als das Essen schließlich kam – und das Essen selbst war gut: kräftige Rindssuppe, Schollenfilets, Hammelkoteletts mit Tomatensauce, Roastbeef à l'anglaise mit Bratkartoffeln, Cabinetpudding, ein Stück Chesterkäse und etwas Frühsellerie: eine kompromißlos britische, aber nahrhafte Mahlzeit.

›Gott sei Dank!‹ sagte John, den Geruch mit geblähten Nüstern einsaugend und von seiner Freude zu einem ungewohnten Tischgebet verführt.«

In dieser Speisenfolge finden wir ein Gericht, das heute fast völlig unbekannt ist. Die Hammelkoteletts in Tomatensauce, die heute auch für den britischen Esser sehr exotisch klingen, müssen jedoch einmal zu den gewöhnlichsten Gerichten Englands gezählt haben. Es gibt hierfür unter anderem einen schönen literarischen Beleg: In Dickens' großartigem ersten Roman, den *Pickwick Papers* (1836–1837) steht der Titelheld im 34. Kapitel vor Gericht. Seine Haushälterin hat ihn zu seinem empörten Erstaunen verklagt: er habe ein ihr gegebenes Eheversprechen gebrochen. Die Causa Bardell vs. Pickwick – vielleicht neben dem Verfahren gegen den Herzbuben in *Alice in Wonderland* (das achtundzwanzig Jahre später stattfand) der berühmteste Prozeß der englischen Literatur – ist sehr komisch; etwas beunruhigend wird diese Komik – die Pickwick zunächst sogar ins Gefängnis bringt – angesichts der absoluten Skrupellosigkeit der gegnerischen Anwälte und der Effektivität ihrer absurden Rhetorik. Und unter den aus reinster, unschuldigster Banalität zusammengesetzten Zettelchen, die Pickwick seiner Haushälterin geschrieben hat und die nun mit ungeheurer forensischer Gestik von Mrs. Bardells Rechtsanwalt im Gerichtsaal wie erotische Kassiber vorgetragen werden, findet sich auch das folgende: »Liebe Mrs. B.: Koteletts und Tomatensauce. Ihr Pickwick.« Während der Anwalt hier monströse Indizien des Donjuanismus findet: »Gentlemen, was hat das zu bedeuten? Koteletts und Tomatensauce! Ihr Pickwick! Koteletts! Gütiger Himmel! Und Tomatensauce! Gentlemen, soll das Lebensglück einer zartfühlenden und vertrauensvollen Frau mit solchen seichten Listen vertändelt werden?«, dient der winzige Text uns (wie auch dem heutigen britischen Leser und Esser) als Indiz dafür, daß es sich hier um ein völlig alltagsnormales Gericht handelte.

Die Hammelkoteletts in Tomatensauce sind jedoch nicht nur ein gutes Beispiel für modische Veränderungen, die vor einst klassischen Zubereitungsformen nicht halt machen: Das Hammelfleisch selbst, das im neuzeitlichen England nächst dem Rind das wichtigste Fleisch überhaupt war (wie man schon Samule Pepys' Tagebuch entnehmen kann), hat heute längst nicht mehr die Bedeutung für die englische Küche wie früher. Sein Verzehr ist stark zurückgegangen (sieht man von der indischen Küche ab); das Lamm – das in großen Quantitäten aus Neuseeland importiert wird – mag das zähere, strengere Hammelfleisch verdrängt haben. Der Hammel kommt noch vor, wird aber in den Städten hauptsächlich »in some archly retro-kitchens« serviert, wie mir ein Freund mißbilligend schreibt: in kokett-nostalgischer Cuisine.

Auffallend ist für uns – neben dem massiven, soliden, reichlichen Charakter der Mahlzeit, den die Autoren selbst betonen und der natürlich teilweise durch den Heißhunger des eben erst von seinem Vagabundendasein erlösten John erklärt wird – das Fehlen von Gemüse. Dies entspricht dem Eindruck, den Reisende in England von jeher hatten. Das Gemüse erscheint hier lediglich »marginalisiert« – in die Tomatensauce abgedrängt. Und als Sellerie. Dieser Sellerie stellt ein kleines Rätsel dar. Da er in der Aufzählung unmittelbar neben dem Käse erscheint, könnte man vermuten, daß er roh serviert wird. Aber sicher ist das nicht, und eine Bemerkung, die John macht: er sei völlig durchgefroren, Sellerie sei genau das Richtige, läßt wieder an heiß Aufgetischtes denken. Es handelt sich aber jedenfalls nicht um die Sellerieknolle, sondern um Staudensellerie, der in England – und in den USA – auch noch heute eine solche Bedeutung hat, daß er in den Comics gerne (als eine Art Zeichen schlechthin für »Lebensmitteleinkauf«) aus der großen Papiertüte oben herausragt, in der jemand seine Erwerbungen aus dem Supermarkt zum Auto trägt.

Die Suppe ist keine klare Brühe, sondern eine mit Mehl und Gemüse eingedickte »gravy soup« (nichts Besonderes – »And I thought I didn't like gravy soup!« sagt der hungrige John). Der Fisch ist die sogenannte »Dover sole«, *solea*, so etwas wie der klassische englische Speisefisch der Zeit. Das Dessert, der »cabinet pudding«, ist ein Gericht, das jenem verwandt ist, welches bei uns »arme Ritter« heißt: auf der Basis von Weißbrot, Makronen oder Biskuits (»lady fingers«) mit getrockneten oder kandierten Früchten. Die politische

Benennung ist kryptisch, aber schon lange bezeugt, es gibt auch parallele Namen wie »poudin à la chancelière«. Wichtig ist, daß das englische »pudding« mit unserem Gebrauch des Wortes (zur Bezeichnung eines meist billlig-synthetischen gallertartigen Kindernachtischs) gar nichts zu tun hat – »pudding« ist einfach zunächst das Dessert überhaupt (»What's for pudding?«), im engeren Sinne bezeichnet das Wort »gesottene« Zubereitungen wie den »cabinet pudding« hier oder den berühmten Plumpudding.

Eine Suppe also, dann Fisch, zwei Fleischgänge – Hammel mit Tomatensauce, Rind mit (geschälten, halbierten oder geviertelten, gebratenen) Kartoffeln –, ein massiver Nachtisch sowie Käse und Sellerie. Auffällig ist auch der – in der Tat fast aggressiv britische – Verzicht auf die für die französische Küche charakteristischen Saucen bei Fleisch und Fisch: die Tomatensauce wäre in diesem Kontext ein schönes Beispiel für ein vollkommen dem eigenen Usus anverwandeltes »Anderes«, das nicht mehr als fremd empfunden wird. Aber sonst gibt es nichts Uneinheimisches, auch der Käse ist englisch – und eher banal, kein Stilton, nicht einmal Cheddar. »Uncompromisingly british« – diese Formulierung der Autoren schlägt ein Motiv an, dessen geheimer Mittelpunkt das Roastbeef ist (das hier überdies noch »englisch«, also »underdone« aufgetragen wird). Zumindest seit Hogarths Gemälde *The Calais Gate – The Roastbeef of Old England* von 1748 ist dieses Fleisch ein klassischer nationaler Topos: Auf jenem Bild starren ausgemergelte französische Soldaten – und ein offenbar nach der gescheiterten jakobitischen Rebellion 1745 nach Frankreich geflohener Hochlandschotte – begehrlich auf ein gewaltiges Stück importiertes Rindfleisch, das von einem Küchengehilfen vorbeigeschleppt wird. Französische Tyrannei und Armut kontrastieren mit britischer Freiheit und Wohlgenährtheit *(beef and liberty!)*. Nicht umsonst gehörte Hogarth einem patriotischen Klub an, der sich »The Sublime Society of Beefsteaks« nannte – was einer der seltenen Fälle sein dürfte, in dem sich Angehörige einer bestimmten Nation selbst nach einer charakteristischen Nahrung bezeichnen: Meistens geschieht dies, wie wir wissen, abschätzig von außen (Spaghettis, Froggies usw. – tatsächlich wurden die Engländer früher von den Franzosen gerne als *les rosbifs* bezeichnet). Die »französische Küche« als Traum und Alptraum englischer Phantasien wäre übrigens ein Kapitel für sich, der Engländer pflegt in ihr dekorativen Luxus und Artifizialität zu fürchten; ich zitiere nur eine kleine etwas angetrunkene Konversation aus Kingsley Amis' Roman *Take a Girl Like You* (1960): »Es ist mir eigentlich egal, wo wir hingehen. Solang ich nicht dieses ausländische Zeugs essen muß, mit dem ganzen Fett und Dingens, und mit diesen Saucen.« – »Sehr richtig.« – »Ich versteh gar nicht, warum die mit anständigen Sachen immer so was anstellen müssen.« – »Macht alles kaputt.« – »Die ruinieren das ganze Essen.« – »Hauen diese ganzen Saucen und das Zeugs drauf.« – »Man weiß ja gar nicht mehr, was man ißt.« – »Schmeckt alles nur nach der Sauce und dem Zeugs.« – »Eins schmeckt wie das andere.«

Was trinkt John zu diesem Mahl? Er schickt den Bruder brüsk in den Keller nach »fizz« (Champagner) und Port. Es ist schwer zu entscheiden, ob sich hier die rücksichtslos sybaritische Stimmung des in eine Art Ausnahmezustand geratenen John zeigt oder ob man das als normale Tischgetränke der Zeit zu einem Essen wie dem geschilderten sehen kann. Vielleicht kann man einem meiner Korrespondenten, die ich zu diesem kleinen Text ausgehorcht habe, das letzte Wort lassen: »I'm not too sure but the Brits will drink anything in any combination as long as it contains alcohol.«

SERVICE

Veranstaltungskalender

von Ingrid Nowel

Feiern wie die Feste fallen...

Essen, trinken, Wein genießen, Feste feiern: Das kulinarische Deutschland bietet eine Fülle an attraktiven regionalen Veranstaltungen, Festivals und Spezialitätenmärkten. Wir haben eine kleine Auswahl zusammengestellt. Da sich die meisten Veranstaltungen jährlich wiederholen, für das Jahr 2003 aber größtenteils noch nicht festliegen, sind die genauen Termine noch zu erfragen.

Grüne Woche

Die Internationale Grüne Woche in Berlin findet 2003 vom 17. bis 26. Januar statt: Die weltweit größte Verbraucherschau zu den Themen Ernährung, Landwirtschaft und Gartenbau ist ein absoluter Publikumsrenner: Rosa Ferkel, Federvieh, Apfelbaum und Fingerfood aus aller Herren Länder. Parallel dazu vom 16. bis 18. Januar die Fruitlogistica, weltgrößte Fachmesse für Obst- und Gemüsemarketing.
www.gruenewoche.de

Rheingau Gourmet Festival

Im März steht das *Hotel Krone* in Assmannshausen im Mittelpunkt eines an unterschiedlichen Orten stattfindenden Wein- und Gourmet-Festivals. Schaukochen mit internationalen Spitzenköchen, Weinpräsentationen, Raritäten-Dinner und Küchenparty.
Hotel Krone, Assmannshausen Tel.: 0 67 22/40 30
www.hotel-krone.com oder
www.rheingau-musik-festival.de

Rhöner Charme

Das ganze Jahr 2002 hindurch stellen gastronomische Betriebe regionale Gerichte aus der Rhön vor, mit saisonal wechselnden Schwerpunkten. Außerdem »Aus der Rhön für die Rhön«: Regionale Gerichte, hergestellt aus den Produkten, die jeweils in der Rhön zu Hause sind.

Tourismus & Kongreßmanagement Fulda
Tel.: 0661/102-1813
www.fulda.de

Frisch und lecker im Landkreis der Genießer

In Darmstadt finden noch bis Jahresende 2002 kulinarische Aktionswochen statt, bei denen die beteiligten Betriebe – Erzeuger, Händler, 30 Restaurants und Gaststätten – heimische Produkte und Gerichte der Saison in den Vordergrund rücken.

Stadtinformation Darmstadt
Tel.: 06151/132781
www.darmstadt.de

Kappelner Heringstage

An vier Tagen im Mai findet das traditionelle Stadtfest in Kappeln an der Schlei statt, dort, wo der »Landarzt« zu Hause ist, mit vielen Aktionen rund um den Hering.

Tourist Information
Tel.: 04642/4027
www.kappeln.de

Nordfriesische Lammtage

Drei Wochen im Juni: In der Nordseeregion dreht sich alles um das Schaf. Schau-Scherer, Bauernmärkte und natürlich Lammspezialitäten aller Art.

Tel.: 01805/066077
www.nordseetorismus.de

Glückstädter Matjeswochen

Zum Sommeranfang im Juni wird in Glückstadt (Schleswig-Holstein) ordentlich gefeiert: ein großes Stadtfest rund um den Matjes lädt ein!
Tel.: 041 24/93 75 85
www.glueckstadt.de

Romantische Nacht an der Lauter

Am 1. Samstag im Juli geht es im hessischen Lauterbach hoch her: Kulinarisches Vergnügen rund um die Lauter mit viel Musik und ausgefallenen Spezialitäten.
Tel.: 0 66 41/1 84-1 12
www.lauterbach-hessen.de

Fest in Hesse

In der Rüsselsheimer »Gut Stubb«, dem Marktplatz am Rathaus, wird vier Tage lang Mitte Juli nicht nur kulinarische Vielfalt für jeden Geschmack geboten, sondern auch ein musikalisches Rahmenprogramm für alle Altersgruppen.
Tel.: 0 61 42/83 22 14
www.stadt-ruesselsheim.de

Herbst im Nassauer Land

Im September und Oktober bieten vierzig Gastbetriebe herbstliche Genießer-Angebote: sie laden ein zu Nassauer Küche und Rheingauer Wein.
Tourist-Information Oestrich-Winkel (Hessen)
Tel.: 0 67 23/1 94 33
www.oestrich-winkel.de

Gaumenfreuden an der Hochtaunusstraße

Sechs Wochen im September und Oktober laden rund 20 Restaurants und Gasthöfe an der touristischen Route Hochtaunusstraße ihre Gäste zu Gaumenfreuden ein.
Kur- und Kongreß GmbH, Bad Homburg
Tel.: 0 61 72/17 81 10 www.bad-homburg.de

Odenwälder Kartoffelwochen
Rund um Erbach in Hessen wird die tolle Knolle gefeiert: Im September und Oktober steht die Kartoffel im Rampenlicht: Auch ein Kartoffel-Menü kann sich durch kulinarisches Raffinement auszeichnen. Davon kann man sich regelmäßig im Herbst im Odenwald überzeugen – in rund 60 gastronomischen Betrieben. Den Weg zu ihnen weist eine Kartoffel-Fahne vor dem Haus (Broschüre erhältlich).
Touristik Zentrum Odenwald
Tel.: 0 60 62/64 39
www.erbach.de

Dithmarscher Kohltage
Im September widmet sich Dithmarschen in Schleswig-Holstein dem krausen Wintergemüse. Spaß, Information, Unterhaltung, Kunst, Kultur und natürlich Essen und Trinken: alles rund um den Kohlkopf.
Touristikzentrale Dithmarschen
Tel.: 0 48 34/9 00 10
www.dithmarschen.de

Davidoff Gourmet Festival
Eine Woche lang im September präsentiert sich Westerland auf Sylt mit kulinarischen Highlights. Internationale Spitzenköche schwingen ihre Kochlöffel in den Häusern ihrer Sylter Kollegen. Eine exquisite Veranstaltungsreihe, u. a. mit der Smoker's Night und einer Gourmet Safari.
Sylt Marketing
Tel.: 0 46 51/1 94 33
www.sylt.de

Kullinarischer Herbst entlang der Lahn
Den gesamten September über regiert der Kochlöffel in Marburg und Limburg an der Lahn: Ausgewählte Gastronomien präsentieren regionale Spezialitäten aus heimischen Erzeugnissen im gesamten hessischen Lahntal. Schwerpunkt: Hessisches Weidelamm.

Lahntal-Kooperation
Tel. 06441/4071900
www.daslahntal.de
und
Marburg Tourismus und Marketing GmbH
Tel.: 06421/9912-0
www.marburg.de
oder
Verkehrsamt Limburg
Tel.: 06431/6166
www.limburg.de

Schleswig-Holstein Gourmet Festival
Rundreisen von Herd zu Herd, wenn nämlich internationale Spitzenköche bei ihren Kollegen in der Küche stehen: das ist die zündende Idee, die dem Gourmet Festival zugrunde liegt. Gastgeber sind zahlreiche renommierte Häuser quer durch Schleswig-Holstein, die sich zwischen Oktober 2002 und Februar 2003 zu diesem Spitzen-Ereignis zusammengetan haben.
Kooperation gastliches Wikingerland e. V.
Tel.: 04881/93900
www.schleswig-holstein-gourmetfestival.de

Davidoff Gourmet Festival in Berlin
Im Jahr 2002 findet das Festival im November statt – bei Drucklegung war noch nichts Näheres bekannt.
Informationen:
www.berlin-tourism.de

Gourmetmesse in Dresden
Vom 22. bis 24. November 2002 ist Frankreich zu Gast in Dresden – ein Fest der Sinne mit dem Marktplatz für Genießer der Messe Dresden. Mit Galamenüs französischer Spitzenköche, einer Schaukocharena, Wettbewerben, Verkostungen und Vorträgen.
www.dresden-tourist.de

Rund um den Wein

Rotweinfest
Am verlängerten Wochenende vor Pfingsten feiert Rüdesheim am Rhein mit Live-Musik in Assmannshausen.
Städt. Verkehrsamt
Tel.: 0 67 22/1 94 33
www.ruedesheim.de

Tag der offenen Weinkeller im Ruwertal
Mitte Mai sind zahlreiche Weinkeller im Ruwertal in Rheinland-Pfalz für Gäste geöffnet. Dort werden die einzelnen Weine präsentiert und verkostet. Mit Speise-Angebot.
Ruwer-Riesling e. V.
Tel.: 0 65 00/84 72

Europa à la carte
Am zweiten Juliwochenende steht Traben-Trarbach (Rheinland-Pfalz) ganz im Zeichen des Moselwein-Festivals, europäische Spezialitäten tun sich zusammen mit dem Moselriesling.
Tourist-Information Traben-Trarbach
Tel.: 0 65 41/8 39 80
www.traben-trarbach.de

Konstanzer Weinfest
Im Juli findet an einem der Wochenende ein Weinfest mit musikalischer Begleitung auf dem St. Stephansplatz statt.
Tel.: 0 75 31-2 14 69

Rheingauer Weinwoche
Eine ganze Woche lang im August stellt sich Wiesbaden auf das Weinfest ein: auf dem Schloßplatz und in der Innenstadt geht es hoch her.
Tourist Information
Tel.: 06 11/17 29-7 80 oder 1 94 33
www.wiesbaden.de

Rheingauer Weinmarkt

In der ersten Septemberwoche wird in der Frankfurter Freßgaß gegessen, getrunken und geschunkelt.
Tourismus + Congress GmbH Frankfurt am Main
Tel.: 069/21 23 88 00
www.frankfurt-tourismus.de

Oechsle-Fest

Während der ersten Septemberwoche in Pforzheim: In rund 40 gemütlichen Weinlauben präsentieren Gastronomen Weine und Spezialitäten aus Baden-Württemberg.
Touristik-Information
Tel.: 0 72 31/1 45 45 60
www.pforzheim.de

Stuttgarter Weindorf

Vom letzten Augustwochenende an steht Stuttgart knapp 2 Wochen lang im Zeichen des Weins: Regionale Spezialitäten und Weine aus Baden-Württemberg präsentieren sich auf dem Markt- und Schillerplatz.
Tourist Information
Tel.: 07 11/22 28-0
www.stuttgart.tourist.de

Bergsträßer Winzerfest

In der ersten Septemberwoche bietet Bensheim in Hessen ein großes Winzerfestival mit Festzug, Weindorf, Feuerwerk, Gebietsweinprobe und jeden Abend Musik und Tanz im Weindorf.
Tourist Information
Tel.: 0 62 51/5 82 63 14
www.bensheim.de

Weindorf Heilbronn

Vom 12. bis 20. September 2002 erwartet Heilbronn in Baden-Württemberg rund ums Rathaus etwa 300 000 Besucher: Es gibt Festbühnen und ein volles Programm.

Tourist-Information
Tel.: 0 71 31/56 22 70
www.heilbronn.marketing.de

Rheingau Aktiv 2002
In der 2. Septemberhälfte wird im hessischen Geisenheim im Schloß Johannisberg die Rheingauer Weinkönigin gewählt und gekürt.
Verkehrsamt Geisenheim
Tel.: 0 67 22/70 10
www.geisenheim.de

Kartoffel- und Weinfest
an einem Septemberwochenende in Biedenkopf (Hessen)
Verkehrsbüro Biedenkopf
Tel.: 0 64 61/9 50 10
www.biedenkopf.de

Franken-Toskana Weinfest
am ersten Oktoberwochenende
Fürstlich Castell'sches Domänenamt, Castell/Franken
Tel. 0 93 25/6 01-70
Fax 0 93 25/60 01-85
eMail: weingut@castell.dex

Für weitere regionale Feste und Veranstaltungen bieten sich im Internet die Tourismusportale der jeweiligen Städte, Orte oder Regionen an – sie sind meistens unter dem direkten Namen wie Hamburg.de, Stuttgart.de oder Dresden.de zu finden. Von der Homepage dann weiter zu Festivals, Veranstaltungen o. ä.

Weitere Feste, Termine und Orte s. www.fundgrube, S. 195.

www.Fundgrube

von Ingrid Nowel

Sie haben Lust auf ein Weinfestival in Ihrer Region, auf einen Gourmet-Kochkurs, wollen mahlfrische Gewürze kaufen und wissen nicht, wo?

Wir haben uns im Internet umgetan: eine unendliche Geschichte, und natürlich konnten wir im world wide web nur stöbern: Einige interessante Adressen aus dem deutschsprachigen Raum haben wir hier zusammengestellt. Eine kunterbunte Mischung, eine Winzigkeit aus dem Meer der Informationsangebote, die einen Anfang machen möchte beim Reisen mit der Maus: Wir würden uns freuen, wenn Sie uns Ihre Lieblings-Sites, Ihre »favorites« zum Thema Essen, Trinken und Genießen mitteilen würden – im nächsten Almanach geht's dann weiter.

Wein

www.vdp.de
Das Portal der Vereinigung deutscher Prädikatsweingüter: sehr übersichtlich, informativ und mit einem reichen Veranstaltungskalender mit weiterführenden Links, den man nach Monaten oder nach Regionen erschließen kann.

www.weinausoesterreich.at
Die Österreichische Weinmarketing GmbH hat an alles gedacht, hier findet man umfangreiche, übersichtliche Informationen über Weinbauregionen, Rebsorten, Winzer, Genossenschaften und einen proppenvollen Veranstaltungskalender auch für die Präsentation österreichischer Weine im Ausland.

www.deutsche-weinstrasse.de
Hier wird noch fleißig gebaut – nicht alle Weinstraßen sind schon erschlossen.

www.deutscheweine.de
Das Deutsche Weininstitut bietet anregende Informationen, einen umfangreichen Veranstaltungskalender, Termine von Weinseminaren und Weinversteigerungen, gibt Auskunft über die Weinwirtschaft, stellt interessante Leute vor, hat auch ein Quiz parat.

www.wwg.de
Das Portal der Württembergischen Winzergenossenschaft: hier kann sich jedes Mädle informieren, wie man Weinkönigin wird, dann jede Menge Veranstaltungen, Tips rund um den Wein und das Essen sowie eine Präsentation der Weinregionen und ihrer Winzergenossenschaften.

www.eurotoques.de
Eurotoques, die Europäische Union der Köche, die vor rund einem Jahrzehnt u. a. mit Paul Bocuse als »Bollwerk gegen Pfusch in der Nahrung« gegründet worden ist. In Deutschland sind es circa 350 Spitzenköche (über 6000 Spitzenköche weltweit), die sich dafür einsetzen, daß »die Kunst des Kochens und das Wissen um unsere Eß- und Trinkkultur nicht verloren geht.«

Alle Adressen der Mitglieder sind aufgeführt, es gibt weiterführende Links und internationale Neuigkeiten. Das Schönste: ein Kalender mit Kochkursen, die von den Eurotoques (toque ist die hohe Kochmütze) angeboten werden.

www.bulthaup.com
www.gaggenau.de
www.der-feinschmecker-club.de
Der Edelküchenhersteller hat sich mit dem Küchengerätespezialisten Gaggenau und dem *Feinschmecker* zusammengetan und bietet nun schon zum wiederholten Mal die erfolgreiche Gourmet-Tour durch Deutschland an: Spitzenköche und kreative Jungtalente aus Deutschland, Österreich und der Schweiz zeigen ihr Können in Kochstudios und Schauküchen ihrer Region, bieten viele Tips und Anregungen. Sternstunde ist dann das Vier-Gänge-Menü (max. 25 Teilnehmer).

www.pompduck.de
Pomp, Duck and Circumstance: Eine schon legendäre Inszenierung im verspiegelten Festzelt mit großem Menü und frecher, glanzvoller Varieté-, Kabarett-, Schauspiel- und Gesangskunst. Ein total überdrehtes Restaurant, in dem die Kellner und Serviererinnen zur Abendunterhaltung beitragen. Noch ein paar Monate in Berlin, dann tourt das Zelt mit seinen Leuten zum nächsten Standort.

www.fischers-wein.com
Über Christina Fischer und ihr vorzügliches, unkonventionell geführtes Restaurant haben wir im letzten Almanach berichtet; »Fischers Weingenuss und Tafelfreuden« ist eine renommierte und überaus beliebte Gourmet-Adresse in Köln. Sie bietet zudem noch Veranstaltungen an, einen Weinclub, Käseseminare oder Besuche von Winzern aus verschiedensten Regionen mit passendem Menü. Alles auch im Internet nachzulesen.

www.teufelhof.com
Der Teufelhof in Basel ist ein sehr schönes, eigenwilliges »Kultur- und Gasthaus« mit jeweils von Künstlern individuell ausgestalteten Zimmern, einem kleinen Theater, Gourmetrestaurant, Weinstube, Café und Bar sowie einem Weinladen: Alles unter einem Dach mit zahlreichen Veranstaltungen und anregenden Appetithappen.

www.zusatzstoffe-online.de
Die Verbraucherinitiative klärt auf: Eine wichtige Website für alle, die sich genau über die Zusammensetzung der Nahrungsmittel informieren wollen oder müssen. Aus dem Inhalt: Alle Lebensmittelfarbstoffe auf einen Blick; Ratgeber Recht; Kennzeichnung und Zutatenliste – kein Buch mit sieben Siegeln; die Geschmacksverstärker – nicht nur Glutamat; Süßstoffe und Zuckeraustauschstoffe; Konservierungsstoffe überlisten die Zeit; Zusatzstoffe-online Lexikon.

www.violas.de
In Hamburgs Hafenspeichern und Lagerhäusern haben sich seit je-

her exotische Gewürze, Kaffee, Tee, edle Weine und Luxusgüter aus Übersee eingenistet. Das Unternehmen Viola's steht in dieser Tradition und bietet verführerisch duftende Produkte an: über 200 Gewürze, Hülsenfürchte, 23 Pasta-Arten, Öle, Essige, asiatische Trockenfrüchte, Nüsse und Schokoladen. Besonders schön: die Gewürz-Zusammenstellungen in Tütchen, Gläsern und Schachteln für z. B. zwei Basismischungen indischer Currys.

www.slowfood.de

Jeder Genießer und Feinschmecker sollte bei der internationalen Vereinigung von Slowfood Mitglied sein: Im Zeichen der Schnecke wird eine natürliche, regionalbezogene, sorgfältige Küche mit besten Produkten und raffiniert schlichten Rezepten bewahrt oder wieder eingeführt (immer noch im Kriechtempo). Die Homepage bietet einen bundesweiten Terminkalender, die Convivien, Zusammenkünfte in den Orten und Städten, Veranstaltungen nach Regionen und natürlich den Blick hinüber nach Italien. Besonders interessant: das Arche Projekt, mit EU-Mitteln gefördert, das in Nordrhein-Westfalen nach den besonderen Nahrungsmitteln, den beinah untergegangenen Produkten und regionalen Erzeugnissen fahndet und fündig wird.

Zum Beispiel sind wiederentdeckt:

Pumpernickel

Im westfälische Herzebrock-Clarholz fand Noah einen Bäcker, der die alte Tradition des Pumpernickelbackens pflegt.

Lappenpickert

Der Pickert, so fand Noah heraus, ist ein ostwestfälisches »Nationalgericht«, das ganz besonders im Gebiet des Teutoburger Waldes verbreitet ist. Es gibt ihn als Kastenpickert, Pfannenpickert und Lappenpickert.

Nieheimer Käse

In der Gegend zwischen Egge und Weser fand Noah nicht nur eine seltene Käsesorte, nein, er durfte sich auch gleich eigenhändig in der fachgerechten Fertigung dieses Käses üben.

www.stattreisen.berlin.de
Die umtriebigen Berliner reagieren schnell auf neue Herausforderungen: die Leute von stattreisen mit ihren geführten Touren bieten jetzt auch einen Spaziergang der kulinarischen Variante an: »Die schnelle Kelle« widmet sich dem Essen auf der Straße zwischen »Slow und Fast Food« – dem Geheimnis nicht nur der besten Currywurst auf der Spur.

www.elle.de
Die Zeitschrift *elle bistro* präsentiert eine ausgefeilte Rezept-Datenbank, serviert neue Restaurants und Städte-Tips.

www.frank-buchholz.de
Einer der jungen Starköche Deutschlands mit seiner Homepage. Links zu den »Jungen Wilden«, auch Termine seiner Kochkurse wie Pasta, Pesto & Co., Fisch und Krustentiere, Fleisch & Saucen.

www.junge-wilde.de
Schön aufgemachte website über die innovative junge Koch-Elite, ihre Aktivitäten, Rezepte, Geschichte, Aktionen und jede Menge Kochkurse.

www.gu-online.de
Der größte deutsche Kochbuch-Verlag, Gräfe und Unzer aus München: Hier kann man im Cyber-Lesesaal in den Volltexten ausgewählter Kochbücher stöbern (falls der Speicherplatz am heimischen PC ausreicht), die Neuerscheinungen begutachten oder ein bestimmtes Themenkochbuch suchen. Jeden Monat steht ein saisonales Lebens-Mittel, ein Gemüse, eine Frucht, im Vordergrund mit Informationen und Rezepten.

www.der-feinschmecker-club.de
Die Zeitschrift *Feinschmecker* präsentiert hier einen Shop mit zahlreichen Delikatessen, Weinen, ausgewähltem Küchenzubehör, einem Büchertisch und News zum aktuellen *Feinschmecker*-Heft.

www.feinschmecker-seminare.de
Der spezielle Ableger für *Feinschmecker*-Reisen, Kochseminare und Weinkurse in Deutschland, Italien, Frankreich, Schweiz, Österreich und Spanien. Ausführliche Informationen und Anmeldung.
Gertrud Liebhaber
Neptunweg 9
82205 Gilching
Tel.: 0 81 05/42 49

www.essen-und-trinken.de
Die zuverlässige Zeitschrift *Essen & Trinken* im Portal von Gruner + Jahr: sehr viel, sehr voll, zahllose Links und Shopping-Angebote, Rezepte, Rezepte, Rezepte. Üppig, aber nicht schön.

www.gourmetsmarket.com
Ein kommerzieller Handelsplatz für Profiköche und Liebhaber anspruchsvoller Gastronomie. Es stellen sich Firmen, Hersteller und Handelshäuser aus aller Welt vor: Vom Champagner über Fleisch, Fisch, Trüffel, Öle, Gewürze, bis hin zu Schinken und Fleisch.

www.kaesereich-frankreich.de
In Singen am Hohentwiel befindet sich das Käsegeschäft Schreier, eines der besten Deutschlands. Der Maître Fromager bietet eine überwältigende Auswahl, natürlich Online-Bestelldienst sowie eine Käsekunde, Wissenswertes über Käsesorten, Regionen und Lagertipps.

www.gutes-vom-Lande.de
Adressen für Bauernhofmärkte, Produktkauf beim Erzeuger, ziemlich unübersichtlich, vollgepackt mit zusätzlichen Rezept- und Gartentips.

www.FrischeEier.de
Eine im Aufbau begriffene Site, wie die Gutes-vom-Lande Adressen von Bauernhofmärkten, »täglichen Wochenmärkten« aufnimmt, wo die Produkte tagesfrisch gekauft, zum Teil auch selbst geerntet

werden können: Eier, Geflügel, Obst und Gemüse von den Erzeugern, nach Bundesländern aufgeschlüsselt.

Und zum Abschluss: der world wide Seitensprung

www.fruitsaladtrees.com
Eine jahrhundertealte Idee, die Version eines Turbo-Paradiesgartens? In Australien hat das Farmerehepaar Kerry und James West aus New South Wales den »Obstsalatbaum« gezüchtet: Ein Baumtyp trägt Zitrusfrüchte, Orange und Zitrone, Mandarine und Pomello, Limette mit Grapefruit. Der Kernobstbaum hat Pfirsiche, Pflaumen, Nektarinen und Aprikosen vereint, beim Apfelbaum teilen sich bis zu acht Sorten einen Stamm, und auch der Multi-Birnbaum ist zu haben. In Australien sind die Obstsalatpflanzen schon ein Renner, und genmanipuliert sind sie auch nicht!

Buchbesprechungen

Eckart Witzigmann.
Sechs Jahrzehnte
von Mechthild Piepenbrock-Fischer / C. P. Fischer
Food edition
Fischer-Piepenbrock 2001

Gegen den schlechten Ruf der Küche in Deutschland schien lange Zeit kein Kraut gewachsen zu sein. Noch vor gut dreißig Jahren schrieb Nika Standen Hazelton in Die Küche in Deutschland: *»Die meisten Ausländer stellen sich die deutsche Küche als eine endlose Folge von Würsten und Sauerkraut vor.« Doch in den frühen siebziger Jahren vollzog sich an einigen heimischen Herden ein Wandel, der Epoche machen sollte. Wie kein anderer war der Österreicher Eckart Witzigmann daran beteiligt.*

Zum sechzigsten Geburtstag des Meisterkochs haben Mechthild Piepenbrock-Fischer und C. P. Fischer ein Buch herausgebracht, um seine bisherige Lebensleistung zu würdigen. Mechthild Piepenbrock-Fischer verfaßte einen Teil der Texte, die den Werdegang von Witzigmann vorstellen: Jugend und Ausbildung, die Stationen als Küchenchef im Tantris *und in der* Aubergine, *schließlich das Wirken als freier Kochbuchautor und Berater. Dazwischen findet man episodische Darstellungen und Analysen von Freunden und Bekannten. Der Meisterkoch selbst kochte noch einmal die berühmten Gerichte, die er seinerzeit im* Tantris *und in der* Aubergine *komponierte, doch auch Rezepte aus jüngerer Zeit sind vertreten. C. P. Fischer fotografierte die Speisen und ist dabei nah an die Teller herangerückt, um sie gut zur Geltung zu bringen. Witzigmann steuerte darüber hinaus Bilder aus der privaten Fotoschatulle bei, um zumindest äußerlich viele Blickwinkel auf sein Leben freizugeben. Das Buch wirkt überwiegend ruhig und elegant, wie es einer epochalen Lebensleistung entspricht.*

Die seelischen Energien und Spannungen, die ein großes Werk hervorbringen, kommen allerdings nur wenig zum Vorschein. Zwar sieht man den jungen Witzigmann, wie er mit Ernst und Achtung die Waren betrachtet, zwar spürt man etwas von der Besessenheit, die in ihm ist, aber meistens wird auf den Bildern viel gelacht. Unter den Freunden und Bekannten liebt es Gert von Paczensky, sich selbst zu loben, denn er habe »Witzigman als erster bundesweit bekannt gemacht«. Tatsächlich löblich ist das kleine Porträt, das Christoph Wagner über den Maître darbietet. Nicht bestimmte Gerichte, sondern allgemein die Hingabe an die Produkte, die Beachtung von Frische und Geschmack, die Aufwertung von Gemüse und der Wille, einfache, schlüssige Harmonien zu erzeugen: das mache die Bedeutung von Witzigmann aus. Allemal führen die Rezepte des Buches in die feine Küche ein, zeigen, wie man schonend mit den Waren umgeht, wie man sie sicher verbindet und gute Saucen hervorbringt. Wer sich darüber hinaus für die jüngere Geschichte der Kochkunst in Deutschland interessiert, für den ist das Buch unentbehrlich.

(Erwin Seitz)

Jean Claude Bourgueil. Die Philosophie der grossen Küche

Hrsg. von Thomas Ruhl

DuMont Monte Verlag 2001

Mit diesem Band schaut der Leser einem großen Künstler der Küche persönlich über die Schulter: ein beeindruckendes Porträt von Jean Claude Bourgueil, dem Meisterkoch aus dem Düsseldorfer Schiffchen, *dem es in seinen Rezeptkreationen gelingt, seine französischen Wurzeln mit einer Fülle sinnlicher Reize zu intensiven Geschmackskompositionen zu vereinigen.*

»Kochen ist die höchste Form des Daseins« für Bourgueil, ein existentielles Bedürfnis. Diese Leidenschaft weckte die Großmutter in ihm. Ihre Zubereitung der Speisen war eng verbunden mit der Natur und der Landschaft von Sainte Maure de Touraine, einer kleinen Ortschaft im Loire-Tal, wo seine Großeltern einen üppigen Bauernhof bewirtschafteten, auf dem der junge Jean Claude heranwuchs. Wenn sie kochte, war er meistens dabei: Sie habe ihn auf den Genuß und die Kochkunst wie auf eine Kommunion vorbereitet, schreibt Bourgueil. Nach der Kochlehre und Arbeitsjahren in Frankreich kam Bourgueil 1970 erstmals nach Düsseldorf. Dort erkochte er als achtundzwanzigjähriger Küchenchef in den Walliser Stuben *im* Hilton *den zweiten* Michelin-*Stern.*

Seit fast 25 Jahren lebt er nun mit seiner Frau Jeannine in Kaiserswerth bei Düsseldorf. 1977 hatte alles sehr klein und beschaulich angefangen, sie waren damals weit entfernt vom heutigen Ruhm und der jetzigen Größe mit dreißig Mitarbeitern und einem Weinkeller mit rund 18 000 Flaschen.

Die Kochkunst basiere auf Gelüsten und Emotionen, und die große Kunst bestehe darin, viel Unnötiges fortzulassen. Ziel eines sinnlich begabten Kochs sei es, mit seinem Talent, der Sorgfalt am Detail und aller eingesetzten Liebe eine unvergeßliche Erinnerung zu schaffen; – vergleichbar mit der Malerei, wobei an Stelle der Farbpalette die Palette der Aromen tritt. Korrespondierend mit den Aromen ergibt sich durch die unterschiedliche Konsistenz der Produkte und jedes einzelnen Produkts eine ungeheure Vielfalt. Der Koch, anders als der Dirigent, schreibe seine Partitur für jedes Gericht neu.

Essen und Wein gehört für Bougueil untrennbar zusammen: Erst das Zusammenspiel von beidem verspreche höchsten sinnlichen Genuß. Diese selbstverständliche Verbindung von Wein und Speisen entspricht voll und ganz den Traditionen seiner Heimat an der Loire.

Nach diesem Ausflug in die Philosophie der großen Küche folgen rund achtzig wunderbar fotografierte Rezepte mit ausführlicher Produktbeschreibung. Oftmals wird es kaum gelingen, die beschriebenen Meeres- und Seefrüchte sowie andere Delikatessen zu beschaffen, doch allein schon die Lektüre ist überaus anregend: »Filigrane von Schalen- und Krustentieren mit Bourbon-Vanille«, »Cordon Bleu von der Challans-Ente in Sauternes-Jus« oder »Papillotte vom Maibockrücken in Pfeffersauce«. Die umfangreichsten Rezepte finden sich im Kapitel »Vorliebe und Gedanken«. Hier werden die allerfeinsten Zutaten, wie Gänseleber, Trüffel, Kaviar, Hummer, Steinbutt und Ente zu komplexen Gerichten mit außerordentlicher Raffinesse verarbeitet wie »mit Limonengras gedünstete Vendée vom Steinbutt mit Chutney von der Amalfi-Zitrone« oder »Beuchelle vom jungen Kaninchen mit Pilz-Cannelloni in Zimt-Duft«. Dabei fehlt es nie an Erklärungen, worin sich die Qualität der Produkte auszeichnet, und als persönliche Note sind Begebenheiten aus dem Leben Bourgueils eingestreut. Weiterhin führt Bourgueil den Beweis, daß auch vegetarische Speisen keineswegs einfältig sein müssen. Den Abschluß bilden die »Süßen Notwendigkeiten«: eine ganze Reihe vorzüglicher Petits Fours sowie diverse erstklassige Schokoladen- und Fruchtkreationen.

Die »Basisrezepte«, in einem eigenen Kapitel zusammengefaßt, eignen sich, eigenständig kombiniert zu werden oder in der vergleichsweise bescheidenen Privatküche auch solo schon einen großen Auftritt zu haben. Die Gliederung der Rezepte folgt einer eigenen thematischen Interpretation Bourgueils. Sympathisch, daß Bourgeueil Kochen auch als Teamleistung wertet und im Anhang zumeist junge Köche würdigt, die ihn auf seinem Berufsweg beeindruckt haben.

Bourgeueil erreichte mit seinen Kochkünsten höchste Auszeichnungen: Das Schiffchen *hält seit 1987 drei* Michelin-*Sterne, und das seit 1986 angegliederte Restaurant* Aalschocker *bekam für seine gehobene deutsche Küche einen* Michelin-*Stern.*

(Petra Letzner-Friedlein)

HIP HOTELS
ITALIEN – FRANKREICH – CITY – NICE PRICE – HOLIDAY
von Herbert Ypma
Econ Verlag 2000 / 2001 / 2002

Was will man im Urlaub, beim Städtetrip, zum Weekendseminar, zum Jubiläumsfest? Was wünschen sich all jene, die ständig unterwegs sein müssen und ihre Koffer kaum noch auspacken? Ein besonderes Hotel, ein individuelles Haus mit Flair, sorgsam und liebevoll geführt, an das man sich mit Enthusiasmus oder Entzücken erinnert.

Kreuz und quer durch die Welt gefahren ist der Autor / Fotograf, hat die schönsten und interessantesten Häuser ausfindig gemacht und seine Entdeckungen erfrischend neu und ästhetisch anspruchsvoll ins Bild gesetzt, detailreich, mit Sachverstand und Leidenschaft beschrieben. Herbert Ypma ist der Gründer des preisgekrönten Magazins Interior Architecture, *hat viele erfolgreiche Architektur- und Designbildbände veröffentlicht, u.a. die Reihe* World Design, *in der er Wohnstile, Farben, Räumlichkeit in örtlichen Traditionen mit neuen Tendenzen in der Innenarchitektur verknüpft hat.*

Ob klein, groß, abgelegen oder mittendrin, unter Palmen oder Oliverhainen, im Altstadtgewusel neben der Kathedrale oder im coolen Designtempel der Spitzenklasse: fünf Bände der Reihe **HIP** *Hotels –* **H***öchst* **I***ndividuelle* **P***lätze – sind bisher erschienen, sie machen große Lust, die Reisetätigkeit ausschließlich auf das Ankommen zu konzentrieren: Im Band* **City** *sind es herausragende Stadthotels mit noblen oder üppig-ruhevollen Zimmern, mit Antiquitäten oder explodierenden Farben, herrschaftlichen Treppenläufen oder polierten Apfelpyramiden als Willkommensgruß. In Amsterdam ist es* Blakes Hotel *mit seiner erlesenen Verquickung von zeitgenössischem Minimalismus und asiatisch-kolonialem Touch – die Innengestaltung stammt von Anouska Hempel – ihr* Hempel *in London ist eines der wahrhaft schönsten Hotels der Weltmetropolen. Sei es in Miami, Berlin, Barcelona oder Bangkok: Hotels wie das* One Aldwych *in London, das* Triest *in Wien, das* Lydmar *in Stockholm: ihr Anspruch, ihre Individualität, der hohe Standard, ihr Flair, Service und Gastronomie haben neue Maßstäbe gesetzt und die großen Hotelketten in mächtigen Zugzwang gebracht. Natürlich sind die Preise entsprechend, so daß gleich ein zweiter Band* **Nice Price** *folgte. Vereint darin die Eigenschaften eines »Hip Hotels« wie Phantasie, Originalität und gastronomische Qualität mit erschwinglichen Preisen. In historischem oder postindustriellem Ambiente, im australischen Outback, in der Medina von Marrakesch oder in einem riesigen, umgebauten Gaskraftwerk* *in Hamburg: die Vielfalt der Hotels ist überraschend. Gemeinsam ist allen der Enthusiasmus und die Sorgfalt im Detail, mit denen die Häuser ausgestattet wurden und geführt sind. In* **Frankreich** *locken nicht nur Paris und Nizza, sondern entlegene Landhotels mit Rosengärten, Lavendelduft und exquisiter Küche oder als Kontrast Jean Nouvels futuristische Gebäude; in Marseille ist es die urbane Modernität von Le Corbusiers Unité d'Habitation. Der Band* **Holiday** *führt zu Traumstränden, Sonneninseln, auch hinein ins kalte Herz, zum Märchenschloß aus Eis, das im arktischen Norden Schwedens jedes Jahr im Mai zusammenschmilzt und im Winter wiederersteht. In* **Italien** *schließlich, dem bisher letzten Band der Reihe, hat Herbert Ypma stilvolle Palazzi, ein Höhlenressort, ein meditatives Art-Hotel entdeckt – besondere Häuser von den Äolischen Inseln über Venedig und Cortina bis nach Sizilien und Sardinien.*

Hotels als Lebens-Kunst: Allen von Ypma portraitierten Häusern ist gemeinsam, daß sie die Landschaft oder ihre Umgebung, die Küche und das architektonische Erbe in einmaliger Art und Weise aufgreifen und zeitgenössisch interpretieren und damit den Betreibern immergleicher Hotelzimmer und abgepackter Frückstücksbutter die Hölle heiß machen. Was kann man noch mehr wollen? Hinfahren, ankommen, bleiben.

(Ingrid Nowel)

Bibliotheca Culinaria

Heinz Beck

Lodi (Italien) 2001

(in deutscher Sprache erschienen)

Zu beziehen über:

BuchGourmet, Köln

Tel: 02 21 – 2 57 40 72

Fax: 02 21 – 25 53 05

Email:

BuchGourmet@NetCologne.de

Über Anni Foelde von der Enoteca Pinchiorri *in Florenz hieß es einmal, daß die rein italienische Küche für ihre Kreativität zu eng sei. Nimmt man diesem Gedanken auf, wird der große Erfolg des neununddreißigjährigen Deutschen Heinz Beck im 2-Sterne Restaurant* La Pergola *im* Cavalieri-Hilton *in Rom verständlich. Beck hat eindeutig Dinge mitgebracht, die ergänzen, aber – seit 1994 – auch die typisch klaren Linien der italienischen Spitzenküche verinnerlicht.*

Nach langen Jahren ohne große Kochmonographien haben wir mit ihm (und Alfonso Iaccarino) endlich wieder einen seriösen Blick in diese bei uns so überaus populäre Küche. Schon deshalb ist das Buch fast eine Pflichtlektüre. – Stilistisch finden wir sehr italienische Vorspeisen und Fischgerichte, weitgehend mit regionalen Produkten realisiert, und Fleischgericht, die noch ganz eindeutig die Spuren seiner eineinhalb

Jahre im Tantris *und zweieinhalb Jahre in der* Residenz *bei Heinz Winkler verraten. Wer sie kennt, freut sich wohl eher über schöne Erweiterungen wie sein »Rinderfilet in Rotwein mit Radiccio und Pancetta«. Die scheinbare Simplizität mancher Rezepte (»Lammbries auf marinierten Kartoffeln und Gurken« oder »Emincé von Petersfisch mit Austern«) sollte allerdings mit Vorsicht registriert werden. Beck hat viele Dinge auf des Messers Schneide realisiert, ein Gramm zuviel oder zuwenig können da Welten in der Qualität bedeuten. Dazu kommt das Produktproblem: Mit den bei uns erhältlichen Qualitäten in Gemüse und Fisch kann dies nicht oder nur von Leuten realisiert werden, die eine ganz genaue Vorstellung vom möglichen Geschmack haben. Die Illusion des Nachkochens begründet sich hier also weniger von der meist gut erklärten Technik als vom Produkt her. Hat man dieses Problem klar vor Augen, kann man sich über viele interessante Rezepturen freuen, nicht zuletzt über sehr »italienische« Desserts mit schönen Schokolade-Kaffee-Kombinationen oder der »Eiscreme von schwarzer Trüffel und Schokolade«. Für Extremisten dann vielleicht die »Knusprigen Käsetäschchen auf Kürbispüree mit weißen Trüffeln« – mit 100 Gramm davon für 4 Personen. Insgesamt gibt es 103 Zubereitungen in sehr verschiedenen Schwierigkeitsgraden und mit den üblichen Ungenauigkeiten (fehlende Produktinformation, leider nicht alle Rezepte bebildert).*

(Jürgen Dollase)

Food.
Die ganze Welt der Lebensmittel
Von Christian Teubner
Teubner Edition,
Gräfe & Unzer Verlag 2001

Erst nachdem ein Carl von Linné das Pflanzenreich systematisch erfaßt und mit Namen versehen hatte, begann man die Dinge in ihrer Eigenart zu erforschen und zu schätzen. In der Feinschmeckerei geht es bisweilen nicht anders zu als in der Naturwissenschaft. Man ißt, was man kennt; und wenn man mit fremden Waren ein wenig vertraut wird, wächst der Mut, für den Gaumen neue Verknüpfungen zu schaffen.

Die Reihe »Teubner Edition« ist dafür bekannt, sich bei der Herstellung von Kochbüchern nicht nur auf Rezepte zu beschränken, sondern auch Warenkunde zu betreiben. Die Kenntnis der Produkte, die bislang in verschiedenen Bänden über Käse, Gemüse, Fisch und anderes mehr gesammelt wurde, ist nun von Christian Teubner in einem einzigen Buch vereint worden, teilweise ergänzt und neu dargestellt. Es ist ein Werk von enzyklopädischem Umfang entstanden. Es gibt keine Rezepte, sondern nur die

Darstellung von Waren. Kurze Texte schildern jeweils Geschichte und Herkunft, Aroma und Bekömmlichkeit der einzelnen Dinge, während daneben gestochen scharfe Bilder meistens mehrere Varianten einer Pflanzen- oder Tierart oder von Käse, Wurst und Schinken wiedergeben.

Sicherlich kann man darüber streiten, ob in dem einen oder anderen Fall die Darstellung nicht noch umfangreicher hätte sein sollen. Es wäre zweifellos ein Gewinn gewesen, wenn nicht nur das Lamm an sich vorgestellt worden wäre, sondern auch verschiedene Schafrassen mit unterschiedlichen Aromen. Doch irgendwann muß natürlich auch ein enzyklopädisches Werk einen Punkt machen. Das Wissen, das vermittelt wird, bleibt groß und anregend. Man sieht etwa auf einer Abbildung, wie das Tafelsalz in Salzgärten aus dem Meerwasser gewonnen wird, dazu werden einige Vorgänge der Salzgewinnung kurz erklärt. Daneben erblickt man unterschiedliche Salzhäufchen, begleitet von ein paar Worten, die jeweils die Besonderheit und Güte des Salzes andeuten, beispielsweise: »Fleur de sel de Guérande. Vom Geschmack her eines der besten Salze. Offen in Schälchen reichen«; oder: »Schwarzes Steinsalz aus Indien (Kala namak), wird aufgrund seines speziellen Geschmacks geschätzt.«

Nicht nur der Amateurkoch, auch der erfahrene Meisterkoch wird in diesem Buch ein paar Seiten entdecken, die neugierig machen, manches wieder in Erinnerung rufen und zu neuen Rezepten inspirieren. Wer kann von sich schon sagen, daß er dreizehn verschiedene Meerbrassen kennt, daß er weiß, welche am besten schmeckt? Ein Tip: »Der Goldbrassen (Sparus aurata), gut bekannt unter seinem französischen Namen ›Dorade royale‹, besitzt festes weißes Fleisch, ist äußerst schmackhaft und arm an Gräten.« Manche Beschreibung könnte noch genauer sein; Farbe und Duft, Gewebe und Geschmack könnte man noch etwas besser erfassen; doch im Augenblick findet man schwerlich eine kulinarische Warenkunde, die umfangreicher wäre.

(Erwin Seitz)

Schmeck den Süden.
Baden-Württemberg
Ein kulinarisches
Landschaftsbild
Von Josef Taller
DRW-Verlag Weinbrenner, 2001

Geniessen in
Baden-Württemberg
Der kulinarische Führer
zum Landesjubiläum
Von Christoph Mohr (Hrsg.)
GeoCenter, Touristik und Medien,
Stuttgart 2002

Der Südwesten besitzt die höchste Dichte herausragender Restaurants in Deutschland, Baiersbronn im nördlichen Schwarzwald ist die Hochburg deutscher Sterneküche; in Baden-Baden wird nobel gebädert und vornehm gespeist, in Stuttgart ziehen sich die Weinberge bis in die Innenstadt hinein, die Freiburger lieben ihre sonnige, kleinste Großstadt Deutschlands, trinken und tafeln gern und gut: Baden-Württemberg ist ein Territorium, das eine Vielfalt an Gaumengenüssen bietet, in unterschiedlichsten, reizvollen Landschaften.

Das Musterländle feiert in diesem Jahr sein 50jähriges Bestehen; es wird fleißig geschafft, ordentlich verdient und gut gelebt. Und auch Weinstuben und Wirtshäuser solider Tradition finden sich überall noch und werden von der jungen Generation mit Lust und Liebe weitergeführt und kulinarisch fortentwickelt. Ein ganz besonderes »kulinarisches Landschaftsbild« hat Josef Taller mit seinem Band Schmeck den Süden komponiert: Unter diesem Motto haben sich mehr als 70 Gastwirte aus Baden-Württemberg zusammengetan, die auf ihre sorgsam gepflegte, bodenständige Gastronomie zu Recht stolz sein können, wobei sie vorwiegend Produkte aus kontrolliertem und ökologisch verantwortbarem Anbau und artgerechter Aufzucht aus der jeweiligen Region verwenden. 28 von ihnen hat der renommierte Kochbuch-Autor, mit seiner vielbändigen Reihe »Deutsche Meisterküchen« bekannt geworden, portraitiert. Mit Haus, Hof, Familienmitgliedern und dem lieben Vieh. So war er in Ladenburg, bei Heinz Jäger, der in seinem Gasthaus zum Ochsen einen herausragenden Kalbsnierenbraten serviert; die Familie Geisel im Brauereigasthof Klotzbücher in Bad Mergentheim bietet eine einfache Küche mit allerbesten Zutaten, hervorragend verarbeitet. Im Hotel-Restaurant Sonne in Bad Friedrichshall schmeckt das »Pochierte Filet vom Boeuf-Hohenlohe mit Trollingerzwiebeln und Kernersabayon«. In Mehrstetten nördlich von Ulm lockt der herrlich gelegene Hirsch im Grünen mit »Mandel's Brotsuppe« und »Rehgeschnetzeltem mit Lemberger Quittensauce«. Der Loretto Ziegenhof & Holzofen Bäckerei dreier Großfamilien in Zwiefalten erzeugt Milch, Käse, Fleisch und Brot höchster handwerklicher Qualität. Und so geht es weiter: Das besonders schmackhafte, kräftige Schwäbisch-Hällische Schwein erlebt eine Renaissance und wird liebevoll hochgepäppelt, Gemüse und Kartoffeln sind vom Bauern nebenan, der Forellenteich liegt malerisch hinter der nächsten Biegung… Der Band mit zahlreichen Abbildungen erzählt von traditionellen Familienbetrieben, von jungen Ideen und *bester, heimischer Küche. Zwei Erzeugerbetriebe werden vorgestellt, und die Küchenchefs haben insgesamt über 200 ihrer Rezepte verraten.*

Speziell zum Landesjubiläum erschienen ist der Band Genießen in Baden-Württemberg. *Dem Herausgeber Christoph Mohr – er stammt aus einer Winzerfamilie und setzt sich seit Jahren in seinen Rundfunksendungen für regionale Küche ein – liegen die Spezialitäten aus dem Ländle am Herzen, und Mohr und sein Autorenteam stellen die außerordentliche kulinarische Vielfalt in ihrer Gesamtheit vor. Warenkunde wechselt ab mit Reportage, Prominente geben Tips, Stuart Pigott nimmt sich der Winzer an, Vincent Klink plaudert über Rind und Schwein; Brigitte Jacobi stellt Strauß- und Besenwirtschaften vor. Erzählt wird vom Schwarzwälder Schinken, vom badischen Spargel, Käsereien auf der Alb, herausragenden Essigspezialitäten, Schaumweinen aus der Champagner Bratbirne, von Streuobstwiesen im Rheintal und den Gemüsebauern am Bodensee. Schnapsbrenner kommen zu Wort, Bierbrauer, die Winzer vom Kaiserstuhl und Tuniberg, Wirte und Landwirte, Bäcker, Müller und Fischer. Jedes Thema wird ergänzt durch reiche Bebilderung, eine Landkarte und zahlreiche Adressen.*

Zwei Bände, die sich sehr schön ergänzen, die ganze Fülle der Genüsse lebendig vor Augen führen und die Charakteristika von Menschen, Landschaften und Produkten in Baden-Württemberg überzeugend präsentieren.

(Ingrid Nowel)

Mund auf, Augen auf
Der Ernährungsberater
für Eltern und Kinder

von Hans-Ulrich Grimm
und Annette Sabersky
Droemer/Knaur Verlag 2002

Der durch seine kritischen, entlarvenden Reportagen und Bücher über die Lebensmittelindustrie bekannt gewordene Journalist Hans-Ulrich Grimm hat sich mit der Ernährungswissenschaftlerin und Mutter Annette Sabersky zusammengetan, um einen Ernährungsratgeber für Kinder zu formulieren, der das ganze Übel darstellt und anpackt. Denn die Prägung auf Designer-Food geschieht bereits in den Kinderschuhen, so daß auch der Kreislauf von Produktion und Konsum dieser Lebensmittel folgerichtig nur von dort unterbunden werden kann. Über neun spannende Kapitel hinweg stellen die Autoren dar, wie man den Kindern Spaß beim Essen und Kochen vermittelt, klären über die Geschmacksentwicklung der Kleinen auf und entlarven so manchen vermeintlichen Ratschlag der Kindernahrungshersteller als bloßen Profitmacher. Doch dabei bleiben die Autoren nicht stehen: es gibt handfeste Tips und praktische Hinweise für den Alltag. Im Anhang finden sich Kalorientabellen der beliebtesten Dickmacher der Kinder sowie ein ausführliches Begriffslexikon, das manch rätselhafte Angabe auf Verpackungen entschlüsseln hilft. Abschließend dann noch jede Menge nützliche Adressen und ein ausführliches Register. Für die nicht nur informative, sondern auch unterhaltsame Aufbereitung dieser schwierigen, auch sperrigen Themenkomplexe garantiert der Autor der Bücher Die Suppe lügt *und* Aus Teufels Topf *(beide bei Klett-Cotta).*

Eigentlich wissen kleine Menschen genau, was ihnen schmeckt und bekommt. Aber was geschieht, wenn durch künstliche Aromen die ganze Welt der natürlichen Geschmacksempfindung aus den Fugen gerät? Die Folgen sind fatal, was sich unter anderem auch durch häufige Allergien bei Kindern und Jugendlichen bemerkbar macht. Die Haltung der Autoren ist keineswegs dogmatisch; es geht ihnen vielmehr darum, sensibel darauf hinzuwirken, daß in den Familien frisch gekocht wird und die Kinder daran teilnehmen, sie durch Einkäufe auf dem Bauernhof ganz selbstverständlich lernen, daß die Milch nicht aus der Tüte kommt. Der Genuß vieler frischer Produkte bringt es dann auch mit sich, daß die Kinder nicht über die Maßen nach den konservierten und zumeist überzuckerten Kinderprodukten verlangen. Für ihr Geschmacksempfinden ist es wichtig, wenn sie sich die einzelnen natürlichen Geschmacksrichtungen einprägen können und nicht ständig mit einem undurchsichtigen Aromamix konfrontiert werden. Denn das A und O jeglicher Ernährungsfragen ist der Erhalt des natürlichen angeborenen Geschmackssinnes – und der wird durch die Zugaben von Zucker, Süßstoffen, Geschmacksverstärkern und künstlichen Aromen, aber auch durch die Beigaben von Vitaminen, Mineralien oder Bakterien (wie etwa bei den jüngsten »probiotischen« Milchprodukten) total verbildet. Wenn er verkümmert oder schon früh fortwährend irritiert wird, versagen seine Warnfunktionen – mit weitreichenden Folgen für die Gesundheit. Daß Allergien und andere chronische Erkrankungen massiv zunehmen, liegt nicht nur an der Zunahme allergieauslösender Stoffe in den Lebensmitteln. Der Körper wird auch anfälliger, weil seine Abwehrmechanismen geschwächt sind. Kinder steuern an sich die Nahrungsaufnahme selbsttätig, wenn man sie läßt und wenn sie die Nahrungsmittel so natürlich und unverfälscht wie möglich bekommen. Doch dieser instinktive Mechanismus wird durch übermäßiges Einwirken von außen gestört, im Extremfall völlig zunichte gemacht. Das Ergebnis: Diabe-

tes, Fettleibigkeit, Allergien und Asthma bereits im Kindesalter.

Fazit des Ratgebers: Es ist immer größte Skepsis angesagt, wenn sich ein lustiges, buntes Produkt als besonders gesund und mit großem Werbeaufwand als natürlich hervortut. Keineswegs sind die Industrieprodukte rundweg zu verteufeln – was sie dann in den Augen der Kinder noch attraktiver erscheinen ließe –, doch vor dem täglichen Verzehr künstlich aromatisierter Produkte muß dringend (!) gewarnt werden.

Eine sehr lohnenswerte Lektüre mit praktischem Nutzwert für den Alltag mit Kindern; auch in Ernährungsfragen bereits kundige Leser erfahren viel Neues.

(Petra Letzner-Friedlein)

Nach- und Hinweise

ACKERMANN, ULRIKE

1957 geboren, lebt in Frankfurt und Berlin. Die promovierte Sozialwissenschaftlerin ist freie Autorin für Printmedien und Rundfunkanstalten. Ihr Buch über den Sündenfall der Intellektuellen. Ein deutsch-französischer Streit von 1945 bis heute *erschien 2000 bei Klett-Cotta. Heute bestreitet sie das ›Europäische Forum‹ am Gendarmenmarkt in Berlin, in dem sich in regelmäßigen Abständen prominente Zeitgenossen mit den Schwierigkeiten und Chancen des europäischen Einigungsprozesses auseinandersetzen. Darüber hinaus ist sie auf der Suche nach dem ›guten Leben‹.*

AICHELE, MONIKA

geboren 1971, studierte Illustration bei Heinz Edelmann an der Staatlichen Akademie der Bildenden Künste in Stuttgart. Lebt in Berlin und New York. Arbeitet als Illustratorin und Grafikerin für Printmedien in Deutschland, anderen europäischen Ländern und in den USA.

Arnold, Heinz-Ludwig

Jahrgang 1940, Kritiker und Publizist, Honorarprofessor der Universität Göttingen, langjähriger Herausgeber der Literaturzeitschrift TEXT + KRITIK, *des* Kritischen Lexikons zur deutschsprachigen Gegenwartsliteratur *und des* Kritischen Lexikons zur fremdsprachigen Gegenwartsliteratur. *Er edierte auch die elfbändige Anthologie* Deutsche Literatur 1945–1999. *Weitere Herausgeberschaften. Zuletzt erschienen:* ›Was bin ich?‹ Über Max Frisch *und* Deutschland! Deutschland? 500 Jahre deutsche Nationaldebatte von Martin Luther bis Günter Grass.

Diel, Armin

Bevor er 1987 das renommierte Familienweingut in Burg Layen an der Nahe übernahm, studierte er Rechtswissenschaften in Münster. Seit den frühen achtziger Jahren hat sich Diel als kompetenter Gastronomie-und Weinpublizist einen Namen gemacht, hat gastronomische TV-Serien moderiert und die begleitenden Bücher geschrieben. Stammautor des Magazins Alles über Wein, *seit 1994 Chefredakteur des* Gault Millau Weinguide Deutschland.

Dollase, Jürgen

1948 geboren. Abitur, Militärzeit, Studien der Kunst, Philosophie, Kunst-und Musikpädagogik. Professioneller Rockmusiker, Produzent bis 1988. Rückkehr zur Malerei. Von Johannes Gross zum Schreiben über die Gourmandise angeregt. Seit 1999 Gastronomiekritik und Gastrosophie für die FAZ *und* FAS.

Kaempf, Simone

wurde 1970 auf Sylt geboren, wo sie auch aufwuchs und zur Schule ging. Studium und Besuch der Henry-Nannen-Journalistenschule in Hamburg. Seit 1999 lebt sie in Berlin, wo sie als freie Autorin hauptsächlich für die FAZ *übers Theater und andere Berliner Stadtphänomene schreibt.*

Kalka, Joachim

lebt als Übersetzer und Kritiker in Stuttgart. Zuletzt erschienen von ihm die Aufsätze »Einer weiß mehr – Sozialisation durch den Detektivroman« im Kursbuch *146 und »Ach, wenn es keinen Ausweg gäbe! Europa und das Kismet« in der* Neuen Rundschau *1/2002.*

Klett, Michael

hat in seinen Publikationen immer wieder eine hochwertige, regionalbezogene Küche propagiert.

Kreis, Bernd

geboren 1930, weiß alles über Weine. Er war höchst erfolgreich in der Gastronomie tätig, wurde neben weiteren Aus-

zeichnungen zum besten Sommelier Europas gekürt. Schreibt viel für Zeitungen und Zeitschriften, ist Autor des jährlich erscheinenden Weineinkaufsführers 500 Weine unter 10 Euro, *betreibt eigenen Weinbau und führt einen Weinhandel in Stuttgart.*

KUHRT, HENRIETTE

geb. 1977 in Hamburg, lebte nach dem Abitur einige Zeit in Berlin. Für einen Platz an der Deutschen Journalistenschule tauschte sie Berlin gegen München ein und studiert nun Journalistik, Politik und Soziologie an der Ludwig-Maximilians-Universität. Sie schrieb u. a. für Die Welt *und hospitierte bei den Berliner Seiten der* FAZ. *Zur Zeit arbeitet die Autorin an ihrem ersten Erzählband.*

LETZNER-FRIEDLEIN, PETRA

Obwohl sie sich heute als Pressefrau mehr mit allen Dingen rund ums Auto und dem Motorsport beschäftigt, kann sie von der kulinarischen Literatur nicht lassen. Die langjährige Tätigkeit in einem entsprechenden Buchverlag brachte ihr viele interessante Erfahrungen und Begegnungen, so daß sie sich weiterhin liebend gern mit der Feinschmeckerei und ihren Publikationen befaßt.

MARTIN, ALOIS

geboren 1956 in Mainfranken. Studium in München und Fribourg/Schweiz. 1986 Lizentiat der Katholischen Theologie. Seit 1988 Arbeit an der Herausgabe der Korrespondenz Henri-Dominique Lacordaires (1802-1861); seit 1999 Chefredakteur des jährlich erscheinenden Ausgehführers Delikat-Essen. *Lebt als freier Autor in München.*

MÜLLER, DIETER

Auf der Welt gibt es nur rund 35 Drei-Sterne-Köche: Dieter Müller ist einer von ihnen. Er kocht im Schloßhotel Lerbach in Bergisch Gladbach. Sein Buch Geheimnisse aus meiner Drei-Sterne-Küche *hat internationale Preise errungen, u. a. den Kochbuch-Oscar »Prix la Mazille – Best Book of the World«.*

MUTSCHELKNAUS, KATJA

1963 in Schwäbisch Gmünd geboren, lebt und arbeitet in München. Volkskundlerin und Kulturwissenschaftlerin, arbeitet als Journalistin und Autorin, ist als Votragsreisende und Gastrokritikerin unterwegs, konzipiert Ausstellungen und promoviert über Berglandwirtschaft. Ihre Vorliebe für kulinarische Themen konnte sie in den Ausstellungen »Kaffeeklatsch« sowie »Verhüllte Verführer – Kulturgeschichte der Pralinés« so richtig austoben. Ihr Begleitbuch zur Ausstellung »Kaffeeklatsch« erschien 1998.

NEUMANN, GERHARD

geboren 1934, Studium der Germanistik und Romanistik; Professuren an den Universitäten Bonn, Erlangen, Freiburg/Breisgau. Ordinarius für neuere deutsche Literaturwissenschaft an der Universität München. Mitglied der Bayerischen Akademie der Wissenschaften. Einzelpublikationen zur Geschichte des Aphorismus, des Romans und der Novelle, zu Goethe, Kleist, Kafka, Canetti, zur deutschen und europäischen Romantik.

NOWEL, INGRID

war im ersten Leben Hotelkauffrau, studierte dann Anglistik und Germanistik, lebte in London und Berlin. Die Journalistin, Redakteurin und Autorin ist in Stuttgart gelandet und betreut den Almanach jedes Mal wieder mit Lust, Geduld und Liebe.

PAULSEN, SARAH

1978 in Mainz geboren; Umzug nach Hamburg, Abitur am Christianeum. Studentin der Mittleren und Neueren Geschichte und Kunstgeschichte in Göttingen.

RICHTER, SIMONE

geboren 1974, aufgewachsen, verbandelt und ansässig im Raum Stuttgart – aber mit ungarischen Wurzeln und in Besitz einer rüstigen, findigen, kochenden, backenden (und zu besonderen Anlässen auch mal schnapstrinkenden) Großmutter in Budapest. Buchautorin, Publizistin, Diplom-Germanistin und die meiste Zeit über nüchterne Redakteurin bei der Stuttgarter Zeitung.

RÖHRIG, ANJA MARIA

1966 geboren, lebt in Bonn. Ihr Faible für kulinarische Themen wurde durch die langjährige Tätigkeit für die Zeitschrift Damals *geweckt. Dort veröffentlichte die Historikerin und Food-Journalistin monatlich die Rubrik »Historische Küche«. Daneben schrieb sie für diverse Magazine und Fachzeitschriften. Momentan überlegt sie allerdings, wie man Schreiben, Kochen und eine kleine Tochter unter einen Hut bringen kann. Für Hinweise ist sie dankbar.*

V. SAMSON-HIMMELSTJERNA, CARMEN

geboren 1963, lebt als Schriftstellerin und Übersetzerin in Berlin. Seit 2000 ist sie als Historikerin promoviert, im Herbst desselben Jahres erschien ihr erster Roman Eine Invasion von Frauen. *Am zweiten schreibt sie, wenn Büro, Engagement in der Berufspolitik und die Tätigkeit als Prüferin am Staatlichen Prüfungsamt für Übersetzer ihr noch ein wenig Zeit lassen.*

SEITZ, ERWIN

geboren 1958, gelernter Metzger und Koch und Doktor der Philosophie, lebt als Journalist in Berlin und schreibt über Feinschmeckerei. 2002 erschien bei Klett-Cotta von ihm Butter, Huhn und Petersilie. Anregungen für eine bessere Küche.

SMOLTCZYK, ALEXANDER

geboren 1958 in Berlin, hat lange Jahre in Paris und Montpellier gelebt, schrieb seine Reportagen in Geo, taz, Merian, der Zeit, Wochenpost *und arbeitet seit 1997 als Reporter für den* Spiegel. *Zwei Kisch-Preise, Internationaler Preis für Reisejournalismus. Letztes Buch:* James Bond, Berlin, Hollywood. Die Welten des Ken Adam *(2002).*

D'UCELLO, KURT MARIA

Lebt zurückgezogen im Hohenlohischen. Schrieb im Kulinarischen Almanach u. a. über Rumford, Carême, Carl Friedrich von Rumohr und Brillat-Savarin, über das Wort und den Geschmack und feine Zigarren.

WICHMANN, DOMINIK

geboren 1971 in München, lebte mehrere Jahre in den USA, wo er Politikwissenschaft, Philosophie und Amerikanische Kulturgeschichte studierte. Derzeit lebt er in München und ist Chefredakteur des Magazins der Süddeutschen Zeitung. *Zuletzt erschien seine Reportagen-Sammlung* Jenseits von Utopia.

WOHLFAHRT, HARALD

Auch er gehört zur exklusiven Riege der rund 35 Drei-Sterne-Köche der Welt. Seit 1992 erhielt und erhält er in seiner Schwarzwaldstube *im* Hotel Traube Tonbach, *Baiersbronn, als einziger Koch in Deutschland die Höchstbewertung in allen Restaurantführern. Sein jüngstes Buch:* Feine Desserts aus meiner Küche.

Auflösung des gastronomischen Rätsels

[1] Fontane, *Der Stechlin*, 39. Kapitel (*nach Friedrichsruh* = für Bismarck, den großen Gourmand/Gourmet; *eingeschworen* = von der Partei des entlassenen und gegen den Kaiser und seine Regierung agitierenden Bismarck);
[2] Karl Kraus, *Die letzten Tage der Menschheit*, II. Akt, 17. Szene;
[3] Arno Schmidt, *Das steinerne Herz. Historischer Roman aus dem Jahre 1954*;
[4] Friedrich Engels, *Die Lage der arbeitenden Klasse in England*, Abschnitt »Die großen Städte«;
[5] Heinrich Mann, *Der Untertan*, Viertes Kapitel;
[6] Kafka, *Der Prozeß* (»Verhaftung«);
[7] Karl Valentin, »Theaterbesuch« (*Sämtliche Werke* Bd. 5, S. 215 f.);
[8] Thomas Bernhard, *Das Kalkwerk;*
[9] Gottfried Keller, »Kleider machen Leute« (*Die Leute von Seldwyla*, Zweiter Teil);
[10] Thomas Mann, *Buddenbrooks*, Erster Teil, 2. Kapitel

Impressum

Klett-Cotta

Printed in Germany
Gestaltet von Uli Cluss, Stuttgart
Gesetzt aus der Perpetua von Offizin Wissenbach, Höchberg bei Würzburg
Auf säure- und holzfreiem Werkdruckpapier gedruckt
und in Fadenheftung gebunden von EBNER & SPIEGEL GmbH , Ulm
ISBN 3-608-93347-6

Die Deutsche Bibliothek – CIP-Einheitsaufnahme
Cotta's kulinarischer Almanach auf das Jahr ... – Stuttgart : Klett-Cotta.
Erscheint jährlich. – Aufnahme nach Auflage 1. 1994 (1993)
Aufl. 1. 1994 (1993)

Cotta's kulinarischer Almanach
1999/2000

298 Seiten, illustriert, Halbleinen,
2 Lesebändchen, ISBN 3-608-91939-2

Kulinarische Erlebnisberichte aus den unterschiedlichsten Kulturen – so das Schwerpunktthema im neuen kulinarischen Almanach: Country cooking in den USA, die Vielfalt der Küche in China, Schafschur und Dank-Essen auf Sardinien
oder
ein unvergeßliches Mittagessen von Vincent Klink mit einem jemenitischen Scheich.
Bernd Kreis schreibt über belgischen Bierdunst und Hans-Ulrich Grimm nimmt sich die weniger ehrlichen Gourmet-Restaurants vor. Roswitha Neukock stellt kenntnisreich eine anregende Beziehung dar: die zwischen Essen und Malerei (über Koch-Kunstbücher). Oskar Pastior plaudert lyrisch über Soljanka, und Peter Rosei hat frische Eindrücke über Essen in Japan mitgebracht. Im Schwarzwald treffen wir Otto Jägersberg auf der Suche nach einem seltsamen Pilz, und Sybille Zehle hat uns einen wunderschönen Aufsatz über eine große Schweizer Köchin geschickt.

Cotta's kulinarischer Almanach 2000/2001

Zusammengestellt von Vincent Klink
232 Seiten, illustriert, Halbleinen, 2 Lesebändchen,
ISBN 3-608-94187-8

Susanne Kippenberger hat sich einer nicht eben seltenen Spezies angenommen: der Kochbuchsammler. Kristiane Müller-Urban läßt noch einmal die deutsche Küche der letzten Dezennien an sich vorbeiziehen. Herbert Heckmann singt das Hohelied der Suppe und Hugo Loetscher sichtet Frühstücke in aller Welt.
Einer der Höhepunkte des Bandes: Hans-Ulrich Grimm hat über die Hintergründe von Aktien-Bäckereien recherchiert.

Cotta's kulinarischer Almanach
No. 9

Herausgegeben von Vincent Klink
283 Seiten, Halbleinen mit Schutzumschlag, 2 Lesebändchen
ISBN 3-608-93240-2

Von Vincent Klink bewirtet, hat sich an der Tafel eine interessante Runde versammelt: Neben dem Amerikaner Eric Hansen und dem weitgereisten Peter Linden ist Joachim Nagel präsent, der über Künstlerfürsten und ihre Feste plaudert. Sven Berggötz ist der Geschichte des Châteauneuf-du-Pape auf der Spur, und Wolfgang Schömel singt das Hohelied der Bulette. Peter Peter, einer der besten Kenner des kulinarischen Italien, schwärmt vom besten Käsegeschäft des Landes. Die europäische Agrarkrise ist auch bei uns Top-Thema: Erwin Seitz analysiert deutsches Kauf- und Eßverhalten, Jürgen Walter sucht den neuen Konsumenten, Arno Luik diskutiert höchst aufschlußreich mit Vincent Klink. Und Hans-Ulrich Grimms schönes Problem lautet: Zen und die Kunst, ein Rindvieh zu halten.

Erwin Seitz
Butter, Huhn und Petersilie

Anregungen für eine bessere Küche
187 Seiten, gebunden, Halbleinen, Lesebändchen,
mit 25 Zeichnungen, ISBN 3-608-93350-6

Daß der Genuß, auch beim Essen, eine Fähigkeit ist, die geübt werden will, daß dazu Geduld gehört und Wissen, das erfährt man in den einfach und einprägsam geschriebenen Essays dieses Buchs.

Klett-Cotta

Guten Appetit! Buon Appetito! Bon Appetit! Enjoy Your Mea
Smacznego! Pofta Buna! ¡Que Aproveche! Bom Proveito! Bumper
Appetito! Bon Appetit! Enjoy Your Meal! Smaklig Måltid! A
¡Que Aproveche! Bom Proveito! Bumperfatscha! Velbekomme! A
Enjoy Your Meal! Smaklig Måltid! Hyvää Ruokahalua! Smak
Proveito! Bumperfatscha! Velbekomme! Afiyet Olsun! Dobrou Chu
Måltid! Hyvää Ruokahalua! Smakelijk Eten! God Appetit!
Velbekomme! Afiyet Olsun! Dobrou Chut! Guten Appetit! Bu
Ruokahalua! Smakelijk Eten! God Appetit! Smacznego! Pofta B
Olsun! Dobrou Chut! Guten Appetit! Buon Appetito! Bon App
Eten! God Appetit! Smacznego! Pofta buna! ¡Que Aproveche! Bon
Appetit! Buon Appetito! Bon Appetit! Enjoy Your Meal! Smakl
Pofta Buna! ¡Que Aproveche! Bom Proveito! Bumperfatscha! Velb
Appetit! Enjoy Your Meal! Smaklig Måltid! Hyvää Ruokahalua
Bom Proveito! Bumperfatscha! Velbekomme! Afiyet Olsun! Dobro
Smaklig Måltid! Hyvää Ruokahalua! Smakelijk Eten! God App
Velbekomme! Afiyet Olsun! Dobrou Chut! Guten Appetit! Bu
Ruokahalua! Smakelijk Eten! God Appetit! Smacznego! Pofta B
Olsun! Dobrou Chut! Guten Appetit! Buon Appetito! Bon App
Eten! God Appetit! Smacznego! Pofta Buna! ¡Que Aproveche! Bon
Appetit! Buon Appetito! Bon Appetit! Enjoy Your Meal! Smakl
Pofta Buna! ¡Que Aproveche! Bom Proveito! Bumperfatscha! Velb
Appetit! Enjoy Your Meal! Smaklig Måltid! Hyvää Ruokahalua
Bom Proveito! Bumperfatscha! Velbekomme! Afiyet Olsun! Dobro
Smaklig Måltid! Hyvää Ruokahalua! Smakelijk Eten! God App
Velbekomme! Afiyet Olsun! Dobrou Chut! Guten Appetit! Bu
Ruokahalua! Smakelijk Eten! God Appetit! Smacznego! Pofta B
Olsun! Dobrou Chut! Guten Appetit! Buon Appetito! Bon App
Eten! God Appetit! Smacznego! Pofta Buna! ¡Que Aproveche! Bon
Appetit! Buon Appetito! Bon Appetit! Enjoy your meal! Smaklig